HEYNE BÜCHER

SACHBUCH

Nino Lo Bello

Vatikan im Zwielicht

Die unheiligen Geschäfte des Kirchenstaates

WILHELM HEYNE VERLAG
MÜNCHEN

HEYNE SACHBUCH
Nr. 19/77

Titel der Originalausgabe:
THE VATICAN PAPERS
Übersetzung aus dem Englischen von Heinrich Jelinek

4. Auflage
2. Auflage dieser Ausgabe
Früher als Heyne-Taschenbuch unter der Nr. 01/7261 erschienen.

Printed in Germany 1991
Umschlagfoto: ZEFA/Kerth, Düsseldorf
Umschlaggestaltung: Atelier Adolf Bachmann, Reischach
Satz: Satz & Repro Grieb, München
Druck und Verarbeitung: Presse-Druck Augsburg

ISBN 3-453-03745-6

Inhalt

Einleitung

Im elften Jahr seines Pontifikats erweist sich Papst Johannes Paul II. als der weitestgereiste Pontifex. Da er nicht nur eine bedeutende, sondern auch eine umstrittene Persönlichkeit ist, tauchen überall dort, wo er anreist, alle möglichen Leute auf, die sich in seine Nähe zu drängen versuchen - zornige Nonnen, über Waldheims Besuch im Vatikan wütende Juden, Homosexuelle mit ihren Anliegen, Dissidentengruppen, eine veritable Armee aufdringlicher Zeitungs- und Fernsehreporter und natürlich tausende fromme (und neugierige) Katholiken sowie zahllose Nichtkatholiken, die bloß neugierig das Schauspiel der sich im Schrittempo durch die Stadt bewegenden päpstlichen Autokolonne bestaunen.

Seit jedes öffentliche Gebet und jedes Winken des Papstes pflichtgetreu aufgezeichnet wird, um die Menschen allerortens täglich mit trivialen Informationen, wie etwa über die Polsterung des Papamobils oder seinen täglichen Speisezettel gefüttert werden, gewinnen die Massen ein lebensnahes Bild des Himmelsmannes, der den 800 Millionen Katholiken der Welt auf geistlichem und - soweit es den gegenwärtigen Amtsträger betrifft - politischen Pfaden voranschreitet. Als langjähriger Vatikanbeobachter finde ich es dennoch erstaunlich, wieviel die Welt über den charismatischen Priester aus Krakau oder über den mächtigen Vatikanstaat und seine Bürokratie *nicht* weiß, die allesamt hinter einem Schleier von Mystik und Distanziertheit verborgen sind.

Neben seinen vielfältigen weltlichen Verkleidungen - vom Mediensuperstar bis zum weltläufigen Diplomaten, vom geistlichen Wächter bis zum Werbefachmann - ist der Papst immer noch der oberste Exekutivbeamte eines der größten multinationalen Konzerne der Erde und Vorsitzender eines weltweiten Ministeriums für Philosophie. Meere von Tinte und Tonnen von Videobändern werden für die Berichterstattung über den Papst und den Vatikan verbraucht. Aber auch, wenn man zum Kern dessen vordringt, was hinter den Mauern des Vatikans tatsächlich vorsichgeht und was sich in den vergangenen Jahrhunderten hinter den Leoninischen Mauern in der Innenstadt von Rom abgespielt hat, so bleibt der Vatikan doch immer eine weitgehend undurchdringliche fremde Welt, eine Organisation, die undurchschaubar bleibt und durch die Aura des Papsttums geschützt wird. Das Wer und Was – und gewiß das Warum – in bezug auf den Vatikan und seine führenden Persönlichkeiten am Ende dieses Jahrhunderts werden niemals bis in die letzten Einzelheiten aufgedeckt werden. Manche versuchen es, andere stellen glaubwürdige Vermutungen an, aber letztlich gelingt es niemandem wirklich, alle Teile dieses Puzzles zu einem kompletten Bild zusammenzufügen. Einigen wenigen gelingt es, einen Blick hinter die Falten eines sich bewegenden Vorhangs zu werfen, andere befassen sich mit irgendeinem spezifischen Aspekt des Vatikans.

Indessen weht heute in Rom ein anderer Wind. Der weltreisende Johannes Paul II. beschreitet neue Wege und drückt seiner Kirche ein unauslöschliches Mal auf. Die Geschichtsbücher von morgen und die des kommenden 21. Jahrhunderts werden zweifellos zusätzliche Erkenntnisse in die Welt des Vatikans bringen. Ich jedenfalls meine, daß der vorliegende Band interessante Einblicke in die inneren Vorgänge eines mit der Zeit gehenden Vatikanstaats liefert. Mehr als 80 Prozent der vatikanischen Sekretariate arbeiten bereits mit Personalcomputern, von denen im Vatikan im Jahr 1981 noch keine Rede war. (Allerdings hat der Papst selber noch keinen PC in seinem Büro.)

Die Suche nach dem »wirklichen« Vatikan geht weiter und wird wohl so lange weitergehen, wie die uneingeschränkte Bewunderung für den jetzigen Papst andauert und er weiterhin ein Mann der Massenmedien bleibt, der stundenlang Hauptsendezeiten des Fernsehens in Anspruch nimmt, der die vielen Spalten und Seiten jener Zeitungen und Zeitschriften füllt, die Sonderberichterstatter entsenden, die ihrerseits über jeden Schritt, jede Geste und jedes Wort seiner öffentlichen Auftritte berichten.

Während die seit nunmehr neun Jahren andauernden Restaurationsarbeiten an der Sixtinischen Kapelle, die Michelangelos Fresken ihren ursprünglichen Glanz zurückgeben sollen, unvermindert fortgesetzt werden und eine neue politische Führungspersönlichkeit, Michail Gorbatschow, die Welt mit ihrem Reformprozeß der Perestroika beeindruckt, sehen wir uns einem Vatikan gegenüber, der das Eis mit dem Kreml gebrochen hat. Gorbatschows Treffen mit dem Papst in Rom im Dezember 1989 setzte den Schlußstrich unter sieben Jahrzehnte weltanschaulicher und geistiger Entfremdung. Weil es das erste Mal war, daß ein römisch-katholischer Papst innerhalb vatikanischer Mauern mit einem atheistischen sowjetkommunistischen Staatschef zusammentraf, haftete diesem Treffen eine Symbolkraft unbeschreiblichen Ausmaßes an. Ein großer Schritt in Richtung diplomatischer Beziehungen zwischen dem Vatikan und dem Kreml ist getan. Johannes Paul II. gab Michail Gorbatschow den päpstlichen Segen für dessen Pläne, das wirtschaftliche und politische Leben der Sowjetunion im Rahmen der Perestroika zu humanisieren. Was dies alles für unsere Welt am Ende dieses Jahrhunderts und angesichts eines neuen Jahrhunderts bedeuten wird, bleibt abzuwarten.

Dieses Buch ist auch ein heiteres Buch. Es soll unterhalten und aufklären. Die erste Auflage hatte einen Berg überwiegend zustimmender Leserpost zur Folge. Überraschenderweise kam auch viel Echo von Nichtkatholiken, was wir nicht erwartet hatten, uns aber freute. Angesichts des Familiennamens Lo Bello erkundigten sich viele Leser, wieso ein Katholik ein solches Buch schreiben konnte. Meine Antwort ist einfach: Ich bin in erster Linie arbeitender Journalist und erst in zweiter Linie Katholik. Indem ich sachlich bleibe und mich an die Fakten halte, lasse ich diese Fakten für sich sprechen. Bisher sind keine Klagen von seiten des Vatikans gekommen, und das spricht wohl für mich. Diese Neuauflage braucht keine Stützen, sie und etwaige künftige Auflagen werden ihren Weg machen. Viel Spaß!

Nino Lo Bello
Wien, im Januar 1990

»Im Vatikan ist alles verboten und alles möglich.«

Vatikanische Redensart

»Was würde Christus tun, wenn ER dies sehen könnte? Was würde ER, der auf einem alten Esel ritt, von dem Luxusauto mit dem reichgeschmückten Thron als Sitz halten? Was würde ER sagen, wenn er das Wertpapierportefeuille des Vatikans zu sehen bekäme? Was würde ER tun, wenn ER all die Schätze des Vatikans erblickte, Schätze, die zur Verringerung der Unwissenheit durch Verbesserung der Bildung verwendet werden könnten? Wie würde ER auf das bequeme Leben der Mitglieder der Kurie reagieren? Wenn Christus plötzlich mitten auf dem Petersplatz erschiene und sagte: ›Laßt Euren Reichtum und folget mir‹, dann frage ich mich, wie viele es wohl täten. Ich möchte wissen, was mit IHM geschähe, wenn ER an die Pforten des Vatikans klopfte und sagte: ›Ihr sprecht in meinem Namen. Ihr ruft mich an. Ich bin gekommen, um Euch zu sagen, daß Ihr meine Lehre falsch deutet.‹ Doch weiß ich genau, was geschehen würde. Die Träger der Amtsgewalt würden sogleich im Einklang mit dem Lateranabkommen des Jahres 1929 die römische Polizei rufen, und sie würden IHN bezichtigen, ein Revolutionär und Friedensstörer zu sein. Indessen würde man IHN nicht richten, wie schon einmal, sondern IHN in eine Anstalt für Geisteskranke stecken und als einen Verrückten bezeichnen, der sich für Jesus Christus ausgibt.«

Monsignore Semprione

1. KAPITEL

EINE FRAU, EINE MAUS UND DIE GEBEINE DES HL. PETRUS

Unter dem gewaltigen Petersdom in Rom befindet sich eine Stadt. Es ist die Stadt der Toten, zugleich eine der besten Quellen vertraulicher Geschichten aus dem Vatikan. Dort tief unten in den verschlungenen, unterirdischen Gängen, zwischen zwei Reihen staubbedeckter Grabmäler kann man durch eine kleine, vergitterte Öffnung die Grabstelle des ersten Apostels, des *heiligen Petrus*, erspähen. Seine Gebeine befinden sich immer noch in jener unterirdischen Gruft, aber die Geschichte dieser Gebeine ist erst noch zu berichten, denn ihr Geheimnis und seine endgültige Auflösung bereitete den vatikanischen Würdenträgern jahrhundertelang Kopfzerbrechen. Erst als eine Frau und eine Maus ins Bild kamen, konnte das Rätsel endlich gelöst werden.

Die Geschichte beginnt mit der Kreuzigung des *Petrus* im Zirkus des *Nero* und seiner Beerdigung auf dem vatikanischen Hügel. Viele Jahrhunderte vergingen, und erst im Mai 1942 erfolgte eine erste amtliche Mitteilung des Vatikans über das Grab, in dem die Gebeine des heiligen Petrus ruhten. Am 13. Mai 1942 verkündete Papst *Pius XII.* im Rundfunk, man habe die Gebeine des ersten römischen Pontifex, des ersten Bischofs von Rom, entdeckt. Gegen Ende 1950 äußerte sich der Papst wieder zu diesem Thema im Rahmen seiner Weihnachtsbotschaft: »Die Ausgrabungen unter der Beichtkapelle sind erfolgreich abgeschlossen worden, zumindest in bezug auf das Apostelgrab und seine wissenschaftliche Auswertung, ein Forschungsvorhaben, das Uns vom allerersten Tag Unseres Pontifikats an besonders am Herzen lag. Die wesentliche Frage ist also, ob das Grab des heiligen Petrus nun wahrhaftig gefunden worden ist. Auf diese Frage liefert der endgültige Abschluß unserer Untersuchungen die Antwort – ein eindeutiges Ja. Eine zweite Frage, die aus der ersten folgt, betrifft die sterblichen Reste des heiligen Petrus. Sind auch sie gefunden worden? Am Rande der Grabstätte wurden Reste menschlicher Gebeine gefunden, doch konnte nicht mit Sicherheit bewiesen werden, daß es sich um die Gebeine des Apostels handelt.«

Volle achtzehn Jahre später gab der Nachfolger des Pius, Papst *Paul VI.*, offiziell bekannt, daß die Gebeine des heiligen Petrus tatsächlich entdeckt worden waren. In einer öffentlichen Erklärung teilte er am 26. Juni 1968 mit: »Es sind weitere, sehr langwierige und sehr genaue Untersuchungen durchgeführt worden: die sterblichen Überreste des heiligen Petrus sind in einer Uns überzeugenden Art und Weise identifiziert worden.«

Papst Paul war an jenem Tag allerdings nicht ganz aufrichtig, denn er ließ die Welt in dem Glauben, jene Petrusgebeine, über die er gesprochen hatte, seien dieselben gewesen, über die schon Papst Pius im Jahr 1950 berichtet hatte – obwohl es sich in Wirklichkeit um zwei verschiedene Knochenfunde handelte. Die von Pius erwähnten Gebeine hatten sich nach gründlicher Untersuchung als nicht von Petrus stammend erwiesen. Indessen wurde darüber nie eine vollständige oder klare Mitteilung herausgegeben. Die beiden von der Christenheit freudig begrüßten päpstlichen Bekanntmachungen erwähnten nichts über die verschiedenen unglaublichen Schnitzer, die dem Vatikan unterlaufen waren, nichts über die phantastische Detektivarbeit und die überragende wissenschaftliche Leistung einer hartnäckigen Frau, die nicht locker ließ, und auch nichts über die winzige Maus, die zu Hilfe kam, als alles verloren schien.

Papst Pius XII., der darauf brannte, das Geheimnis der Gebeine Petri ein für allemal zu lösen, beauftragte drei Monate nach seiner im Juni 1939 erfolgten Krönung den Sekretär der Päpstlichen Kommission für Sakrale-Archäologie, Monsignore *Carlo Respighi*, offiziell mit der Durchführung von Grabungen unter dem Hauptaltar in der St.-Peters-Basilika. Obwohl die Kurie starke Widerstände gegen jegliche Grabungsarbeiten unter dem Altar erhob, vor allem wegen des ungeheuren Gewichts des aus Bronze und Marmor gefertigten Baldachins von Bernini, der dort stand, setzte sich Pius in dieser Sache durch und übernahm die volle Verantwortung für etwaige Folgen. Er versprach sogar, daß er, falls die für die Grabungen bewilligten Mittel ausgeschöpft sein würden, die Arbeiten mit Geldern aus seinem persönlichen Bankkonto fortsetzen lassen würde, das er immer noch unter seinem Familiennamen Pacelli unterhielt. Dennoch widersetzte sich die Kurie noch immer und versuchte, die Grabungen zu blockieren, aber schließlich setzte sich Pius durch, und die Arbeit begann.

Im Jahr 1940 wurden vier Archäologen, drei Italiener und ein deutscher Jesuit, mit dieser Aufgabe betraut, die sich über einen Zeitraum von etwa neun Jahren erstrecken sollte. Bei ihren Nachforschungen wurden sie von einer Gruppe der besten Zimmerleute, Eisenschmiede, Installateure, Steinmetze und Elektriker des Vatikans unterstützt, die im Vatikan als *sampietrini* bekannt wurden; diese Arbeitskräfte unterstanden der direkten Aufsicht des Monsignore *Kaas*, eines sehr peniblen Deutschen. Zumindest hielt er sich dafür, seine Gründlichkeit sollte sich im Laufe der Arbeiten eher als verhängnisvoll erweisen. Monsignore Kaas beging zwei Schnitzer: Er führte kein korrektes Tagebuch über den Fortgang der Arbeiten, und er unterließ es, Fotografien von den laufenden Arbeiten anzufertigen. Ferner trug er die Schuld an der mangelnden Koordination zwischen seinen Arbeitern und den vier Archäologen. Sein größter Fehler stand ihm aber noch bevor.

Die Archäologen – *Antonio Ferrua, Enrico Josi, Bruno Apolloni-Ghetti* und *Engelbert Kirschbaum* – entdeckten, daß wesentliche Teile eines Grabmals, das nach Auskunft der Historiker von Kaiser Konstantin zu Ehren des heiligen Petrus errichtet worden war, als Fundament für die Errichtung der St.-Peters-Basilika benützt worden waren, wobei der Hochaltar direkt oberhalb des Grabmals errichtet wurde. Einbezogen in dieses Grabmal war ein wesentlich kleineres, einfacheres Grabmal aus noch früherer Zeit, eine kleine Nische im Ziegelfundament, flankiert von zwei kleinen Marmorsäulen, die eine Travertinplatte trugen und ihrerseits auf einer anderen Steinplatte standen, die wieder eine Öffnung im Boden bedeckte, die einem schmalen Graben ähnelte. Die Archäologen brauchten fast neun Jahre, um bis hinunter zum ursprünglichen Grab des Petrus zu gelangen, und als sie es endlich erreichten, war es leer!

Doch neben der Gruft entdeckte man unter einem kleinen Gewölbe eine Anzahl menschlicher Knochen; diese wurden nun von Monsignore Kaas mitgenommen, der sie in einen Zinkbehälter tat und schließlich in seinem Büro in einen Schrank einschloß. Zum Glück gestattete er einem Archäologen, Pater Engelbert Kirschbaum, das Fragment des Oberarmknochens und eines Oberschenkelknochens zu fotografieren. Die Knochen blieben weiterhin im Schrank des Monsignore und wären wohl für immer dort geblieben, hätte nicht Papst Pius XII. eines Tages zufällig die beiden von Pater Kirschbaum angefertigten Fotografien gesehen. Pius ersuchte seinen Leibarzt, *Dr. Riccardo Galeazzi Lisi*, um ein Gutachten über diese Knochen.

Obwohl mehr als achtzig Prozent der Knochen, die man für die Rekonstruktion eines Skeletts benötigt hätte, fehlten, kam Dr. Galeazzi Lisi zu dem Schluß, daß die Knochen (1) von einem Mann stammten; (2) von einem älteren Mann; und (3) einem Mann von kräftigen Wuchs. Dies entsprach sehr wohl der Beschreibung des Petrus. Die Sache hatte leider einen Haken: Eine spätere Untersuchung der Gebeine ergab, daß es sich in Wirklichkeit um Knochen von zwei Männern und einer Frau handelte. Inzwischen (1942) hatte Papst Pius XII. jedoch bekanntgegeben, daß es sich um die Gebeine Petri handelte. Daher erklärte er in seiner Bekanntmachung des Jahres 1950 einfach, es »könne nicht mit Sicherheit bewiesen werden«, daß es sich um die Gebeine Petri handle. Damit überließ er es der Welt, beliebige Schlüsse daraus zu ziehen.

Zu diesem Zeitpunkt kam es zu einer Reihe unglaublicher Entwicklungen, in denen eine Frau in die Suche nach den Gebeinen Petri eintrat und so selbst zu einer Legende im Vatikan wurde, als eine der wenigen Frauen, denen dies je gelungen ist. Es war Frau *Dr. Margherita Guarducci*, damals Professorin für Epigraphie (Inschriftenkunde) an der Universität von Rom.

Im Jahr 1952 hatte Frau Guarducci in einer römischen Zeitung einen Artikel über Antonio Ferrua gelesen, jenem italienischen Jesuiten, der einer der vier Archäologen des vatikanischen Ausgrabungsteams gewesen war. Ihre Aufmerksamkeit wurde durch einen beiläufigen Hinweis geweckt, wonach man in der erwähnten Nische an der Wand eine Inschrift mit griechischen Buchstaben gefunden habe, und zwar PETR in einer Zeile und ENI in der zweiten. Da sie Expertin für griechische Inschriften war, bat sie den Vatikan, diese untersuchen zu dürfen. Wie zu erwarten, wurde ihr Wunsch von vatikanischen Beamten mehrmals abgelehnt. Die damals Siebenundsechzigjährige ließ sich dadurch jedoch nicht abschrecken, und es gelang ihr, zu dem damaligen Prostaatssekretär Monsignore *Giovanni Montini* vorzudringen, dem späteren Papst *Paul VI.* Mit Hilfe Monsignore Montinis gelang es ihr, eine Privataudienz bei Papst Pius zu erwirken und ihn zu veranlassen, ihr eine genauere Untersuchung der Inschriften zu gestatten. Im Mai 1952 wurde der zweifach verschlossene Teil der abgelegenen Ausgrabungsstätten für sie geöffnet, aber, leider, leider – die Inschriften PETR und ENI waren nirgends zu sehen. Als sie Pater Ferrua aufsuchte, versicherte er ihr, daß er die Inschriften selber gesehen habe und beklagte, daß sie nicht fotografiert worden waren. Was war mit ihnen geschehen?

Nachdem Frau Professor Guarducci fast zwei Jahre lang mit großer Zähigkeit ihr Ziel verfolgt hatte, entdeckte sie schließlich, daß Monsignore Kaas ein kleines Stück Verputz, das von der Mauer gefallen war, eingelagert hatte – wieder in seinem Schrank. Da sie vermutete, daß die gesuchten griechischen Buchstaben sehr wohl auf diesem Stück zu finden sein könnten, bat sie Monsignore Kaas, einen Blick darauf werden zu dürfen, aber er lehnte das ab. Es gab niemanden, der den dickköpfigen Monsignore zu einer Sinnesänderung hätte bewegen können. Also begab sich Professor Guarducci wieder zu Monsignore Montini, der wieder den Papst aufsuchte, der schließlich Monsignore Kaas beauftragte, ihr Zutritt zu gewähren. Und, wie erwartet, fanden sich dort die gesuchten Buchstaben. Nach Untersuchung der griechischen Buchstaben kam sie zu dem Schluß, daß die Inschrift *»Hier ist Petrus«* bedeutete. Sie benötigte weitere sechs Jahre intensiver Untersuchungen zur

Lösung des Rätsels der verblichenen Graffiti, die von frühen Christen in die Mauer gekratzt worden waren. Sie benützte dabei vor allem vergrößerte Fotografien der Graffiti, die sie nun fast täglich in ihrer Wohnung und in ihrem Büro studierte.

Zunächst entzifferte sie eine Inschrift, die folgendermaßen geschrieben war: **PE**. Unter Mithilfe ihrer Schwester Maria brütete sie über den seltsamen, kreuz und quer verlaufenden Zeichen und Buchstaben in den Grotten unterhalb des Altars und verglich sie mit jenen, die man aus den Katakomben in und um Rom kannte. Sie entdeckte bedeutsame Wiederholungen und Sinnfälligkeiten, und nun begann sich eine bestimmte Vorstellung herauszukristallisieren: Im 2. Jahrhundert entwikkelten die wegen der systematischen Verfolgung in den Untergrund gegangenen Christen einen mystischen Code. Sie benützten Symbole wie das griechische chi rho – eine Verbindung der ersten zwei griechischen Buchstaben des Wortes Christus –, um daraus das Zeichen ☧ zu bilden. In ähnlicher Art und Weise benützten die frühchristlichen Gläubigen und Pilger die lateinischen Lettern **P** und **E** für Peter, **M** für Maria und **T**, um das Kreuz zu bezeichnen. Diese Zeichen wurden häufig in die Namen der Andächtigen und jener eingefügt, derer sie gedenken wollten. Wenn also ein Christ Paolo hieß, dann wurde unter das **P** seines Namens ein **E** gezeichnet, um Petri Kreuzigung zu symbolisieren. Handelte es sich um eine Christin namens Claudia, dann wurde dieser Name mit einem griechischen **X** in Verbindung mit dem **P** (also dem chi rho) geschrieben, um damit Claudias Hingabe an Christus auszudrücken.

Das Symbol **PE** tauchte in verschiedenen Verbindungen immer wieder in der Krypta unter der Beichtkapelle auf. Der Name Petrus war nie voll ausgeschrieben, und daher hatte auch kein Archäologe ihn entdecken können. Aber dennoch war er vorhanden in Form eines Monogramms an der unteren Hälfte des **P**, wodurch es wie ein Schlüssel aussah – Ᵽ. Darunter befanden sich einige Lettern, die eine Abkürzung des griechischen Wortes *Enesti* gewesen sein mochten, die zusammen mit den monogrammatischen Lettern besagen würden: »*Hier ist Petrus begraben.*«

Anläßlich der Zerstörung eines Teils der konstantinischen Mauer entdeckten die vatikanischen Arbeiter außer den Graffiti einen horizontalen Einschnitt in der Mauer. Als sie ihn erweiterten, fanden sie dahinter eine kleine Vertiefung in Form eines rechteckigen, mit Marmor ausgekleideten Schreins. Die Archäologen notierten in ihren Aufzeichnungen, die Vertiefung sei leer gewesen, »bis auf Überreste organischer Materialien und Knochen, vermengt mit Erdreich, einem länglichen Stück Blei, zwei kleine Strähnen Silberfäden und einige Münzen aus dem 10. Jahrhundert«.

An einem Septembertag im Jahr 1953 kam es zu einer glücklichen Fügung, als Professor Guarducci, auf den Knien rutschend und mit Hilfe eines Vergrößerungsglases, die Graffiti auf dieser Mauer untersuchte. Ein Vorarbeiter der *sampietrini* namens *Giovanni Segoni* sah ihr dabei zu. Sie fragte Segoni, ob die Ausgräber außer den bereits bekannten Objekten noch irgend etwas in der Nische gefunden hätten. Zu ihrer großen Überraschung sagte Segoni, es habe tatsächlich noch einige andere Gegenstände gegeben (wieder einmal ein Kästchen, das Monsignore Kaas heimlich weggeschafft hatte), nämlich ein hölzernes Kästchen in einem feuchten Kellergelaß vor der Kapelle des heiligen Colombanus. Segoni führte Guarducci zu diesem Kästchen, und darin befand sich ein unglaubliches Wirrwarr von Objekten, bestehend aus vielen menschlichen Knochen, einigen Katzen- und Hundeknochen, antiken Münzen, winzigen Stücken Wollstoff mit goldenen Fäden und das fast vollständig erhaltene Skelett einer Maus.

Es war nicht ganz klar, warum Monsignore Kaas keinem der vier Archäologen Mitteilung über diese Objekte gemacht hatte, nachdem sie von den Ausgräbern freigelegt worden waren. Offenbar hatte er sie in ein Kästchen gestopft, sie zu bezeichnen vergessen, sie weder in einem Protokoll festgehalten noch von ihnen Fotos angefertigt. Zunächst gab es bei diesen Objekten keinerlei Hinweis, daß es sich dabei um die Gebeine St. Peters handeln könnte, teils, weil kaum anzunehmen war, daß Tierknochen mit den Gebeinen des heiligen Petrus vermischt sein würden, und teils wegen der Münzen und anderen Gegenständen, die nicht aus der Zeit des Petrus stammten. Trotzdem übergab Guarducci die Knochen routinemäßig einem Fachmann für Anatomie in Sizilien zur Untersuchung, dem Professor *Venerando Correnti* von der Universität von Palermo. Nach mehrjährigen Untersuchungen berichtete Professor Correnti, die Knochen umfaßten ein fast vollständiges Skelett einer einzigen Person und daß es Knochen eines alten Mannes seien. Diesem Bericht zufolge war dieser Mann sechzig bis siebzig Jahre alt gewesen, seine Größe zwischen 164 und 168 Zentimeter.

Angesichts dieser Information hielt es Professor Guarducci für möglich, daß es sich doch um die Gebeine St. Peters handeln könnte. Sie überlegte folgendes: Als die Arbeiter Konstantins das ursprüngliche Grab des Petrus öffneten, fanden sie sein Skelett mit Erdreich bedeckt, und um die Reliquien nicht zu beschädigen, hoben sie den ganzen Fund heraus und plazierten Erdreich und Knochen, so wie sie sie vorfanden, in das konstantinische Grabmal. Professor Guarducci jedoch verblüffte das Vorhandensein von insgesamt neunundzwanzig Tierknochen. Weitere Untersuchungen, durchgeführt von Professor Correnti gemeinsam mit Professor *Luigi Cardini* von der Universität Rom, ergaben, daß es Knochen von einem Schwein, einem Hahn, einem Ochsen und einem Schaf waren. Die restlichen neunzehn waren von einem einzigen Tier, nämlich einer Maus.

Allerdings wiesen die Knochen des Nagetiers ein besonderes Merkmal auf. Im Gegensatz zu den anderen Knochen, die gelb und mit Erde verkrustet waren, waren die Mäuseknochen ganz weiß und sauber. Das Rätsel, vor das sich Guarducci gestellt sah, lautete: Was bedeuten all diese mit den Gebeinen des Petrus vermischten Tierknochen, die sorgfältig versteckt und innerhalb des konstantinischen Grabmals geschützt untergebracht waren?

Fast den ganzen Sommer lang rang sie mit diesem Problem, ohne eine Lösung zu finden. Sie beschloß, diese Frage einigen ihr gut bekannten Wissenschaftlern vorzulegen, vor allem Archäologen, die über reiche Erfahrungen mit Ausgrabungen in der Gegend von Rom verfügten. Sie legte ihnen die Frage vor, ob sie jemals Tierknochen mit Menschenknochen vermengt gefunden hätten, und einer ihrer Freunde bemerkte, in solchen Fällen bedeutete dies zumeist, daß der betreffende Leichnam zuerst auf Bauernland begraben war, inmitten von Kadavern toter Nutztiere, und später exhumiert und dann zusammen mit der Ackererde und den Tierknochen neuerlich bestattet worden sei.

Langsam schienen die Teile des Puzzles zusammenzupassen. Guarducci erkannte, daß der Leib des Märtyrers zuerst nur in einem einfachen Graben auf einem Bauernhof bestattet war, ehe Konstantin beschloß, ihn an einen sichereren und repräsentativeren Platz zu überführen. Und dort ruhte dann das alles tausendsechshundert Jahre lang. Professor Guarducci machte weitere wissenschaftliche Versuche. So wurden Fachleute herangezogen, um die anderen in der Nische gefundenen Materialien zu prüfen. Bodenfachleute ermittelten, daß die der Nische entnommenen Erdproben höchstwahrscheinlich jenem Erdreich entstammten, in das die Gruft aus dem ersten Jahrhundert gegraben worden war. Die chemische Analyse ergab, daß das Tuch, in das die Gebeine gehüllt waren, eine Blattgoldauflage hatte, während einige andere Fäden aus reinem Gold waren. Auf einigen Leinenresten fanden sich ebenfalls Blattgoldspuren. Die vielleicht wichtigste Erkenntnis aus der chemischen Analyse ergab, daß die Wolle mit dunklem Purpur gefärbt war, dem zur Zeit des Petrus teuersten Farbstoff, der nur für Personen königlichen Geblüts und höchste kirchliche Würdenträger reserviert war.

Somit verblieb nur noch ein Rätsel: das Vorhandensein von Münzen aus dem 10. Jahrhundert und die Frage, wie sie in eine Nische gelangt waren, die angeblich seit den Tagen Konstantins des Großen (288–337 n. Chr.) nicht geöffnet worden war. Die Knochen der kleinen Maus brachten schließlich die Lösung auch dieses Rätsels und lieferten Guarducci den endgültigen Nachweis der Echtheit der Gebeine des heiligen Petrus. Da die Mäuseknochen weißer waren als die anderen Tierknochen und das Knochengerüst der Maus nicht mit Erde verkrustet war, war die Maus offenbar *nach* der Errichtung der Nische hineingelangt und darin umgekommen. Guarducci kam zu dem Schluß, daß die Maus, während sie sich zur Nische hinuntergewühlt hatte, einige dieser an sich schon sehr dünnen und kleinen Münzen gelockert hatte und sie dann mit hinuntergeglitten waren. Offenbar pflegten die Pilger Münzen auf den Boden der Basilika zu werfen, die dann später von den Pförtnern in die dafür vorgesehenen Behältnisse gelegt wurden, wobei einige unbemerkt in die Bodenritzen fielen und im Lauf von Jahrhunderten immer tiefer rutschten.

Professor Guarducci löste damit endlich ein Geheimnis, das den Vatikan seit Jahrhunderten beschäftigt hatte. Damit aber trat sie zugleich in ein kirchliches »Fettnäpfchen«, das für die vatikanischen Behörden äußerst peinlich war. Seit Jahrhunderten bewahrte man in der Basilika von St. Johannes im Lateran den »Schädel des heiligen Petrus« in einer Silberkapsel auf, dem Millionen von Gläubigen ihre Ehrfurcht erwiesen hatten. Guarduccis Schlußbericht machte klar, daß es sich hier um eine *falsche* Reliquie handelte. Als Papst Paul VI. bekanntgab, man habe die Gebeine des heiligen Petrus entdeckt, wurde dieser Schädel überhaupt nicht erwähnt. Ebenfalls keine Erwähnung fand Professor Margherita Guarducci.

2. KAPITEL

Die bittere Pille Papst Paul VI.

Papst *Paul VI.* hatte eine Absonderlichkeit, die vor der Öffentlichkeit geheimgehalten wurde: Er trug häufig ein mit metallenen Spitzen besetztes härenes Hemd, das seine Haut scheuerte und sein Fleisch malträtierte. Paul hatte den Körper eines Ringers und die muskulösen Arme eines Athleten; als junger Priester begann er ein härenes Hemd zu tragen. Nach seiner Wahl zum Papst im Jahr 1963 trug er dieses Hemd sogar bei allen wichtigen Anlässen unter seinen Prunkgewändern. Als er 1975 das Heilige Jahr eröffnete, erweckte sein müdes und erschöpftes Aussehen das Mitleid der Massen, aber niemand hätte gedacht, daß sein Leib in ein härenes Hemd gehüllt war, mit Metallspitzen, die in sein Fleisch eindrangen. Die vatikanischen Mitarbeiter konnten sich nie an seine Art der Selbstkasteiung gewöhnen.

Aber auch die stärkste Selbstkasteiung reichte nicht an jene Qualen heran, die Papst Paul im Zusammenhang mit seiner *Enzyklika über die Geburtenregelung* und die daraus resultierenden internen politischen Vorgänge im Vatikan erleiden mußte, die ihn an den Rand der Verzweiflung trieben. Die Katholiken in aller Welt, die nichts von den politischen Kämpfen im Vatikan wissen, die genauso verhängnisvoll sein können wie in der Politik andernorts auch, wären schockiert, wenn sie erkennen müßten, daß dieses bestürzend schmutzige Spiel auch hinter dem Stuhl Petri gespielt wird. Politische Ränke werden von den starken Männern der Kurie gesponnen, deren Katholizismus häufig an das Mittelalter erinnert und nicht viel höher anzusetzen ist als die subtile italienische Kunst der Verschwörung im Zeitalter der Stadtstaaten. Die konservativen Kardinäle der alten Garde (deren Spektrum von »konservativ« bis »reaktionär« reicht) halten ein scharfes Auge auf den Heiligen Vater, wenn es um heikle Dinge geht.

Auch in ihren besten und in ihren schlimmsten Augenblikken sind Päpste politische Menschen, und wenn das Wort

»Politiker« allzu kraß klingen mag, so ist der Papst dennoch einer und muß es auch sein, welche Umschreibung man für dieses Faktum auch wählen mag. Der Papst, Herrscher über fast siebenhundert Millionen römische Katholiken und den unmittelbaren Bereich innerhalb der Mauern des Vatikans – und dort gleichzeitig Leiter der Exekutive, der Legislative und der Rechtsprechung –, ist zwangsläufig in das durch Geben und Nehmen gekennzeichnete politische Spiel verwickelt. Manchmal gibt er, manchmal gibt er nach. Man darf darüber nicht entsetzt sein, sondern muß zur Kenntnis nehmen, daß die konservativen Kardinäle und Bischöfe, die gleichsam einen Kokon um den Oberhirten der katholischen Kirche gesponnen haben, keineswegs davor zurückschrecken, ihn zu quälen. Das mußte auch Paul VI. in der Frage der Empfängnisverhütung erleben.

Nach dem Zweiten Vatikanum ernannte Papst *Johannes XXIII.* eine aus Bischöfen und Laien zusammengesetzte Kommission, die sich mit der Frage der Geburtenregelung befassen sollte, über die die Katholiken in allen Ländern seit Jahren heftig debattierten. Die Päpstliche Kommission für Geburtenregelung, die nur beratende Funktion hatte, machte sich 1964 an die gründliche Untersuchung des Problems und hielt zahlreiche Geheimsitzungen ab. Als sie um die Mitte des Jahres 1966 dem Papst das Ergebnis ihrer Beratungen vorlegte, war es ein Mehrheitsbericht und ein Minderheitsbericht geworden. Der Vatikan hat diese Berichte nie veröffentlicht, und Papst Paul VI. schwieg, während er sie gründlich studierte, im Hinblick auf die Herausgabe einer entscheidenden Enzyklika über die unter den Katholiken umstrittene Frage der Geburtenregelung.

Ein nicht genanntes Mitglied der Päpstlichen Kommission stellte Desmond O'Grady, dem Rom-Korrespondenten des *National Catholic Reporter*, einer liberalen, unabhängigen Wochenzeitschrift in Kansas City, Missouri, ein Exemplar des Berichts in lateinischer Sprache zur Verfügung. Die Zeitschrift druckte den vollen Wortlaut in eigener englischer Übersetzung am 19. April 1967 ab. Chefredakteur Robert G. Hoyt rechtfertigte die Veröffentlichung eines vatikanischen Geheimdokuments mit der Feststellung, es sei dies ein Dienst an seinen

Lesern, und überdies sei die Geburtenregelung als Problem niemandes Monopol, »auch nicht in bezug auf jene Aspekte, die die Bedeutung des kirchlichen Lehramtes berührten«.

Der Bericht stellte fest, daß *die Mehrheit der Bischöfe die Geburtenregelung befürwortete*! Die Mehrheit stützte ihr Argument zugunsten der Verwendung von Verhütungsmethoden – außer der Rhythmus-Methode – fast ausschließlich auf die Notwendigkeit der Erfüllung in der Ehe, die, so hieß es, auch die geschlechtliche Erfüllung und das Recht auf die Planung der Zahl der Kinder einschließe, die die Familie erhalten und auf ein »wahrhaft menschliches Leben« vorbereiten könne.

Obwohl die Zulassung empfängnisverhütender Pillen als einer von mehreren möglichen Wegen in Erwägung gezogen wurde, den die katholische Kirche bei der Aufgabe ihrer Ablehnung mechanischer Mittel zur Empfängnisverhütung gehen könnte, erwähnte die Mehrheit die Pille nicht und traf auch keine Unterscheidung zwischen der Pille und anderen empfängnisverhütenden Mitteln. Die Mehrheit erklärte: »Die Regelung der Empfängnis erscheint vielen Ehepaaren notwendig, die unter den heutigen Verhältnissen eine verantwortungsbewußte, bejahende und vernünftige Elternschaft erreichen wollen. Wenn sie alle wesentlichen Werte der Ehe beachten und pflegen sollten, dann bedürfen Eheleute eines würdigen und menschlichen Mittels zur Regelung der Empfängnis.« In Verteidigung der geschlechtlichen Liebe in der Ehe fügte der Mehrheitsbericht hinzu: »Durch die Entfaltung ihrer Verbundenheit und Intimität mit all ihren Aspekten werden die Eheleute in Stand gesetzt, jenen Zustand der Liebe, des gegenseitigen Vertrauens und der demütigen Hinnahme zu schaffen, der die notwendige Voraussetzung einer echten menschlichen Entfaltung und Reife ist.«

Die konservativen Bischöfe hielten sich in ihrem Minderheitsbericht streng an die kirchliche Lehrmeinung der Vergangenheit. Sie vertraten die Auffassung, die Empfängnisverhütung sei grundsätzlich von Übel, und erklärten: »Etwas, das niemals, durch keinerlei Gründe und keinerlei Umstände, gerechtfertigt werden kann, ist stets von Übel, weil es an sich von Übel ist. Es ist nicht falsch aufgrund einer positiven Rechtsvorschrift, sondern aufgrund des Naturrechts. Es ist nicht von Übel, weil es verboten ist, sondern es ist verboten, weil es von Übel ist.« Weiter hieß es im Minderheitsbericht: »Wären wir in der Lage, klare und zwingende, ausschließlich auf der Vernunft beruhende Argumente vorzubringen, dann gäbe es keine Notwendigkeit für das Bestehen unserer Kommission, und es würde auch in der Kirche nicht jener Zustand herrschen, den wir heute haben.« Die konservativen Bischöfe befürchteten für den Fall einer Haltungsänderung der Kirche schwerwiegende theologische Konsequenzen. »Hätte die Kirche bei ihrer schweren seelsorgerischen Aufgabe so schwer geirrt«, hieß es im Bericht der Minderheit, »dann käme dies der Annahme gleich, es hätte ihr am Beistand des Heiligen Geistes gemangelt.« Der Minderheitsbericht erklärt weiter, die Billigung künstlicher Verhütungsmittel in der Ehe würde gleichzeitig Tore zur Billigung außerehelichen Geschlechtsverkehrs, der Sterilisierung und der widernatürlichen Sexualpraktiken öffnen.

Die Stellungnahme des Vatikans zur nicht genehmigten Veröffentlichung des Kommisssionsberichtes, ehe der Heilige Vater Gelegenheit zur genauen Prüfung hatte, war der Auffassung, man habe den Bericht durchsickern lassen, um den Papst zu einer Entscheidung zu nötigen. *L'Osservatore Romano* erklärte in einem Kommentar zu dieser Indiskretion, der Heilige Vater habe sich zu Recht vorbehalten, eine Lösung dieser schwerwiegenden Frage zu liefern, ohne daß seine Gegner die Frage forcieren dürften.

Erst gegen Ende Juli 1968, mehr als vierzehn Monate nach der Vorabveröffentlichung des Berichts, fällte Papst Paul VI. endlich seine Entscheidung und verkündete die Enzyklika *Humanae Vitae* (Vom menschlichen Leben), in der die Verwendung wirksamer Methoden der Geburtenregelung und Geburtenplanung, der Bevölkerungsplanung, verboten wurde. Katholiken in aller Welt protestierten heftig gegen diese Entscheidung. Während Geistlichen, die den Standpunkt des Papstes unterstützten, in der Presse breiter Raum gegeben wurde, so kam es gleichwohl zu heftigen Protesten von seiten des katholischen Klerus, vor allem in den Vereinigten Staaten.

Die ablehnende Haltung der Laien war sofort offenkundig und breitete sich schnell aus. Die Meinungsumfrage einer Zeitung ergab, daß 94 von 100 praktizierenden Katholiken anderer Meinung waren als der Papst. Die wütenden Proteste und Einwände gegen Pauls VI. verhängnisvollen Fehler dauern bis zum heutigen Tag an. Viele katholische Laien und eine nicht unbedeutende Anzahl von Geistlichen wurden aus der Kirche vertrieben, weil sie die Auffassung vertraten, die Geburtenregelung sei nicht Sache des christlichen Glaubens.

Was war im Vatikan geschehen? Warum hatte sich Papst Paul, der gerne Bücher über Soziologie las (wie er mir persönlich in Mailand kurz vor seiner Wahl zum Papst erzählte), gegen die Mehrheit der Bischöfe und gebildeten Laien ausgesprochen, die zu einer Änderung der Haltung der Kirche in Sachen Geburtenregelung geraten hatten? War er unter den Einfluß der Konservativen im Vatikan geraten, während er eigenhändig seine siebente Enzyklika auf einer uralten Reiseschreibmaschine tippte?

Papst Paul VI., selber durchaus beeindruckt von den logischen Schlüssen des Berichtes und der darin zum Ausdruck kommenden vernünftigen sozialpolitischen Einstellung, wollte die Frage der Verwendung empfängnisverhütender Mittel dem Gewissen des einzelnen überlassen, begleitet von ernsten Warnungen dergestalt, daß die Benützung solcher Mittel in manchen Fällen zulässig sei, aber nur dann, wenn dies für die Erhaltung und Förderung der Werte und Heiligkeit der Ehe notwendig sei.

Er wurde jedoch überstimmt. Eingeengt durch die Kurie, die damals mehrheitlich aus betagten, streng konservativen italienischen Kardinälen bestand, beugte sich Paul VI. schließlich dem starken Druck und erklärte sich endlich bereit, die Auffassung der Minderheit der Bischöfe in der Päpstlichen Kommission zu übernehmen, obwohl er sehr wohl wußte, daß die Enzyklika katastrophale Auswirkungen in den Reihen der Katholiken haben würde, daß sie Millionen einfacher Menschen namenloses Leid bringen und verheerende Auswirkungen auf die ökumenische Bewegung haben würde.

Die letzten Gründe für sein Einlenken bleiben unklar.

3. KAPITEL

DIE NIE VERÖFFENTLICHTE ENZYKLIKA

Eine Enzyklika des Papstes *Pius XI.* mit dem Titel *Humani Generis Unitas* (Die Einheit des Menschengeschlechts), die sich teilweise mit dem Problem des Antisemitismus befaßte, wurde vor dem nahen Tod des Papstes vom Vatikan unterdrückt. Man hätte ihr den Titel »Die nie veröffentlichte Enzyklika - die doch hätte veröffentlicht werden müssen« geben können, denn wäre sie, wie vorgesehen, im Jahre 1938 erlassen worden, dann hätte sie vielleicht Millionen Menschen das Leben gerettet. Unabhängig von den geschichtlichen und sozialen Auswirkungen, die es auf die sorgenvolle, von Kriegsgefahr bedrohte Welt des Jahres 1939 gehabt hätte, bietet dieses nie veröffentlichte päpstliche Dokument einen ungeschminkten Einblick in die internen Vorgänge des Vatikans als Schauplatz von Intrigen.

Im Juni 1935 beauftragte der bereits kränkelnde Pius XI. den amerikanischen Jesuiten, Pater *John LaFarge* (er starb 1963 im Alter von dreiundachtzig Jahren) mit der Ausarbeitung einer Enzyklika *gegen Rassismus und Antisemitismus.* Dieser Auftrag wurde etwa anderthalb Jahre vor dem Ausbruch des Zweiten Weltkriegs erledigt. Pater LaFarge war Verfasser mehrerer Bücher über Rassenprobleme, Gründer des *Catholic Inter-racial Council of New York* und Redakteur der Jesuitenzeitschrift *America* sowie ein unablässiger Kämpfer gegen den Rassismus in den Vereinigten Staaten. Sein Entwurf beinhaltete die ausdrückliche Verurteilung des Antisemitismus, und die darin enthaltenen Gebote wären für alle Katholiken bindend gewesen.

Trotz der, wie üblich, umständlichen kirchlichen Diktion machte der Wortlaut sehr deutlich, daß Hitlers antijüdische Maßnahmen für den Vatikan und alle Katholiken unannehmbar seien. Da mehr als die Hälfte der Soldaten Hitlers Katholiken waren und fast ganz Süddeutschland, insbesondere Bayern, Hochburgen des Katholizismus, hätte die Enzyklika starken Einfluß auf Deutschland ausgeübt. Wäre sie Ende 1938 oder Anfang 1939 wie vorgesehen veröffentlicht worden, so hätte sie möglicherweise vielen der sechs Millionen Juden das Leben gerettet, die dann im Verlauf des Krieges ermordet wurden. 1939 hatte Hitler mit der umfassenden Judenverfolgung erst angefangen und mit dem eigentlichen Ausrottungsprogramm noch nicht begonnen. Mit dem damaligen moralischen Gewicht des Papsttums hätte die Veröffentlichung dieser Enzyklika sicherlich dazu beigetragen, Hunderttausenden das Leben zu retten.

Nachdem LaFarges Entwurf im Vatikan eingetroffen war, wurde er das Opfer zweier zusammenhängender, aber verschiedener Intrigen. Die erste bestand darin, daß das fertiggestellte Manuskript »auf dem Dienstweg« LaFarges oberstem Vorgesetzten, dem Jesuitengeneral, Pater *Wlodimir Ledochowski*, vorgelegt werden mußte, obwohl der Auftrag an LaFarge direkt vom Papst erteilt worden war. Pater Ledochowski, der Herkunft nach ein polnischer Graf, stammte aus einem Land, das, wenn man der Einschätzung des führenden Nazijägers der Welt, Simon Wiesenthal, vertrauen darf, im Ruf steht, der antisemitischste aller westlichen Staaten zu sein. Es ist daher keineswegs unmöglich, daß er etwas von der negativen Einstellung seines Volkes gegenüber den Juden teilte, obwohl es keinen Beweis dafür gibt, daß er jemals, solange er im Schoße seiner Kirche wirkte, irgendeine Art antisemitischer Bemerkung gemacht hätte. Welche Haltung Pater Ledochowski gegenüber den Juden auch gehabt haben mag, so bleibt jedoch das Faktum, daß er LaFarges Papier drei volle Monate zurückhielt. Der Papst war zu dieser Zeit krank, und es ist nicht bekannt, ob er LaFarges Entwurf zu Gesicht bekam oder überhaupt wußte, daß er bereits fertiggestellt war.

Die zweite Intrige betrifft den Verdacht des französischen Kardinals *Eugene Tisserant*, daß *Benito Mussolini* Pius XI. hatte ermorden lassen, um ihn an einer offenen Verurteilung des Faschismus zu hindern (siehe 8. Kapitel). Es ist durchaus möglich, daß Mussolini schneller handelte als ursprünglich beabsichtigt, weil er vom Inhalt der geplanten Enzyklika wußte. Es gibt einen begründeten Verdacht, daß Mussolini von einem seiner Spione im Vatikan den vollen Wortlaut des Entwurfs von LaFarge erhalten hatte. Der Duce war selber kein Antisemit und hegte starke Bedenken wegen Hitlers Judenverfolgungen, aber um Hitler bei guter Laune zu halten, begann er die deutschen Rassengesetze auch in Italien einzuführen, zwar im Schneckentempo, aber doch in der Absicht, Hitler zufriedenzustellen.

Pater LaFarges Entwurf machte deutlich, daß Rassismus und Antisemitismus falsche Begriffe beinhalteten. Er rief alle Menschen guten Willens auf, aus dem öffentlichen Leben alle jene Unterscheidungen auszumerzen, die auf Rassenmerkmalen beruhten, denn »derartige Unterscheidungen können nur als verleumderisch und diskreminierend empfunden werden«. Unter Hinweis, daß Rassismus sehr leicht zu Antisemitismus führt, erklärte er, es sei klar, daß der Kampf um Rassenfreiheit »eindeutig mit dem Kampf gegen die Juden endet«. Dann zitierte er einen Angriff des Vatikans gegen den Antisemitismus aus dem Jahr 1928. Weiter hieß es im Text, keine politische Lösung der Judenfrage sei die »wahre Lösung«, wenn sie im Widerspruch zu den verpflichtenden Geboten der Gerechtigkeit und der Karitas stehe.

Der Abschnitt des Entwurfs, der sich mit dem Antisemitismus befaßte, trug den Titel »Die Juden und die Antisemiten« und zeigte auf, daß der zeitgenössische Antisemitismus historische Wurzeln habe: »Abgesehen von seiner systematischen Grausamkeit, unterscheidet sich dieser Kampf hinsichtlich seiner wirklichen Motive und Methoden durch nichts von den seit der Antike überall stattgefundenen Judenverfolgungen. Diese Verfolgungen sind vom Heiligen Stuhl mehr als einmal getadelt worden, insbesondere wenn sie unter dem Deckmantel des Christentums erfolgten. Infolge einer derartigen Verfolgung werden Millionen von Menschen im eigenen Geburtsland ihrer elementarsten Grund- und Bürgerrechte beraubt. Unschuldigen Menschen wird der gesetzliche Schutz vor Gewalttätigkeit und Raub verwehrt, sie werden allen möglichen Beleidigungen und öffentlichen Demütigungen ausgesetzt und wie Verbrecher behandelt, obwohl sie die Gesetze ihres Geburtslandes mit Bedacht einhalten. Sogar jene, die in

Kriegszeiten tapfer für ihr Land gekämpft haben, werden wie Verräter behandelt, und die Kinder jener, die ihr Leben für ihr Land gegeben haben, werden gerade wegen ihrer Abkunft für geächtet erklärt ... durch diese flagrante Verletzung der Menschenrechte werden viele tausend hilflose Menschen bar jeglicher Mittel über die ganze Erde verstreut. Sie ziehen von Grenze zu Grenze und werden so zur Last für die Menschheit und sich selber.«

Weiter bezeichnete LaFarges Entwurf im Licht der kirchlichen Lehre den Antisemitismus als »irregeleitet und schädlich«, was die Notwendigkeit aufzeige, energische Maßnahmen zur Bewahrung sowohl des Glaubens als auch der Moral der Gesellschaft und ihrer Mitglieder zu ergreifen und sie vor den korrumpierenden Folgen des Irrtums zu schützen. Der Antisemitismus, so hieß es in dem Dokument, sei nicht nur jämmerlich unzulänglich, sondern verfehle sogar seine eigentliche Zielsetzung, da er letztlich nur noch größere zu bewältigende Hindernisse schaffe. »Die katholische Kirche betet seit jeher für das jüdische Volk, das bis zur Ankunft Christi Träger der göttlichen Offenbarung gewesen sei ... gerührt von ihrer Liebe, hat der Apostolische Stuhl diese Menschen gegen ungerechte Unterdrückung in Schutz genommen, und so wie jegliche Art von Neid und Eifersucht unter den Nationen zu mißbilligen ist, so auch ganz besonders jener Haß, der allgemein als Antisemitismus bezeichnet wird ... Der Antisemitismus ist ein unter dem Vorwand des Schutzes der Gesellschaft erfolgender Angriff, ein Aufruf zu grenzenlosem Haß, ein Freibrief für jegliche Form der Gewalt, Raubgier und Unordnung sowie ein Zugpferd gegen die Religion schlechthin. Und so erkennen wir, daß der Antisemitismus zu einem Vorwand wird für Angriffe auf die heilige Gestalt des Erlösers selbst, der als Sohn einer jüdischen Jungfrau menschliche Gestalt angenommen hat; er wird zu einem Krieg gegen das Christentum sowie dessen Lehren, Sitten und Institutionen.«

Die geplante Enzyklika befaßte sich vor allem mit der extremen Verwirrung, die damals in den sozialen Verhältnissen der Menschen vorherrschte, und erwähnte drei Versuche zur Schaffung einer neuen Einheit. Es handelte sich um Hinweise auf Deutschland, Italien und die Sowjetunion. Der Entwurf bezeichnete den extremen Nationalismus als »eine echte Entartung des Geistes« und klassifizierte den Totalitarismus als Regierungsform, die im Gegensatz zum Naturrecht stehe. Weiter hieß es, die totalitären Regierungen förderten Nationalismus, Rassismus und Antisemitismus, um ein Gefühl der Einheit in ihren Völkern zu schaffen; diese Art von Einheit sei jedoch ein Irrtum, widerspreche der wirklichen Einheit des Menschengeschlechts und sei insgesamt »eine schädliche Verleugnung des Geistes Gottes«.

Im Gegensatz zu Päpsten vor und nach ihm war *Pius XI.* als Mann bekannt, der in seinen Aussagen eine deutliche Sprache bevorzugte, und diese Sprache spiegelte sich häufig in seinen Enzykliken wider, die wahrlich nicht von verschwommenem Denken oder indirekten Wendungen geprägt waren. LaFarge wußte dies natürlich und schrieb den Entwurf daher in jenem direkten, kämpferischen Stil, der selbstverständlich der päpstlichen Würde Rechnung trug, aber dennoch nichts beschönigte. Ob Pius XI. LaFarges Entwurf zur Gänze akzeptiert haben würde, muß eine akademische Frage bleiben, da die Enzyklika nie erlassen wurde. Im übrigen schrieb Pater LaFarge die vorgesehene Enzyklika nicht allein, sondern unter Mitwirkung des deutschen Jesuiten Pater *Gustav Gundlach*, der als Professor an der Gregorianischen Universität in Rom wirkte. Die beiden Männer kamen im Sommer 1938 in Paris zusammen, um den Text auszuarbeiten. Pater Gundlach schrieb den ersten Teil des Entwurfs über Totalitarismus und Rassismus, während LaFarge ausschließlich mit jenem Teil befaßt war, in dem es um den Antisemitismus ging.

LaFarge, Gundlach und ein französischer Geistlicher arbeiteten acht Wochen lang an der Enzyklika. Am oder um den 1. Oktober lieferte LaFarge den fertigen Entwurf persönlich bei seinem Generaloberen ab und fuhr dann weiter nach New York. Am 16. Oktober schrieb Pater Gundlach an Pater LaFarge, er mißtraue Pater Ledochowski, denn er »scheint es darauf angelegt zu haben, die Enzyklika zu sabotieren«, eine Behauptung, die er in einem späteren Brief vom 28. Januar 1939 wiederholte. Gundlach hatte im Vatikan gehört, Ledochowski sei der Auffassung, die Weltlage wäre zu diesem Zeitpunkt zu heikel, um dem Papst die Veröffentlichung eines so scharfen Dokuments zu erlauben.

Inzwischen (am 25. November) hatte Pius XI. zwei Herzinfarkte erlitten, und obwohl er sich offensichtlich gut erholte, verschlechterte sich sein Asthma wegen seines angegriffenen Herzens, und sein Gesundheitszustand war alles andere als gut. Er starb im folgenden Jahr in den frühen Morgenstunden des 11. Februars, kurz bevor er eine geplante wichtige Ansprache vor den italienischen Bischöfen halten konnte. Zumindest bis zur ersten Januarwoche hatte der Papst das Manuskript der Enzyklikla nicht erhalten.

Am 2. März 1939 wurde Kardinal *Eugenio Pacelli* aus Mailand als Papst *Pius XII.* auf den Stuhl Petri erhoben. Pacelli war einst zwölf Jahre lang als päpstlicher Nuntius in Deutschland tätig gewesen und hatte eine steigende Bewunderung für das deutsche Volk entwickelt. Er war kaum sechs Monate Papst, als der Zweite Weltkrieg ausbrach, nachdem Hitler 1938 in die Tschechoslowakei und 1939 in Polen eingefallen war. Am 20. Oktober verkündete Papst Pius XII. seine erste Enzyklika, *Summi Pontificatus*, die größtenteils von Pater Gundlach geschrieben worden war und die sich weitgehend auf das LaFarge-Gundlach-Manuskript stützte, das Papst Pius XII. kurz nach dem Tod seines Vorgängers hatte lesen können. *Summi Pontificatus* betonte die »Einheit des Menschengeschlechts«, verurteilte den Totalitarismus sowie den Ausbruch des Krieges und bot die guten Dienste des Heiligen Stuhls zum Zweck der Vermittlung an.

Ausgelassen wurde der Kern des Textes von LaFarge – der Abschnitt über den Antisemitismus.

4. KAPITEL

DIE MÄCHTIGSTE FRAU IN DER GESCHICHTE DES VATIKANS

Kurz nach der Befreiung Roms durch amerikanische und britische Truppen stattete Claretta Petacci einer im Vatikan tätigen Nonne einen Besuch ab. Claretta war nicht nur ein berühmter italienischer Filmstar, sondern auch eine wohlbekannte und von zahllosen Gerüchten umgebene politische Persönlichkeit, denn sie war Mussolinis Mätresse. Es war fast Mitternacht, als die vermummte Claretta heimlich in einem Empfangsraum im zweiten Stockwerk des Apostolischen Palastes eingelassen wurde. In ihrer Eigenschaft als Sendbotin ihres Geliebten, des Diktators, traf sich die attraktive Schauspielerin in geheimer Mission mit der mächtigsten Frau in der Geschichte des Vatikans, Schwester Pasqualina Lehnert, die in Deutschland geborene Haushälterin, Vertraute, Beraterin und engsten Stütze von *Pius XII.*, dessen Pontifikat in die Zeit des Zweiten Weltkriegs fiel.

Frau Petacci wollte, daß Schwester Pasqualina beim Papst interveniere, um ihn dazu zu bewegen, Mussolini bei der Flucht aus den Händen der deutschen Truppen in Norditalien zu helfen, damit eine politische Lösung für Italien gefunden werden könnte. Schwester Pasqualina erklärte sich bereit, dem Papst die Angelegenheit vorzutragen. Obwohl dieser zunächst mit Mussolini nichts zu tun haben wollte, hörte er sich die Sache doch an und gestattete Schwester Pasqualina schließlich, der Clarette bei einem späteren Zusammentreffen mitzuteilen, sie möge dem Diktator sagen, er solle seinen »Friedensplan« dem Erzbischof von Mailand übermitteln, der ihn dann auf den Schreibtisch des Papstes befördern würde. Der Vorschlag gelangte später tatsächlich zu Pius XII. und er fand daran nichts auszusetzen. Im Grunde hoffte Mussolini auf eine Chance, mit Frau, Kindern und Mätresse in ein neutrales Land ausreisen zu können. Der Duce, der damals ein großes Kontingent neofaschistischer, mit den Nazistreitkräften im Norden kollaborierender Kämpfer befehligte, hatte jeglichen Glauben an Hitler verloren und hatte hinsichtlich der deutschen Eroberungspläne keine Illusionen mehr. Daher machte er den Vorschlag, daß er mit seinen Truppen kapitulieren würde und damit sowohl den Kampf verkürzen als auch hunderte Menschenleben auf beiden Seiten retten würde. Schwester Pasqualina schlug ihrerseits dem Papst vor, Mussolinis Angebot an den Oberkammandierenden der Streitkräfte der Alliierten, Dwigth D. Eisenhower, weiterzuleiten. In einem Handschreiben empfahl der Papst Eisenhower, das Angebot anzunehmen. Eisenhower lehnte ab. Schwester Pasqualina bemühte sich einen ganzen Tag lang, die Petacci in Mussolinis Versteck in Mailand zu erreichen, um ihr diese Nachricht zu übermitteln. Das war der letzte Kontakt Schwester Pasqualinas zu der Petacci, danach überstürzten sich die Ereignisse. Die Petacci und ihr Liebhaber wurden von einer Gruppe italienischer Partisanen in der Nähe des Comersees gefangen genommen und erschossen.

Das außergewöhnliche Verhältnis zwischen Schwester Pasqualina und Papst Pius XII. währte 41 Jahre. Es umfaßte das gesamte Pontifikat von Pius XII. von 1939 bis 1958. In dieser Zeit war diese Frau die engste Vertraute des Papstes, und das in einer Zeit, in der der Vatikan einige der schwersten Krisen der neueren Geschichte erlebte. Schwester Pasqualina, die innerhalb des Vatikans oft als »La Popessa« bezeichnet wurde, verfügte im Vatikan über eine beispiellose Machtfülle, und zwar derart, daß Priester und Bischöfe (gelegentlich sogar Kardinäle) erst sie um Erlaubnis baten, ehe sie um eine Audienz beim Heiligen Vater ansuchten. Das war besonders der Fall, wenn Pius XII. längere Zeit krank war.

Ironischerweise gab es viele Menschen, Geistliche und Laien, die im Vatikanstaat wohnten und sie kein einziges Mal zu Gesicht bekommen hatten. Sie war in der Tat eine geheimnisvolle Frau im wahrsten Sinne des Wortes, obwohl ihr Einfluß auch in den höchsten Kreisen so groß war, daß innerhalb des Vatikans jeder über sie Bescheid wußte. Die meisten Geistlichen, die im Zuge ihrer normalen Tätigkeit mit Schwester Pasqualina zu tun hatten, mochten sie nicht besonders, sondern verabscheuten sie. Sie hielten sie vor allem für arrogant und herrschsüchtig; man kannte sie als ungeduldig, barsch und despotisch. Für andere hingegen galt sie als großzügig, verständnisvoll, mitfühlend und sehr klug. Jene Kardinäle, die sie nicht leiden konnten, haßten sie, weil sie eine Frau war; in fast zweitausend Jahren war in dem ausschließlich von Männern regierten Vatikan keine Frau zu solcher Machtfülle aufgestiegen. Überdies war Schwester Pasqualina nie bereit, einer Person von hohem Rang nachzugeben, schließlich besaß sie das persönliche Vertrauen des Papstes.

Vor allem war sie die mütterliche Beschützerin des Papstes in einer Zeit, in der die vier großen -ismen - Nazismus, Faschismus, Kommunismus und Kapitalismus - eine Welt des Kampfes und des Mordens hervorgebracht hatten, in deren Mitte ein Papst wirkte, der sich vor allem um die Erhaltung der Neutralität des Vatikans und der Integrität der Kirche bemühte. Daß sich Pius XII. sehr stark auf sie verließ, ist unwidersprochen, denn oft hörte man in den Korridoren seine laute Stimme, wenn er nach ihr rief, sie solle das, was sie gerade täte, liegen und stehen lassen und sofort zu ihm eilen. Häufig schrie er in seinen verbalen Ausbrüchen auf deutsch und italienisch.

Schwester Pasqualina starb im November 1983 im Alter von 89 Jahren in Wien, wo sie an einer Feierlichkeit anläßlich des 25. Todestags von Pius XII. teilgenommen hatte. Als sie das Flugzeug nach Rom besteigen wollte, brach die ehemalige päpstliche Haushälterin am Flughafen Schwechat zusammen. Obwohl sie sofort ins Krankenhaus gebracht und versorgt wurde, starb sie wenige Tage später. Zuletzt hatte sie in einem nach Pius XII. benannten Altersheim in der Nähe von Rom gelebt, das sie selber vierzehn Jahre nach dem Tod des Papstes gegründet hatte, und wo sie mit großem Fleiß als Zeugin für die Seligsprechung und spätere Heiligsprechung von Pius XII. gewirkt hatte.

In dem einzigen, notwendigerweise kurzen Gespräch, das ich mit Schwester Pasqualina in Wien wenige Tage vor ihrem Tod führte, sprach sie mich auf mein Buch an, das sie, wie sie sagte, in der italienischen Übersetzung unter dem Titel »L'Oro del Vaticano« gelesen hatte. Sie wollte wissen, welche Gründe ich als praktizierender Katholik und Journalist hätte, ein Buch zu schreiben, das das »Bild unserer Religion« besudelte, ganz gleich, wie zutreffend die darin enthaltenen Einzelheiten auch sein mochten (sie widersprach dem Inhalt des Buches in keiner Hinsicht). Ich antwortete, daß ich in erster Linie Journalist und erst in zweiter Katholik sei. So als hätte sie meine Antwort überhaupt nicht wahrgenommen, entgegnete sie, sie würde für meine Seele beten und mir meine »Sünde« vergeben. Ich fragte sie, ob sie irgendwelche unrichtigen Fakten oder Übertreibungen im Text nennen könnte, und sie antwortete, daß sie das Buch nicht sehr genau gelesen habe, und fügte hinzu, daß sie sich hauptsächlich über einige darin vorkommende Anekdoten amüsiert, sich für die komplizierten finanziellen Einzelheiten nicht besonders interessiert habe. Sie sprach mit mir in fließendem Italienisch. Ich wußte indessen, daß sie während ihrer ganzen Beziehung zu *Eugenio Pacelli/Pius XII.* mit ihm fast immer deutsch und nur selten italienisch gesprochen hatte. Im Alter von 89 Jahren war diese winzige Nonne immer noch hübsch, gleichsam als Nachklang ihrer Jugend, als sie äußerst attraktiv gewesen sein mußte.

Josefine Lehnert, die Tochter eines bayrischen Bauern, war noch nicht dreiundzwanzig geworden, als sie Monsignore Eugenio Pacelli zum ersten Mal begegnete. Er war damals gerade vierzig und erholte sich von einer langwierigen Erkrankung in einem Sanatorium auf der Schweizer Seite des Bodensees. Monsignore Pacelli, damals päpstlicher Nuntius in München, benötigte eine Haushälterin, und als sich die Nonne bereit erklärte, diese Stelle zu übernehmen, sorgte er für ihre Versetzung. Sie arbeitete für ihn als Bedienstete in der apostolischen Nuntiatur, und als sie dreißig wurde und Pacelli auf einen wichtigeren Posten in Berlin versetzt wurde, ging sie mit ihm, und auch dann, als Pacelli in Rom zum Kardinal geweiht und schließlich von Papst *Pius XI.* zum vatikanischen Staatssekretär ernannt wurde. Im Jahr 1939 begleitete Schwester Pasqualina Pacelli, als er zum Pontifex gewählt wurde und den Namen Papst Pius XII. annahm. Während sie und zwei weitere Nonnen aus ihrem Orden seinen Haushalt im dritten Stockwerk des Apostolischen Palastes in Ordnung hielten, hatte die kleine Frau aus Bayern eine so weitgehende Kontrolle über das

Büro des Papstes, daß sie sich praktisch um fast alle Details kümmerte, wie die Bereitstellung seines Schreibpapiers und die Füllung seines Füllhalters. Ihr Engagement ging aber noch wesentlich weiter: Sie nahm täglich seine Diktate entgegen, schrieb sogar Seiten in seinem Privattagebuch und überarbeitete seine offiziellen Akten und Ansprachen. Häufig diskutierte Pius XII. heikle Angelegenheiten mit ihr, erkundigte sich nach ihrer persönlichen Meinung über Fragen, über die er eine amtliche Entscheidung zu fällen hatte. Obwohl er nicht immer der gleichen Ansicht war wie sie, so kam es doch häufig vor, daß er seine Meinung änderte und ihre akzeptierte, da er grenzenloses Vertrauen in ihre Intelligenz, Einsicht und Intuition hatte. Im Laufe dieser Beziehung sollte Pius XII. Pasqualina immer häufiger bei der Behandlung vertraulicher Angelegenheiten hinzuziehen.

Sehr oft ließ er sie in seinem Namen Telefongespräche führen und auch päpstliche Besuche machen. Jedermann in Rom wußte, wenn Schwester Pasqualina allein in einem Auto des Vatikans ausfuhr, dann befand sie sich in einer wohltätigen Mission im Auftrag des heiligen Vaters. Häufig überbrachte sie Bargeldspenden aus der Privatschatulle des »Papa Pacelli«, wie ihn die Römer nannten, zugunsten einer bedürftigen Familie oder Person.

Die täglich im Vatikan ankommende Post enthielt zahlreiche an sie persönlich adressierte Briefe, die Mehrzahl aus Deutschland und Österreich (in deutscher Sprache). Zwar enthielten viele Briefe Bitten um Geld oder eine Anstellung im Vatikan, aber auch andere Anliegen, wie etwa Petitionen um kirchliche Annulierung der Ehen von getrennt lebenden Personen, Klagen gegen Kurienpolitiker und sogar Bitten um päpstliche Autogramme. Den Verfassern war offensichtlich klar, daß Pasqualina direkten Zugang zum Papst hatte. Auch wenn sie selbst nur eine Art päpstliche Sekretärin war, so war der wöchentliche Posteingang so umfangreich, daß sie eine Privatsekretärin gebraucht hätte, aber sie verlangte nie eine solche, sondern erledigte ihre eigene Korrespondenz durchaus effizient.

Pasqualina kümmerte sich auch häufig um verschiedene

andere heikle Angelegenheiten des Papstes. Da gab es die täglichen Probleme der Verwaltung des Vatikanstaates, und obwohl die Nonne nie Entscheidungen ohne vorherige Beratung mit ihrem Mentor traf, so hatte sie am Ende doch viel mitzureden. Das traf auch im Falle des künftigen Papstes *Paul VI.* zu, dem damaligen Monsignore *Montini*, der in einer Art und Weise nach Mailand versetzt wurde, die selbst bestinformierte Vatikan-Insider überraschte, denen jedoch klar war, daß dieser Vorgang von der Pasqualina gesteuert worden war, die Montini nicht mochte, und ihm gegenüber oft zornig gewesen war. Oft hatte Pius XII. eingreifen müssen, um einen Streit zwischen den beiden zu schlichten. Daß Montini als Erzbischof von Mailand so lange ohne Kardinalshut bleiben mußte, war wieder einer der Intrigen der Pasqualina zuzuschreiben, die den Klerikern im Vatikan aufstießen.

Andererseits hegte Pasqualina die größte Wertschätzung und Bewunderung für Kardinal Spellman von New York. Welche Abwehrmaßnahmen sie auch gegen andere hochrangige Kleriker traf, die den Papst besuchen wollten, für den amerikanischen Prälaten war sie zu allem bereit. Sie empfand eine besondere Zuneigung zu diesem irischen Priester, obwohl sie ihn durchaus zutreffend als einen berechnenden, intrigierenden Opportunisten sah, dem es darum ging, in den richtigen und in hohen Positionen Freunde zu gewinnen. Spellman verdankte seine Erhebung in den Kardinalsrang und den Posten eines Erzbischofs von New York vor allem Schwester Pasqualina. Der Papst war unentschlossen, wen er zum Leiter der wichtigsten und einflußreichsten Erzdiözese der Vereinigten Staaten machen sollte – Erzbischof John T. McNicholas von Cincinnati oder Bischof Spellman in Boston. Nach allgemeiner Meinung war McNicholas der führende Kandidat, vor allem nach Auffassung der New Yorker Presse, die bereits viele Artikel über seine bevorstehende Ernennung veröffentlicht hatte. Im Verlauf mehrerer Gespräche teilte Schwester Pasqualina Pius ihre diesbezügliche Meinung mit, und sie wies auch darauf hin, daß Spellman ausgezeichnete Beziehungen zu Präsident Roosevelt hatte (was für die Kirche nicht unwichtig war in einer Zeit, in der der Vatikan eine direkte Verbindung zum

Weißen Haus benötigen mochte) und daß er beim Spendensammeln unglaubliche Fähigkeiten bewiesen hatte. Ob die Entscheidung des Pius zur Ernennung Spellmans letztlich durch das Drängen seiner engsten Beraterin, Pasqualina, ausgelöst wurde, wird nie endgültig nachzuweisen sein, aber es genügt die Feststellung, daß nicht nur Spellman, sondern auch im Vatikan fast alle derselben Meinung waren. Eines ist jedoch gewiß - das Kardinalskollegium war äußerst verstört, daß ein Papst in einer so wichtigen Angelegenheit so sehr dem Einfluß einer Nonne erliegen konnte, insbesonders da die Kurie Erzbischof McNicholas von allem Anfang an vorgezogen hatte. Einer der stärksten Befürworter McNicholas' war der mächtige französische Kardinal Tisserant, mit dem sich Pasqualina fast zwei Jahrzehnte lang in ständigem Konflikt befand.

Eines Tages begab sich Tisserant in Begleitung des vatikanischen Prostaatssekretärs Monsignore *Domenico Tardini* zu Schwester Pasqualina nahm seelenruhig den Telefonhörer ab und ersuchte die Schweizer Garde, sie möge sofort eine Einsatzgruppe in ihr Büro entsenden. In wenigen Sekunden stürzten zwei Gardisten in den Raum, und Schwester Pasqualina befahl ihnen kurz, die beiden hochrangigen Prälaten aus dem Vorzimmer des Papstes zu geleiten. Die Schweizer Gardisten waren entsetzt, aber ehe die beiden bestürzten Kleriker von den ihre Speere zurückziehenden Soldaten gefaßt werden konnten, drehten sich der erzürnte Tisserant und der gleichermaßen wütende Tardinium um und marschierten, Unverständliches murmelnd, hinaus.

Noch bestürzender für Tisserant war der Tag, an dem er in einer dringenden Angelegenheit einen Termin beim Papst hatte, der dann abgesagt wurde, weil Schwester Pasqualina diesen Zeitpunkt für Gary Cooper und Clare Booth Luce reserviert hatte, die einige Stunden in Rom weilten.

Der führende Kardinal mußte manchmal bis zu sechzig Tage warten, ehe er den Papst sprechen konnte, und dies nur deshalb, weil ihm Schwester Pasqualina, wo es ging, die kalte Schulter zeigte.

Bei einer anderen Gelegenheit ließ sie Bischof *Angelo Roncalli* (den späteren Papst Johannes XXIII.) über eine Stunde warten, da sie Clark Gable, damals Major bei den amerikanischen Truppen, die Rom befreiten, den Vorzug gab. Der MGM-Star, der nicht einmal Katholik war und keinen abgesprochenen Termin hatte, wurde in die Räume des Papstes eingelassen, obwohl Roncalli vom Papst selber in einer dringenden Angelegenheit herbeigerufen worden war. Sowohl Pasqualina als auch Pius waren als treue Gable-Fans bekannt.

Die zutiefst verfeindeten Persönlichkeiten Tisserant und Pasqualina hatten ihren letzten Zusammenstoß etwa eine Stunde nach dem Hinscheiden des Papstes. Pius hatte Pasqualina zwei große Beutel mit Briefen und Notizblättern mit dem Wunsch anvertraut, sie möge sie so bald als möglich verbrennen. Das tat sie auch sofort. Als Tisserant das erfuhr, wenige Augenblicke nachdem sie mit dem Verbrennen der persönlichen und privaten Papiere fertig geworden war, stürzte er in ihr Büro und griff sie scharf an, aber sie verteidigte sich mit dem Hinweis, daß dies eine direkte Anordnung des Heiligen Vaters gewesen sei. Wütend machte ihr Tisserant klar, daß die päpstlichen Dokumente deshalb wertvoll seien, weil sich darunter mehrere handgeschriebene Entwürfe für Ansprachen befänden, die der Papst halten wollte, sowie Notizen und Anmerkungen, die Seine Heiligkeit in den letzten Privataudienzen notiert hatte (darunter einer, zu der Spellman mit einer Gruppe amerikanischer Pilger zu einem Zeitpunkt in der päpstlichen Residenz Castel Gandolfo empfangen wurde, als der Papst an schwerem Schluckauf litt).

In den letzten Lebensmonaten des Papstes, in denen seine Gesundheit besonders angegriffen war, hielt ihm Schwester Pasqualina viele der wichtigsten Kleriker des Vatikans fern – darunter auch Kardinal Tisserant –, wenn sie meinte, daß ihn der Besucher aufregen könnte oder daß der Papst übermüdet wäre. Leider tat sie das allzu häufig in Zeiten, in denen sie andererseits dem Papst Massenaudienzen erlaubte. Einmal gestattete sie einer großen Gruppe von Zeitungsverkäufern einen Besuch beim Papst, während sie noch am selben Tag Tisserant mitteilte, er müsse bis zum nächsten Tag warten, wenn er den Papst sprechen wollte.

Wenn ein Papst stirbt, kommt es sofort zu einer totalen Veränderung aller Umstände. Schwester Pasqualina war klar, daß sie nicht länger im Vatikan arbeiten und wohnen würde und daß sie eine Wohnstätte benötigte. Außerdem hatte sie zu viele Feinde im Vatikanstaat, als daß sie Hilfe erwarten konnte. Da eilte Kardinal Spellman direkt aus New York zu Hilfe und kümmerte sich aufgrund seiner guten Beziehungen zum Päpstlichen Nordamerika-College auf dem römischen Juniculum-Hügel darum, daß die deutsche Nonne dort eine Stelle als Haushälterin bekam und dafür Quartier und Kost erhielt. Es stellte sich heraus, daß sie keinerlei Hausarbeiten oder andere niedrige Tätigkeiten verrichten mußte, sondern sofort mit der Niederschrift ihrer Erinnerungen an den Papst für die Manuskriptsammlung der Vatikanischen Bibliothek beginnen konnte. Dank Spellman wurde sie auf diese Weise gegen etwaige Maßnahmen Tisserants abgeschirmt. Es wunderte niemanden, daß der bärtige französische Prälat nach dem Tod des Papstes sofort einen Priester niedrigen Rangs in ihre Wohnräume entsandte, um ihr mitzuteilen, sie habe sofort ihre persönlichen Sachen zu packen und den Vatikan zu verlassen. Das war Tisserants Rache und die Folge seines zwanzigjährigen Hasses gegen diese Frau.

Als sie aus dem Apostolischen Palast hinaustrat und mit zwei Koffern sowie einem Vogelkäfig mit den beiden Kanarienvögeln des Papstes zum Petersplatz hinunterging, um in ein Taxi zu steigen, war kein einziger Priester oder Bürger des Vatikans zur Stelle, um ihr alles Gute zu wünschen – trotz des Umstandes, daß viele von ihnen in der Vergangenheit um ihre Gunst geworben hatten. Es bot ihr nicht einmal jemand an, ihr Gepäck zu tragen. Die mächtigste Frau im Vatikan war vierundsechzig Jahre alt, als sie allein im Taxi wegfuhr.

5. KAPITEL

»When the Saints come Marching In ...« - Wie man zum Heiligen wird

The saints come marching in ... die Heiligen halten ihren Einzug. Insgesamt haben in der fast zweitausendjährigen Geschichte der römisch-katholischen Kirche mehr als 2500 Heilige ihren Einzug gehalten, und ehe das neue Jahrhundert anbricht, werden sich vielleicht noch einige weitere Heilige den himmlischen Heerscharen zugeselligen. Vielleicht ...

Das ist ein wichtiges Adverb in diesem Zusammenhang, denn es ist keineswegs leicht, ein Heiliger zu werden. So mußte Johanna von Orleans fast fünfhundert Jahre lang warten, St. Albertus Magnus siebenhundert Jahre, und ein VIP namens Christoph Columbus wartet immer noch. Das gilt auch für Papst *Johannes XXIII.*, der von 1958 bis 1963 auf dem Stuhl Petri saß. Ebenso für seinen Vorgänger, Papst *Pius XII.*, der nach einer Amtszeit von fast zwanzig Jahren 1958 starb. Die Liste ist ziemlich lang, und heute gibt es an die 1500 Kandidaten, die noch »geprüft« werden. Seit der Mitte des 17. Jahrhunderts hat die Kirche nur etwa 250 Heiligsprechungen vorgenommen, verhältnismäßig wenige im Vergleich zu früheren Zeiten.

Im großen und ganzen ist der Weg zur Heiligsprechung lang und kompliziert; es ist ein Verfahren, das hunderttausende Dollar kosten kann. Dieser Prozeß, der hundert Jahre oder mehr bis zu seinem Abschluß benötigen kann, während sich die *Causa* (Antrag) der Heiligensprechung mühselig durch den komplizierten Mechanismus der überaus genauen Vatikanischen Vorschriften schleppt, kann der Kürze wegen wie folgt zusammengefaßt werden:

Es wird eine Art öffentlicher Ankläger ernannt, allgemein als »Advokat des Teufels« bekannt, der das ganze Beweismaterial in Frage zu stellen hat, während sein Gegner als »Advokat Gottes« fungiert. Das Verfahren der Seligsprechung, das der Heiligsprechung vorangeht, und die Prozeduren sowohl für die Selig- als auch die Heiligsprechung sind mehr oder weniger dieselben. Einzelheiten darüber später. Vor der Seligsprechung kommt jedoch die Stufe der Verehrung, in der der Kandidat zum »Verehrungswürdigen« wird.

Das umständliche Verfahren bis zur Heiligsprechung wird in einer der Kongregationen für Angelegenheiten der Heiligsprechung, der Ritenkongregation, abgewickelt. Im Vatikan tätige Kleriker und Laien bezeichnen diese Amtsräume, die sich im vierten Stockwerk eines Gebäudes gegenüber dem Petersdom befinden, als »Heiligenfabrik«. Die zu dem spärlich möblierten Raum führende Tür trägt keine Bezeichnung; seine Wände sind mit zahlreichen Regalen bedeckt, in denen sich Tausende von scharlachfarbenen Aktenordnern mit den Dossiers der »Haloaspiranten« befinden. An den meisten Wochentagen sind hier ein Priester mit vier Hilfskräften, ebenfalls Kleriker, eifrig mit der gewaltigen Aufgabe beschäftigt, Lebenslauf und Hintergrund der Kandidaten für die Heiligsprechung zu untersuchen und die diesbezüglichen Informationen auszuwerten.

Dieses Team muß alle Fakten gleichsam mit Röntgenaugen examinieren, um sicherzustellen, daß alles im Einklang mit dem Kirchenrecht steht. Dieses Büro ist primär für die Koordination und Systematisierung der Suche nach der Wahrheit zuständig, was bedeutet, daß die Ansuchen ausnahmslos mit der Empfehlung zur Durchführung weiterer Prüfungen und weiterer Klärungen zurückgesandt werden, damit die *Causa* einer Heiligsprechung von jedem Zweifel befreit wird.

In den frühen Jahren der Kirchengeschichte wurde die Kanonisierung von Heiligen ziemlich leichtfertig durchgeführt, häufig bloß auf Grundlage des Umstands, daß eine bestimmte Person örtlich im Umkreis der Heiligkeit stand oder einfach als »Heiliger« betrachtet wurde. Die Kirche war der Auffassung, daß diese »Heiligen« es insofern verdient hatten, als »Volkesstimme Gottesstimme« ist. Diese eher leichtfertigen Methoden produzierten eine große Anzahl obskurer Heiliger (obskur für unsere Begriffe). Erst im Jahr 993 kam es – während des Pontifikats des Papstes *Johannes XV.* – zur ersten formalen Heiligsprechung, nämlich die des Heiligen *Ulrich von Augsburg.* Im späten 12. Jahrhundert reservierte Papst *Alexan-*

der III. der Kirche das Recht zur Autorisierung der Verehrung von Toten, doch wurde diese Vorschrift erst ab 1634 tatsächlich eingehalten. Nachdem die Kongregation für Heiligsprechungen zwecks Überwachung dieses komplizierten Verfahrens gegründet worden war, begann man mit jenen Verfahren, die noch heute gelten.

In den Fällen Johannes XXIII. und Pius XII. erfolgte der erste Antrag von seiten des Papstes Paul VI., so daß der Vatikan selber einen Postulator oder »Agenten« ernannte, der für die Beschaffung der Unterlagen über die beiden Kandidaten zuständig war. Die Kirche hat es nicht eilig, wenn es darum geht, jemanden auf die Liste der Heiligen zu setzen. Die im Jahr 1431 auf dem Scheiterhaufen verbrannte Johanna von Orleans wurde erst 1920 kanonisiert. Der diesbezügliche moderne Geschwindigkeitsrekord war der Fall der Mutter Cabrini; sie starb im Jahr 1917 in Chicago und wurde 1946 kanonisiert, als erste amerikanische Staatsbürgerin.

Normalerweise beginnt die Prüfung der Heiligsprechung dann, wenn Menschen in einem bestimmten Gebiet oder Mitglieder eines religiösen Ordens in irgendeinem Teil der Welt der 800 Millionen Katholiken zu der Auffassung gelangen, daß der oder die Verblichene heilig gesprochen werden sollte, da er oder sie schon zu Lebzeiten »in der Tat heilig« war. Allerdings wird nicht jede dieser Personen letztlich auch wirklich heiliggesprochen.

Wenn ein Kandidat für die Heiligsprechung in Erwägung gezogen wird, dann beginnt man mit der schwierigen Aufgabe des Zusammentragens von Beweisen über das heroische Leben, die »heilige« Einstellung und die ihm oder ihr zugeschriebenen Wunder. Es ist das der erste Schritt zur Verehrung und wird von einer Person oder einer Gruppe abgewickelt, die als Petent bezeichnet wird (Befürworter eines potentiellen Heiligen), und die die enormen Kosten von Anfang bis Ende des Verfahrens zu tragen hat. (Der Vatikan selber schießt niemals Mittel für diesen Zweck zu.)

Am Anfang wendet sich der Petent (eine Person oder Gruppe) mit einem formellen Antrag an den örtlichen Bischof. Der betreffende Bischof befragt dann den Petenten über den Ruf des Kandidaten bezüglich seiner Heiligkeit, die Art und Weise seines Todes und die vor oder nach seinem Tode gewirkten Wunder. Damit wird die Frage der öffentlichen Verehrung aktuell, der Petent hat das Grab des Kandidaten, sein Sterbelager, seinen Geburtsort und alle anderen Orte aufzusuchen, an dem die fragliche Person ein tiefgreifendes Erlebnis gehabt haben mag. Schließlich wird das gesamte Material vom Ortsbischof mit einem Empfehlungsschreiben an den Vatikan weitergereicht. Rom weist nun den Petanten (gelegentlich auch Postulator genannt) an, einen ersten Bericht zu verfassen. Er und seine Mitarbeiter müssen nun zusätzliche Fakten über den Kandidaten zusammentragen; dazu zählen alle Briefe, Predigten, Reden, Aufsätze, Essays oder Bücher, die der Kandidat verfaßt hat, vor allem auch bedeutende Bemerkungen, die er im Laufe seines Lebens gemacht hat. All das wird gesichtet und geordnet und wieder nach Rom verfrachtet, wo mindestens zwei Theologen jedes Wort genauestens prüfen, besonders im Hinblick auf die theologische Rechtgläubigkeit. Die Dossiers jedes einzelnen Kandidaten umfassen Millionen Worte handschriftlichen und gedruckten Materials, die von pflichtgetreuen Postulatoren, Historikern, geistlichen Spürnasen und Sekretären zusammengetragen wurden, um den Kandidaten in die erste Phase der Verehrung zu befördern.

Der Glaubensanwalt – der sogenannte »Advocatus Diaboli« – hat jetzt die unerfreuliche Aufgabe, die Beweise zu zerpflükken, nach Irrtümnern in der Sache, Fehlinterpretatonen, nicht angeführten Dokumenten und Formfehlern zu fahnden. Manche erachten dies als zu bürokratisch, aber wenn der Kandidat in irgendeiner Weise diskreditiert werden könnte, dann müßte es in dieser Phase geschehen. Die Aufgabe dieses Amtes ist es, festzustellen, ob die Kandidatur ausreichend begründet ist, um die *Causa* den entscheidenden Stellen im Vatikan weiterreichen zu können.

Bis zu diesem Zeitpunkt wurden Nachweise für die theologischen Tugenden des Betreffenden gesammelt, als da sind Glaube, Hoffnung, Nächstenliebe, Klugheit, Mäßigung, Gerechtigkeit und Seelenstärke. Der Heilige in spe muß all diese Tugenden in »heroischem Maße« aufweisen – weit über die reine Frömmigkeit hinaus. Erst wenn der Untersuchungsausschuß dies als zutreffend anerkennt, leitet er den Antrag an den Papst weiter, der ihn an diesem Punkt ablehnen kann. Erteilt der Pontifex jedoch seine Genehmigung, dann erläßt er ein sogenanntes Dekretale über die heroischen Tugenden des Kandidaten, womit das Stadium der Verehrungswürdigkeit erreicht ist. Die betreffende Person darf von nun an als »Verehrungswürdiger« bezeichnet werden.

Erst jetzt ist der Fall als offiziell »eröffnet« anzusehen. Anschließend ernennt die Ritenkongregation fünf Richter, die im Rahmen eines apostolischen Auftrags das sich in Gang befindliche Verfahren umfassend prüfen. Man forscht nach zusätzlichen Einzelheiten in bezug auf die Heiligkeit des Kandidaten, die von ihm vollbrachten Wunder, sein Märtyrertum und die Umstände seines Todes. Nach Vervollständigung dieses Materials muß der jetzt bereits offiziell als »Diener Gottes« bezeichnete Bittsteller weitere fünfzig Jahre warten, ehe die Ritenkongregation die Seligsprechung ins Auge faßt (manchmal wird diese fünfzigjährige Wartezeit erlassen).

Nun erfolgt die Gründung einer Untersuchungskommission unter Aufsicht desselben Ortsbischofs. Hier taucht das heikle Problem der gewirkten Wunder auf. Diese werden als Hinweis Gottes auf den Heroismus des Kandidaten definiert, beziehen sich jedoch nicht auf ekstatische Trancezustände oder Marienerscheinungen. Nach Auffassung des Vatikans ist ein Wunder ein von Gott »außerhalb der Naturgesetze« bewirktes Ereignis. Zum Zweck der Seligsprechung muß der Kandidat - wenn keine Augenzeugen vorhanden sind - drei Wunder vollbracht haben; sind Augenzeugen vorhanden, dann genügen zwei Wunder. Zahlreiche Heilige benötigten drei Wunder, was mit der Art der »Vollbringung« zu tun hat.

Allerdings muß festgestellt werden, daß ein Ereignis, das beispielsweise im 16. Jahrhundert als Wunder galt, im 20. Jahrhundert nicht unbedingt als Wunder gelten muß. Das erscheint angesichts des Fortschrittes und der Entdeckung der modernen Wissenschaft im Bereich der natürlichen Phänomene nur folgerichtig. Die Kirche betrachtet derartige Dinge heute viel genauer. Die von der Kirche noch am ehesten anerkannten

Wunder fallen in den Bereich göttlicher Heilungen schwerer Erkrankungen (etwa Leukämie, Polio oder Krebs), für die es keine medizinische Erklärung gibt. Heilungen, die man der Intervention eines Kandidaten zuschreibt, werden von einer Ärztekommission untersucht, die aus neun italienischen Ärzten (darunter sieben Fachleute) für den zu prüfenden Fall besteht, und die sich darin einig sein müssen, daß die Heilung aufgrund eines Wunders und nicht aufgrund medizinischer oder biologischer Umstände erfolgt ist. Dieses Kriterium wird heute so streng interpretiert, daß ein hochstehender vatikanischer Funktionär kürzlich meinte, »daß wohl auch manche der Wunder unseres Herrn heute vermutlich nicht bestehen würden...«

Trotz dieser scheinbar unüberwindlichen Barriere kam es im Juni 1977 zur Kanonisierung des Erzbischofs von Philadelphia, John Nepomuce Neumann (1811–1869), da die neun römischen Ärzte die von Neumann nach seinem Tod bewirkten Wunderheilungen einstimmig anerkannten. (Neumann ist der dritte amerikanische Heilige nach Frances Xavier Cabrini und Ann Mayley Seton.) Die zwecks Seligsprechung approbierten Wunder wurden allen nur erdenklichen Prüfungen hinsichtlich ihrer Echtheit unterzogen; es handelt sich um wunderbare Heilungen einer akuten Bauchfellentzündung im Jahr 1923, eines Schädelbruchs und anderer schwerer Verletzungen bei einem Autounfall im Jahr 1949. Papst Paul VI. verkündete im Jahr 1963 die Seligsprechung Neumanns, da diese beiden Heilungen »durch natürliche Ursachen nicht erklärt werden konnten«. Die endgültige Bestätigung der Eignung Neumanns für die Heiligsprechung war – nach 91 Jahren der Prüfung – die ihm zugeschriebene 1963 erfolgte wunderbare Heilung eines sechs Jahre alten Knaben, der am sogenannten Ewing-Sarkom litt, einer normalerweise tödlichen Form von Knochenkrebs. In allen erwähnten Fällen war das Andenken Neumanns angerufen worden. Die Kosten des Falles Neumann beliefen sich auf nahezu eine Million Dollar.

Nach der Feststellung der Wunder, Tugenden und des Märtyrertums nähert sich der Kandidat nunmehr der Seligsprechung (damit ist er natürlich noch kein Heiliger). Nun sind eine Reihe sehr komplizierter Bedingungen zu erfüllen. Von dem seliggesprochenen Kandidaten muß ein Gemälde angefertigt werden - ein Bild seines Einzugs in den Himmel wird über der *sedia gestatoria* aufgehängt. Weitere Gemälde, die seine Wundertaten darstellen, werden in der Kuppel der großen Basilika angebracht. Zusätzlich werden Broschüren über sein Leben gedruckt, sowie Hunderttausende von Heiligenbildchen. Etwaige vorhandene Reliquien des Seliggesprochenen - Haare, Knochen, Haut, Kleidungsstücke - werden in Reliquienschreinen untergebracht. Ein Porträt, das den Seliggesprochenen in seidene Gewänder gehüllt darstellt, ist dem Papst zu übergeben, der auch eine Reliquie von dem Leichnam erhält, sowie einen Strauß künstlicher Blumen (keine frischen Blumen!), weiters eine besonders für den Heiligen Vater angefertigte Ausgabe des Lebenslaufes des Seligen. Zwei Stunden lang dauert die im Petersdom abgehaltene Morgenfeier (die Miete beträgt 10 000 Dollar), am Nachmittag erfolgt eine dreißigminütige Zeremonie. Genau am Höhepunkt dieser Feierlichkeiten erklingen die Glocken des Petersdomes, und der Vatikanchor stimmt ein *Te Deum* an.

Jetzt ist der Kandidat zum Seligen geworden. Damit er auch zum Heiligen werden kann, müssen später, nach der Seligsprechungsfeierlichkeit, zwei (oder drei) Wunder erfolgen. Diese Wunder werden ebenso gründlich wie zuvor von den zuständi-

---

* Im Jahr 1969 unterzog der Vatikan mehr als vierzig Heilige einer kritischen Prüfung und strich sie aus der offiziellen Liste bzw. dem liturgischen Kalender. Gestrichen wurden wohlbekannte Heilige wie St. Christoph (der Schutzpatron der Reisenden), St. Barbara und St. Valentin. Einige Heilige wurden gestrichen, weil in den vergangenen Jahrhunderten Zweifel aufgetaucht waren, daß sie überhaupt gelebt hatten.
Viele der aus dem Kalender gestrichenen Heiligen waren Jahrhunderte lang Gegenstand tiefer Frömmigkeit und werden weiterhin von Millionen Katholiken verehrt. Der Vatikan erklärte dazu, daß die weiterhin »voll anerkannten« Heiligen wichtig seien für die Katholiken in aller Welt, während andere Heilige aufgrund örtlicher Traditionen verehrt würden. So ist nach Aussage eines vatikanischen Funkionärs St. Patrick in Irland verehrungswürdig, »aber für die Kambodschaner kaum von besonderem Interesse«.

gen Medizinern geprüft. Das kann zehn Jahre dauern, oder hundert oder tausend, bis die endlosen Zweifel theologischer Prüfungsinstanzen ein für alle Mal beseitigt sind.

Irgendwann ist der lange Weg zur Heiligensprechung zurückgelegt; und das ist der Moment, wenn »the saints go marching in ...«.

Die Vorgehensweise des Vatikans brachte viele Gläubige in Schwierigkeiten, insbesonders in den lateinamerikanischen Ländern, wo die Heiligenverehrung besonders stark ist. Zu den Heiligen, die zusammen mit den ihnen gewidmeten Feiertagen von der Liste gestrichen wurden, zählen:

St. Paul, der Einsiedler (15. Januar), St. Maurus (15. Januar), St. Prisca (18. Januar), St. Martin (30. Januar), St. Domitilla (12. Mai), St. Bonifazius von Tarsus (14. Mai), St. Venatius (18. Mai), St. Pudentiana (19. Mai), St. Modestus und St. Crescentia (15. Juni), St. Johannes und Paul (26. Juni), St. Alexis (17. Juli), St. Symphorosa und ihre Söhne (18. Juli), St. Margareta von Antiochien (20. Juli), St. Praxedes (21. Juli), St. Christopher (25. Juli), St. Susanna (11. August), St. Eusebius (14. August), St. Hippolytus (22. August), St. Sabina (29. August), die 12 Brüder (11. September), St. Lucia und Geminianus (16. September), St. Eustachius und Märtyrer (20. September), St. Thekla (23. September), St. Cyprian und Justinia (26. September), St. Placidus und Märtyrer (5. Oktober), St. Tryphus, Bacchus und Apuleius (8. Oktober), St. Ursula und Märtyrer (21. Oktober), St. Respicius und Nympha (10. November), St. Felix von Valois (20. November), St. Chrysogomus (24. November), St. Catharine von Alexandria (25. November), St. Bibiana (2. Dezember), St. Barbara (4. Dezember) und St. Anastasia (25. Dezember).

6. KAPITEL

Der Vatikan und die Juden

Der zweiundzwanzigjährige Medizinstudent trug die graue, schlotternde Kluft eines Straßenreinigers. In seiner Tasche hatte er zwei zerfledderte Gedichtbände. Er war keineswegs der Typ des Mörders, aber es war die Zeit des Zweiten Weltkriegs, in der Männer wie er zu Attentätern werden konnten. An diesem warmen Frühlingsnachmittag des 23. März 1944 schob er seinen Müllkarren über das abschüssige Katzenkopfsteinpflaster der Via Rasella hinauf, hielt vor dem Haus Nr. 156, blätterte in einem seiner Gedichtbändchen und wartete auf die Kompanie SS-Leute, die in Dreierreihen, im Rhythmus ihrer Marschtritte singend, immer näher kam.

Der Student entzündete die Tabakkrumen und das Papier in seiner Pfeife mit einem Zündholz, legte die Pfeife an eine zum Karren führende Zündschnur, entfernte sich mit schnellen Schritten. In dem Karren befanden sich achtzehn Kilogramm Sprengstoff, und als die deutschen Soldaten vorbeimarschierten, kam es zur Explosion. Zweiunddreißig SS-Männer starben auf der Via Rasella. Als Vergeltung befahl das deutsche Militärkommando in Rom die Hinrichtung von je zehn Italienern für jeden getöteten Soldaten. Am folgenden Tag durchkämmten die Gestapo und die italienische Polizei die Stadt Rom und trieben so viele Juden zusammen, wie sie finden konnten, insgesamt siebzig. Im ganzen wurden dreihundertfünfunddreißig Männer herbeigeschleppt, fünfzehn mehr als vom Kommandanten befohlen; das Alter der Männer lag zwischen fünfzehn und vierundsiebzig. Die Geiseln wurden in geschlossene Fleischtransportwagen gesteckt und hinausgeführt zu den Ardeatinischen Höhlen außerhalb Roms, wo sich in den Katakomben ein Höhlensystem befindet, das tausendneunhundert Jahre vorher von den Christen zur Bestattung ihrer Märtyrer benutzt wurde. Alle dreihundertfünfunddreißig männlichen Geiseln wurden der Reihe nach erschossen. Nach dem Krieg wurden die Opfer des Massakers in den Ardeatinischen Höhlen zu italienischen Nationalhelden und die Höhlen zum nationalen Mahnmal erklärt, das alljährlich von Hunderttausenden aufgesucht wird.

Der in Brooklyn geborene Schriftsteller *Robert Katz* verfaßte ein Buch über dieses Massaker mit dem Titel *Death in Rome*, das dann im Jahre 1973 unter dem Titel *Massacre in Rome* verfilmt wurde, wobei Katz auch das Drehbuch schrieb. Produzent des Streifens war *Carlo Ponti*, unter den Darstellern waren *Marcello Mastroianni* und *Richard Burton*. Sowohl im Buch als auch im Film behauptete Katz, Papst *Pius XII.* habe verläßliche Informationen über die vom deutschen Stadtkommandanten geplante Vergeltung für den Überfall in der Via Rasella gehabt, aber nichts getan, um dies zu verhindern, obwohl er sehr wohl wußte, daß sein Eingreifen die Vergeltungsmaßnahmen hätte verhindern können. Weiter behauptete Katz in seinem Buch, der Papst habe geschwiegen, als die Juden Roms zusammengetrieben und in die Konzentrationslager gebracht wurden, wo sie den Tod fanden.

Obwohl das Buch bereits mehrere Jahre auf dem Markt war, fand es niemand im Vatikan der Erwähnung wert, aber am ersten Tag der Aufführung des Films empörte sich die Gräfin *Eleonora Rossignani*, eine Nichte des verstorbenen Papstes. Kurz darauf klagte sie gegen Katz, Ponti und den Regisseur *George Pan Cosmatos* wegen Verleumdung und erklärte, sowohl der Film als auch das Buch, nach dem der Film gedreht worden war, stellten »eine schändliche Herabsetzung unseres geliebten und heroischen Papstes Pius XII. dar«. Im Prozeß erklärte die Anklagevertretung, das Buch und der Film repräsentierten die »Kräfte des Bösen«, und das Buch von Katz »sollte auf dem Scheiterhaufen verbrannt werden«. Der Prozeß dauerte einundzwanzig Monate, und die drei Männer wurden verurteilt. 1975 wurde der amerikanische Autor zu einer Geldstrafe von vierhunderttausend Lire und einer Gefängnisstrafe von vierzehn Monaten verurteilt, Ponti und Pan Cosmatos wurden zu je sieben Monaten verurteilt. Obwohl die Urteile bedingt ausgesprochen wurden, legte Katz Berufung ein, und im Juli 1978 hob das Appellationsgericht das Urteil auf und sprach ihn und die beiden anderen Männer frei.

Das Ardeatinische Massaker war ein zutiefst tragisches Ereignis, von dem Italien im Krieg heimgesucht wurde. Aber man fragt sich, ob es im Zweiten Weltkrieg nicht Vorfälle gegeben hat, die noch unglaublicher waren wie etwa die Entwicklungen nach dem Einmarsch der Deutschen in Jugoslawien im Frühjahr 1941. Nach der Kapitulation Jugoslawiens wurde der neue Staat Kroatien geschaffen, und dies führte zum Aufstieg einer Gruppe katholischer Fanatiker, den sogenannten *Ustascha*, die beschlossen, alle Nichtkatholiken in Kroatien auszumerzen. Und so wurden Tausende von Männern, Frauen und Kindern abgeschlachtet, weil sie Juden, Zigeuner oder orthodoxe Serben waren. Allein an einem Morgen ermordeten die *Ustascha* in der orthodoxen Kirche des Dorfes Glina mehr als siebenhundert Serben auf brutale Weise. Die Mordtaten wurden nicht nur von den örtlichen römisch-katholischen Priestern unterstützt, sondern von zahlreichen Priestern und Mönchen begangen, die an der Spitze von Mordkommandos standen. Noch schrecklicher aber waren jene katholischen Priester, die Leiter von Konzentrationslagern wurden und die für die Folterung und Ermordung tausender Menschen verantwortlich waren. Da waren, um nur einige wenige Namen zu nennen, ein Jesuit namens *Dragutin Kamber*, Pater *Braanimir Zupanic*, Pater *Zvonko Brekalo*, Pater *Zvonko Lipovac*, Pater *Srecko Peric* und der Franziskanermönch *Miroslav Filipovic*, der zum Kommandanten des Konzentrationslagers Jasenovac ernannt wurde, dessen Schrecken sich mit denen von Dachau und Auschwitz messen konnten, und der am Tod von vierzigtausend Menschen schuld war.

Ausgestattet mit einem Dossier gründlich dokumentierter Beweise für die Schuld der katholischen Kirche an den Verbrechen der *Ustascha*, entsandte das jugoslawische Rote Kreuz einen mehrere Sprachen sprechenden Mitarbeiter namens *Branko Bokun* nach Rom, um den Vatikan zu einer Einstellung der Greueltaten in Kroatien zu veranlassen. Das wäre möglich gewesen, wenn sich der Vatikan dagegen ausgesprochen hätte, denn man war beim Roten Kreuz der Auffassung, daß die *Ustascha* einem päpstlichen Befehl gehorcht hätten. Bokun verbrachte fast vier Jahre in Rom, in deren Verlauf es ihm gelang, einige vatikanische Würdenträger zu sprechen. Mit einem Empfehlungsbrief an Monsignore *Montini* (1947 Staatssekretär des Vatikans, später Papst Paul VI.) gelangte er wenigstens in den Apostolischen Palast, aber der einzige Würdenträger, den er zu sehen bekam, war ein junger Geistlicher, der ihn kühl behandelte und nicht zu Monsignore Montini vorließ. Der junge Kleriker erklärte sich bereit, Bokuns Dossier über die kroatische Katastrophe zu übernehmen und auf Monsignore Montinis Schreibtisch zu legen, und meinte, er solle eine Woche später wiederkommen. Das tat Bokun dann auch. Wieder gelang es ihm nicht, Montini zu sehen, aber der Geistliche versicherte ihm, der Staatssekretär habe die Angelegenheit sorgfältig studiert; er habe mit dem kroatischen Botschafter gesprochen, der ihm erklärt habe, die im Dossier aufgezählten Greueltaten seien das Werk von Kommunisten und seien heimtückischerweise den Katholiken angelastet worden. Bokun wurde mitgeteilt, der Vatikan habe keine diplomatischen Beziehungen zu Kroatien, könne daher nichts weiter tun. Als Bokun hinzuweisen versuchte, daß der Vatikan ja in täglichem Kontakt mit dem päpstlichen Legaten in Zagreb stehe und diesen beauftragen könnte, den Katholiken die Einstellung der Morde zu befehlen, teilte ihm der Geistliche ärgerlich mit, die Angelegenheit sei für ihn abgeschlossen.

Enttäuscht über die abweisende Haltung der vatikanischen Bürokratie, beschloß Bokun, sich an den Papst persönlich zu wenden, um ihm das Dokument zu zeigen. Er wollte sich zu einer der mittwochs stattfindenden halböffentlichen Audienzen begeben, die unter dem Namen *bacciamano* bekannt waren, zu denen immer nur etwa dreißig Personen zugelassen wurden; beim Kuß auf den päpstlichen Ring wollte er dann sein Dossier überreichen. Nachdem er mit Hilfe von Freunden die entsprechenden Arrangements getroffen hatte, betrat er am 8. Oktober 1941 die majestätische Sala Regia. Der Papst trat mit ausgebreiteten Armen ein und schritt entlang der Reihe der Wartenden. Als Bokun an die Reihe kam, kniete er nieder, küßte den Ring und empfing den Segen. Dann hielt er dem Papst seine Unterlagen hin und sprach ihn auf italienisch an. Der Papst hörte zu, nickte mit dem Kopf, machte das Zeichen des Kreuzes und schritt weiter zur nächsten Person; er schenkte Bokun keinerlei Aufmerksamkeit, als der ihm mit zitternder Stimme bat, das Dossier anzusehen und dessen wichtigen Inhalt zu prüfen. Unter den darin enthaltenen Dokumenten befand sich auch ein Schreiben an Papst Pius, verfaßt vom ehemaligen Geschäftsträger des Königreichs Jugoslawien. Es lautete:

»Eure Heiligkeit: Ich schreibe Ihnen dies von Christ zu Christ. Seit dem ersten Tag des unabhängigen kroatischen Staats hat man die Serben massakriert, und diese Massaker dauern bis heute an ... Warum schreibe ich Ihnen dies? Hier ist der Grund: an all diesen beispiellosen Verbrechen, schlimmer als die der Heiden, war unsere katholische Kirche auf zweifache Weise beteiligt. Erstens, eine große Anzahl von Priestern, Klerikern, Mönchen sowie Angehöriger katholischer Jugendorganisationen waren aktiv an all diesen Verbrechen beteiligt, aber, was noch schrecklicher ist, katholische Priester wurden sogar Lager- und Gruppenkommandanten und befahlen oder tolerierten als solche die grausamen Folterungen. Morde und Massaker an einem getauften Volk. Nichts von all dem hätte ohne die Billigung ihrer Bischöfe begangen werden können, und wenn es schon geschah, dann hätte man gegen sie kirchenrechtliche Verfahren führen und sie des Priesteramtes entkleiden müssen. Da dies nicht geschehen ist, kann es nur bedeuten, daß die Bischöfe anscheinend ihr Placet gegeben haben, zumindest durch ihr Stillschweigen ... Es ist die Pflicht der Kirche, ihre Stimme zu erheben; erstens, weil sie die Kirche Christi ist; zweitens, weil sie mächtig ist. Ich schreibe Euch über diese schrecklichen Verbrechen, um meine Seele zu retten, und ich überlasse es Euch, Mittel und Wege zur Rettung der Euren zu finden. Gezeichnet: Prvislav Grizogono, ehemaliger Minister des Königreiches Jugoslawien. In Zemum, am 8. Februar, 1942.«

Spätere wiederholte Versuche Bokuns, in das bürokratische Labyrinth des Vatikans einzudringen, blieben fruchtlos. Im Lauf der Zeit erhielt er Informationen aus Jugoslawien, wonach mehr als siebenhundertausend orthodoxe Serben sowie fast neunzigtausend Juden und Zigeuner ermordet worden waren. So unwahrscheinlich es klingt, Bokun traf einige vatikanische Funktionäre, mit denen er völlig apathisch sprach; er kam von diesen Gesprächen mit dem Eindruck zurück, daß die dort tätigen Priester die Menschheit vergessen hatten und mit ihren politischen Spielchen mitten im Krieg völlig wertlose Ziele verfolgten. Die Massenmorde und Greuel in Kroatien hörten nicht auf, und die meisten fanden statt, ohne daß die restliche Welt davon erfuhr. *Kein einziger in der Ustascha tätig gewesener Angehöriger des katholischen Klerus wurde zur Verantwortung gezogen, keiner vom Vatikan seines Priesteramtes entkleidet, keiner exkommuniziert.*

Nach dem Ende des Krieges zeigte niemand besonderes Interesse für diese furchtbaren Ereignisse, auch der Vatikan erwähnte das Chaos in Kroatien mit keinem Wort, nicht einmal nach der Vernichtung der Hitler'schen Legionen. Bokun hatte über seinen Aufenthalt in Rom sorgfältig Tagebuch geführt. Von den über dreißig Verlagen, denen er es zur Veröffentlichung anbot, zeigte keiner ein Interesse, es zu publizieren. Erst 1973 wurde das Tagebuch in New York herausgegeben, aber es gab nur wenige Besprechungen, und es fand kaum Beachtung.

Dagegen stehen die Aussagen anderer Zeitgenossen, wie etwa vom langjährigen israelischen Konsul in Italien, *Pinchas E. Lapide,* in seinem Buch *The Last Three Popes and the Jews*, in dem er behauptete, die römisch-katholische Kirche »rettete im Krieg mehr Juden das Leben als alle anderen Kirchen, religiösen Institutionen und Rettungsorganisationen zusammengenommen. Ihre diesbezüglichen Erfolge stehen in erstaunlichem Gegensatz zu den Leistungen des Internationalen Roten Kreuzes und der westlichen Demokratien ... Der Heilige Stuhl, die Nuntien und die katholische Kirche insgesamt haben zusammengenommen an die vierhunderttausend Juden vor dem sicheren Tod gerettet.«

Ein anderer prominenter Autor, der britische Parlamentsabgeordnete *Maurice Edelman*, Präsident der *Anglo-Jewish Association*, erklärte vor dem Londoner Rat dieser Vereinigung, die Interventionen des Pius XII. hätten während des Krieges Zehntausenden von Juden das Leben gerettet. *Golda Meir* dankte, als Premierminister Israels, Papst Pius in herzlicher

Form dafür, daß er so oft seine Stimme zugunsten der Juden erhoben habe. Aus Dankbarkeit dafür, daß der Vatikan während der deutschen Besetzung Roms etwa fünftausend Juden Zuflucht geboten habe, schrieb der *American Jewish Welfare Board* im Juli 1944 einen Brief an Papst Pius, in dem folgender Satz stand: »Wir sind zutiefst bewegt über diesen einzigartigen Akt christlicher Nächstenliebe, den Schutz, den die katholische Kirche und der Vatikan den italienischen Juden während der deutschen Besetzung Italiens gewährt haben, insbesondere angesichts der enormen Risiken, die jene auf sich nahmen, die Unterschlupf gewährten.« Andere Würdigungen von jüdischer Seite, ausgelöst durch das humanitäre Wirken des Papstes zugunsten der europäischen Juden, sollten dem Papst und dem Vatikan Anerkennung zollen für deren vorbildliches Verhalten im Einklang mit der karitativen Tradition der katholischen Kirche.

Hinter diesen wohlwollenden öffentlichen Bekundungen der Dankbarkeit von seiten der Juden steckt aber noch eine andere Geschichte, die im Gegensatz steht zum allgemeinen Bild von der Rolle des Vatikans bei der Hilfe für die Juden. Während die Juden in vielen Teilen der Welt das Verhalten des Papstes in Kriegszeiten überschwenglich lobten, sehen die Juden Roms die Dinge etwas anders. Wenn man hinter die vom Vatikan mit Erfolg aufgestellte Fassade blickt, dann stellt man fest, daß dem Vatikan dieser Verdienst *nicht* zukommt, den ihm viele Juden in Unkenntnis der ganzen Wahrheit zugemessen haben. Der Vatikan ist im Besitz aller Dokumente, hat sich aber bisher nicht zu ihrer Freigabe entschließen können, und es sieht auch nicht so aus, als ob er es je tun würde.

Zunächst muß festgestellt werden, daß der Vatikan keine Gewissensbisse hatte, wenn er log, daß er keine Gewissensbisse hatte, wenn er Informationen zurückhielt, die sein Image hätten beeinträchtigen können, und auch dann keine Gewissensbisse hatte, als er die Juden und alle anderen Menschen in aller Welt in dem Glauben ließ, daß alle individuellen Taten der Nächstenliebe, die von katholischen Priestern oder Nonnen in Kriegszeiten zugunsten von Juden vollbracht wurden, vom Papst initiiert worden seien. Den Propagandisten des

Vatikans ist es durchaus gelungen, das Verhalten Pius XII. gegenüber den Juden im Krieg weißzuwaschen.

Achtzehn Tage, nachdem die Deutschen im September 1943 Rom überrannt hatten, informierte der neue Kommandeur der SS-Einheiten in Rom, Major *Herbert Kappler*, sowohl *Ugo Foà*, den Vorsitzenden der jüdischen Kultusgemeinde in Rom, als auch *Dante Almansi*, den Vorsitzenden der italienisch-hebräischen Vereinigung, die jüdische Gemeinde habe innerhalb von sechsunddreißig Stunden insgesamt fünfzig Kilogramm Gold als Lösegeld für zweihundert Juden herbeizuschaffen, die ansonsten nach Deutschland abtransportiert würden. Major Kappler setzte eine Frist bis zum Dienstag, dem 28. September, 11 Uhr. Die unter Zeitdruck stehenden Funktionäre Foà und Almansi wußten sehr wohl, daß kein Mitglied der jüdischen Gemeinde fünfzig Kilogramm Gold zu Hause versteckt hatte. Ihre einzige Hoffnung war, einzelne Juden (und vielleicht einige katholische Freunde) dazu zu bewegen, Eheringe, Ohrringe, Armbänder, Zigarettenetuis, Uhren, Goldmünzen und einige vergoldete Löffel zu spenden. Aber würde man genügend von diesen Gegenständen auftreiben können, um auf fünzig Kilogramm zu kommen?

Vielleicht würde der Vatikan in diesem Fall mit einer Leihgabe aushelfen, die in besseren Zeiten zurückbezahlt würde? Man wandte sich an Pater *Borsarelli*, der noch am selben Morgen einen Audienztermin bei Papst Pius erwirkte. Pater Borsarelli kam mit einem substantiellen Angebot zurück: Sollte bis zur erwähnten Frist nicht genügend Gold zusammenkommen, dann würde der Vatikan Gold bis zu einer Höchstmenge von fünfzehn Kilogramm als Kredit zur Verfügung stellen.

Die Kunde von den deutschen Forderungen hatte sich wie ein Lauffeuer über ganz Rom verbreitet, und nicht nur Juden, sondern auch Katholiken begaben sich zur Synagoge am Tiber, um dort ihre Goldspenden zu deponieren. Alles ging sehr schnell, aber trotzdem begab sich Foà am letzten Morgen nochmals zu Major Kappler, um eine Fristverschiebung bis 16 Uhr zu erwirken. Um 16 Uhr erschienen die beiden jüdischen Funktionäre mit genügend Gold, um die Forderungen des Kommandanten zu erfüllen. Da die beiden Funktionäre mehr

Gold zusammengebracht hatten, als zur Erfüllung der Forderungen notwendig war, wollten sie sich absichern, und als sie Kappler die kostbare Ladung übergaben, waren es genau fünfzig Kilogramm und einunddreißig Gramm. Es war nicht notwendig gewesen, etwas von den fünfzehn Kilogramm Gold einzusetzen, die der Vatikan angeboten hatte.

Jahre später erschienen Artikel in der Presse, wonach der Vatikan der jüdischen Gemeinde in Rom fünfzehn Kilogramm Gold übergeben habe. In dem wichtigen Werk des britischen Historikers *Anthony Rhodes, The Vatican in the Age of the Dictators*, wurde eine falsche Behauptung über das Gold als dokumentarisch belegte Tatsache veröffentlicht, nämlich daß der Vatikan sofort fünfzehn Kilogramm Gold zur Gesamtmenge beigetragen habe. In Wirklichkeit war das nicht der Fall gewesen, und bei der letztlich übergebenen Goldmenge war kein einziges Gramm vatikanischen Goldes dabei gewesen.

Die Geschichte über die Juden und den Vatikan ist damit jedoch noch nicht zu Ende. Am 17. April 1955 versammelten sich anläßlich des zehnten Jahrestages der Befreiung Italiens vom Nazijoch Tausende italienischer Juden, um die Menschen zu ehren, die ihnen wirklich geholfen hatten – den »Judenpriester« Pater *Maria Benedetto* und einundzwanzig weitere Katholiken, die im Krieg ihr Leben riskiert hatten, um Juden zu retten. Auch wurden an diesem Tag Goldmedaillen verliehen. Jede Medaille wies das Symbol der Zehn Gebote auf sowie einen siebenarmigen Leuchter mit der Inschrift: »Von den Juden Italiens in Dankbarkeit.« Pater Benedetto erhielt eine Laudatio, in der es hieß: »Seine Rettungsaktionen waren ohne Beispiel, und es gelang ihm, diese große und schwierige Aufgabe erfolgreich zu Ende zu führen – ohne auf die Gefahren zu achten, und voll starkem Willen und edler Begeisterung für die Hilfe an anderen – und sich damit ewige Dankbarkeit zu erwerben ...« Die Tageszeitung der Christlich Demokratischen Partei, *Il Popolo*, berichtete über dieses Ereignis unter der Schlagzeile: »Der Dank der Juden, die durch den christlichen Mut der Bevölkerung gerettet wurden.«

Der Vatikan wurde weder in der Zeitungsmeldung noch in einer der Reden und Ehrungen erwähnt. Ob dies absichtlich geschah, ist schwer zu sagen, aber eines ist gewiß: Die Vereinigung, die diese Goldmedaillen verlieh, sah keinen Grund, dem Papst oder einem anderen Vertreter des Vatikans eine Auszeichnung zu verleihen. Es waren vielmehr die mit Medaillen ausgezeichneten katholischen Persönlichkeiten, wie Pater Benedetto, drei weitere Geistliche, der Polizeichef von Rom und mehrere Privatpersonen, denen von den italienischen, insbesondere den römischen Juden Anerkennung gezollt wurde.

Was Pater Benedetto betrifft, den sogenannten »Priester der Juden«, so möge die Feststellung genügen, daß er alles, was er tat, vor der Nase der Nazis und unter großen Gefahren für sein Leben vollbrachte. Daß der Vatikan nach dem Krieg versuchte, ihm dieses Verdienst zu nehmen, gehört nicht zu den Sternstunden dieser Organisation. Die Versuche des Vatikans, die Leistungen Pater Benedettos größtenteils dem stillen Wirken Pius' XII. zuzuschreiben, ist auch kein Ruhmesblatt in der Geschichte des Vatikans. Die italienischen Juden, praktisch bis zum letzten Mann und der letzten Frau Überlebende des Holocaust, waren und sind fast einhellig der Auffassung, daß sich der Vatikan unmoralisch verhalten hatte, als der Krieg zu Ende war und das Lob verteilt wurde. Der Vatikan ließ Pater Benedetto keinerlei Anerkennung zuteil werden, und er starb, der Welt ein Unbekannter, den Juden ein Held.

Pater Maria Benedetto war Franzose und wurde 1895 als Pierre Peteul geboren. Im Ersten Weltkrieg, an dem er im Unteroffiziersrang teilnahm, wurde er verwundet, bei Kriegsende wurde er mehrfach ausgezeichnet. Dann wurde er Kapuziner, wirkte in der Kirche unter dem Namen Pater Maria-Benoit, den er später, als er in Italien tätig war, in Maria Benedetto umwandelte. Kurz nachdem Pater Benoit/Benedetto vom Generaloberen seinen Ordens nach Rom versetzt worden war, erhielt er den Besuch eines alten Bekannten, eines italienischen Juden, dem langjährigen Direktor der französisch-italienischen Kreditbank in Nizza, der in einer wichtigen Mission zu ihm kam. Da den Deutschen das Kriegsglück nicht hold war, befürchteten führende Persönlichkeiten der zahlreichen jüdischen Flüchtlinge in Südfrankreich, daß die Nazis in die von den Italienern besetzten französischen Gebiete einmarschieren könnten. Das hätte für die Masse der dort lebenden Juden eine völlige Katastrophe bedeutet. Einige äußerst wichtige Informationen sowie vier lebenswichtige Vorschläge mußten dem Papst übermittelt werden; Pater Benedetto nahm es auf sich, sie Seiner Heiligkeit in einer Sonderaudienz zu präsentieren, obwohl Pater Benedetto und die verschiedenen in Lyon versteckten Organisationen der französischen Juden sehr wohl wußten, daß der Papst noch nie viel getan hatte, um Juden irgendwo zu helfen.

Pater Benedetto war über die Reaktion des Papstes wirklich enttäuscht, trotzdem hinterließ er ihm ein Dokument der Rabbiner von Lyon mit geheimen Informationen über die bei Oberschlesien bzw. im Generalgouvernement gelegenen Konzentrationslager Auschwitz und Treblinka sowie über die Einzelheiten des organisatorischen Ablaufs der Deportationen der französischen Juden. *Dieser Bericht wurde Papst Pius XII. am 16. Juli 1943 übergeben.* In späteren Jahren sollte der Vatikan bekanntgeben, der Grund, warum er in bezug auf Auschwitz und Treblinka weder Maßnahmen ergriffen noch eine Verurteilung ausgesprochen habe – lang bevor der Rest der Welt von diesen zwei berüchtigten Todeslagern und ihrer Vernichtungsmaschinerie erfahren sollte –, sei der gewesen, daß die kirchlichen Behörden nicht in der Lage gewesen seien, »den Wahrheitsgehalt dieser Berichte zu verifizieren«.

Folgende vier Überlegungen wurden dem Papst ebenfalls zur Überprüfung und Erwägung vorgelegt: (1) Ob der Vatikan in der Lage wäre, Informationen über das Schicksal der schätzungsweise fünfzigtausend französischen und ausländischen Juden zu erhalten, die aus Frankreich deportiert worden waren; (2) ob es möglich wäre, die Unterstützung des Vatikans zu erhalten, um eine bessere Behandlung der in Konzentrationslagern in Frankreich befindlichen Juden zu erwirken; (3) ob der Vatikan in der Lage wäre, durch seine diplomatischen Kontakte das neutrale Spanien zu bewegen, seinen Schutz jenen Juden in Südfrankreich zu gewähren, die sephardischer Abstammung waren (jene europäischen Juden, die sich ursprünglich in Spanien und Portugal niedergelassen hatten) und (4) ob der Vatikan in der Lage wäre, den in den italienisch besetzten französischen Gebieten gestrandeten Juden die Rückkehr nach Italien zu ermöglichen, wo sie sicherer wären.

Zu den Punkten eins, zwei, und vier erfolgte von seiten des Vatikans überhaupt keine Reaktion.

Was die Möglichkeit betraf, Spanien zu veranlassen, die sephardischen Juden unter seinen Schutz zu stellen, erließ die Regierung Francos eine Verordnung, derzufolge jedem Juden, der seine spanische Herkunft nachweisen könne, ein Schutzbrief ausgestellt werden sollte. Als die Verordnung herauskam, hatten die Deutschen bereits den Italienern die Besatzungsaufgaben abgenommen. Die staatenlosen Juden in Frankreich, die die spanische Nationalität beanspruchten, wurden nicht anerkannt, sondern von den Nazis als staatenlose Juden behandelt, was für die meisten die Deportierung bedeutete. Insgesamt saßen fast fünfzigtausend Juden in Südfrankreich fest; die meisten fielen Hitlers Endlösung zum Opfer.

Nachdem Pater Benedetto die Aussichtslosigkeit erkannt hatte, vom Vatikan oder dem Papst Hilfe für die Juden zu erlangen, beschloß er, auch ohne päpstliche Hilfe auf eigene Faust alles in seinen Kräften Stehende zu tun. Er schuf sich einen festen Stützpunkt im Kapuzinerkloster in der Via Sicilia in Rom, einen Steinwurf entfernt von der Via Veneto und praktisch vor der Nase der deutschen Kommandantur in Rom. Von diesem Quartier aus befaßte sich der Frater unermüdlich mit der Unterbringung einer enormen Anzahl von Flüchtlingen. Da es zu viele waren, als daß man sie im Kloster selber hätte unterbringen können, wurden viele in kleinen Pensionen oder Hotels einquartiert. Häufig mußten große Bestechungssummen und Sonderzahlungen geleistet werden, damit Juden dort bleiben konnten, ohne sich entsprechend den gesetzlichen Vorschriften bei den römischen Polizeibehörden, der *Questura*, anzumelden. Ein noch größeres Problem war die Ernährung dieser Menschen, da Nahrungsmittel in Rom streng rationiert waren. Natürlich besaß keiner dieser Flüchtlinge Lebensmittelkarten, die man nur erhielt, wenn man bei der Questura gemeldet war. Indessen fand Pater Benedetto Mittel und Wege in einer Stadt, deren Bewohner seit Jahrhunderten mit Erfolg gelernt hatten, bürokratische Hemmnisse zu überwinden, ein in ganz Italien im Frieden wie im Krieg nicht unbekanntes Phänomen. Die Italiener verfügten über jahrhundertelange Erfahrungen, und es gelang ihnen immer wieder, die Deutschen zu verwirren, indem sie ihnen stets einen oder mehrere Schritte voraus waren. Pater Benedetto, zwar selbst kein Römer, war zu einem solchen geworden, zu einem Meister der bürokratischen Taschenspielerei.

Durch einen glücklichen Zufall entdeckte Pater Benedetto eines Tages in einem Abstellraum des Klosters zwischen alten Möbeln eine alte abgenützte Druckpresse. Mit Hilfe eines geflüchteten Druckers stellte er nun für viele Juden gefälschte französische Identitätskarten her. Unter Verwendung eines »Gummistempels«, hergestellt aus dem Zifferblatt einer Taschenuhr, mit eingefügten Lettern aus einem Kinderdruckkasten und unter Beifügung französischer Finanzstempelmarken, die aus einem Philateliegeschäft in Rom stammten, produzierte der Kapuzinerpater Identitäskarten, die er selber frohgemut mit dem Namen der zuständigen französischen Behörde signierte. Mit diesen »amtlichen Dokumenten« gelang es, schweizerische, rumänische und ungarische Botschaftsangestellte zu täuschen und damit an die zweihundert Juden aus Italien hinaus und in jene Länder in Sicherheit zu bringen.

Was den Vatikan betrifft, der Benedetto keine Hilfe gab, zeigte 1963 der deutsche Dramatiker *Rolf Hochhuth* als einer der ersten auf, daß hier in der Kirche etwas »schiefgelaufen« war. In seinem umstrittenen Drama *»Der Stellvertreter«* behandelte er im Rahmen einer fiktiven Handlung das Schweigen des Papstes Pius über die Juden. In diesem Stück, dessen explosive Blankverse in etwa zwanzig Sprachen übersetzt wurden, wird der Papst der Kriegszeit als zynisch, geldgierig und hartherzig in bezug auf die Verfolgung der Juden durch die Nazis dargestellt. Als sein Stück als historisch unrichtig bezeichnet wurde, rechtfertigte sich Hochhuth nicht etwa mit dem Argument der dichterischen Freiheit, sondern mit der Behauptung, er habe von einem enttäuschten Angehörigen der Kurie, der seinen Namen nicht preisgeben wolle, bestimmte vertrauliche

Mitteilungen erhalten. Hochhuth hatte seinen eigenen Informanten im Vatikan.

Erst im vierten Akt macht der Stellvertreter seine brisante Aussage. In dieser Szene erscheint der Papst auf der Bühne und spricht über die Aktien und Obligationen, in die der Vatikan investiert hat und deren Wert durch die Bombardements der Alliierten in Italien gemindert würde. Der Papst erklärt, er sei beunruhigt wegen der Zerstörung »Unserer Fabriken«, wobei er hinzufügt, die Deutschen seien »freundlicher gewesen als die Zerstörer von San Lorenzo«, womit die Alliierten gemeint waren. Der Papst spricht dann über den Verkauf von Aktienpaketen des Vatikans an »einflußreiche Männer um Roosevelt«, was zweifellos eine Verringerung der Luftangriffe auf Rom bewirken würde. Just in diesem Augenblick kommt ein Mitarbeiter in den Raum, um den Papst über die Vernichtungslager in Polen zu informieren, aber der Papst zeigt kein Interesse für diese Nachricht. Gleichzeitig kann man durch das Fenster des Papstes sehen, wie SS-Leute Juden zum Transport nach Auschwitz zusammentreiben. Hochhuth bemerkt zu dieser Hartherzigkeit: *»Vielleicht haben nie zuvor in der Geschichte so viele Menschen ihr Leben wegen der Passivität eines einzigen Politikers lassen müssen.«*

Der Aufschrei und die Erregung über Hochhuths Stück übertrafen alles bisher im Theater Dagewesene, aber es war Papst *Paul VI.*, der das letzte Wort hatte. Im Juni 1963 schrieb er – er war noch Kardinal Montini in Mailand – einen Brief an die Zeitschrift *The Tablet* in London, der dort genau an jenem Tag eintraf, an dem Montini Papst wurde. Hätte Pius XII. das getan, wegen dessen Unterlassung Hochhuth ihn anklagte, schrieb Papst Paul, »dann hätte sein Vorgehen solche Vergeltungsmaßnahmen und Zerstörungen zur Folge gehabt, daß Hochhuth selber – nachdem der Krieg nun vorbei war und er jetzt eine bessere geschichtliche, politische und moralische Urteilsfähigkeit besitze – in der Lage gewesen wäre, ein anderes Stück zu schreiben, ein realistischeres und interessanteres als jenes, das er wohl sehr schlau, aber auch ungeschickt zusammengestoppelt habe. Was würden Kunst und Kultur gewinnen, wenn sich das Theater für Ungerechtigkeiten dieser Art hergebe?«

Dennoch hätte Pius XII. noch Gewichtigeres zu bewältigen gehabt. Daß er nicht gewußt haben soll, daß die Nazis in bestimmten Konzentrationslagern bereits mit der Judenvernichtung begonnen hatten, ist eine irrige Annahme, die den Anhängern der katholischen Religion nahegelegt wurde. Schon im Frühjahr 1943 hatte der Papst einen Brief von *Wladislas Rackiewicz*, dem Präsidenten der polnischen Exilregierung in London, erhalten, in dem dieser erklärte: »Die Ausrottung der Juden und mit ihnen vieler Christen semitischer Abstammung, war nur eine Probe für die systematische Durchführung eines wissenschaftlich organisierten Massenmords... Hunderttausende Menschen werden ohne ordentliches Gerichtsverfahren getötet...«

Im Vatikan gibt es zahllose Dokumente, die beweisen, daß der Papst von den Ausrottungen wußte und daß man ihm geraten hatte, sich dazu nicht zu äußern. So ist, beispielweise, Präsident Roosevelts Abgesandter, *Myron Taylor*, im Jahr 1942 dreimal von Washington nach Rom gereist (beim dritten Mal blieb er volle elf Tage im Vatikanstaat), um Pius mündlich und schriftlich Informationen über die Nazis und ihre Judenpolitik zu überbringen. Dies galt auch für den britischen Geschäftsträger beim Heiligen Stuhl, Sir *D'Arcy Osborne*, der, nach einem dreimonatigen Aufenthalt in London, wo ihn seine Vorgesetzten unter anderem über Hitlers Judenprogramm informiert hatten, am 29. Juni 1943 nach Rom zurückkehrte. Sir *D'Arcy* fragte sogar einen Funktionär im Vatikan: »Warum interveniert der Vatikan nicht gegen das schreckliche Gemetzel an den Juden?« Auch Kardinal *Tisserant* gab in einem Brief an den Erzbischof von Paris zu, er habe den Papst gebeten, eine Enzyklika zu dieser Frage herauszugeben, wobei er hinzufügte, die Kirche sei insofern gefährdet, als die »Geschichte von morgen nicht in die Lage kommen dürfe, dem Heiligen Stuhl vorzuwerfen, er habe eine Linie der politischen Nützlichkeit verfolgt, die ausschließlich seinem eigenen Vorteil diente...«

Außer seiner Überzeugung, daß ein Bruch seines Schweigens zur Ausrottung der Juden gleichermaßen gefährlich und nutzlos für die Juden wäre, hatte Pius XII. noch einen weiteren Grund für sein Schweigen. Dieser Grund ist damals nicht öffentlich bekannt geworden. Nachdem er vertrauliche Berichte aus Deutschland erhalten hatte, wonach Hitler ihn zu einem günstigen Zeitpunkt entführen lassen wollte, war Papst Pius ernstlich besorgt, daß Hitler jene Bestimmung des Konkordats von 1929 aufheben könnte, die den deutschen Staat verpflichtete, die Kirchensteuer von seinen Bürgern zu erheben. Fünfzig Prozent dieser Summe wurden der katholischen Kirche in Deutschland übergeben, der Rest nach Rom überwiesen. So betrug, beispielsweise, die Gesamtsumme der 1943 erhobenen Kirchensteuer etwa vierhundertfünfzig Millionen Mark, was damals mehr als hundert Millionen Dollar entsprach. Wegen der gewaltigen Summe Geldes, um die es hier ging, und wegen der verhängnisvollen Folgen, die ein Verlust dieser Gelder für die katholische Kirche in Deutschland gehabt hätte, waren vatikanische Funktionäre der Auffassung, daß man hier sehr vorsichtig sein müsse, denn Hitler war in der Tat jene Art von Führer, der, wenn er nur den Anlaß erhielte, sehr wohl den Anteil der Kirche zurückbehalten würde.

Nach dem Ende des Kriegs in Europa gab es zahlreiche Apologeten, die sich bemühten, die Haltung Papst Pius' gegenüber den Nazis und Juden zu verteidigen. Fast alle Rechtfertigungsversuche verteidigten die Weigerung des Papstes, zugunsten der Juden zu sprechen.

Schließlich meldete sich Pius persönlich zu Wort. Am Ostersonntag 1945 sprach er vor nahezu einer halben Million Menschen, die sich auf dem Petersplatz versammelt hatten. Zum Thema der Behandlung der Juden durch die Deutschen erklärte er: »Jene, die sich verführen ließen, durch die Anstifter der Gewalt, und die so unklug waren, der Marschmusik zu folgen, begannen schließlich aus ihrer Illusion zu erwachen und waren verblüfft, als sie sahen, wie weit sie ihre diensteifrige Unterwürfigkeit geführt hatte. Für sie gibt es keinen anderen Weg zur Erlösung, als ein für allemal dem Götzendienst des totalen Nationalismus sowie des Stolzes auf die Überlegenheit von Rasse und Blut abzusagen.«

Vielen Juden, die diese Worte an jenem Tag hörten oder sie in der Zeitung lasen, mußte diese Erklärung unecht klingen, denn es waren Worte, die zu spät und erst zu einem Zeitpunkt gesprochen wurden, an dem die Gefahr bereits vorbei war. Der Holocaust hatte stattgefunden, und nun erhob der Papst zum ersten Mal seine Stimme gegen Hitlers Behandlung der Juden.

Es war Pater *Robert Leiber*, ein Jesuit und Professor für Kirchengeschichte an der Päpstlich Gregorianischen Universität und enger Vertrauter des Papstes Pius XII. während dessen ganzen Pontifikats, der zum führenden Sprecher und Apologeten des Vatikans werden sollte. Er war auch in seinen Veröffentlichungen unehrlich. Sein erster Artikel erschien im März 1961 in der Monatsschrift der Jesuiten *Civiltà Cattolica* unter dem Titel »Pius XII. und die Juden Roms 1943–1944«. In diesem Artikel wurde die Geschichte verdreht und ein Mythos geschaffen, der auf eine krasse Umgehung harter Tatsachen hinauslief. Seine Worte wurden immer wieder als die offizielle Meinung des Vatikans zitiert. Fünf Jahre später wiederholte Pater Leiber einige seiner Behauptungen in einem Interview mit der Zeitschrift *Look*. Im wesentlichen behauptete er darin, es habe während der deutschen Besetzung in Rom zwei päpstliche Organisationen zur Unterstützung der Juden gegeben – nämlich *Delasem* und *Opera die San Raffaele*. Indessen war keine dieser beiden Organisationen eine Einrichtung des Vatikans, und keine erhielt finanzielle Unterstützung von seiten des Papstes.

Pater Leiber behauptete, *Delasem* habe in Genua als »eine jüdische Organisation« begonnen und sei dann zu einer vatikanischen Institution geworden, als die Deutschen die Stadt besetzten. Außer einigen Geldspenden von Juden und anderen kirchlichen Institutionen in Rom sei »der Rest zur Gänze von Pius XII. gespendet worden«. Weiter erklärte Pater Leiber in dem Interview, »der Papst hat sein gesamtes Privatvermögen aufgewandt«, um den Juden zu helfen. Da nichts davon der Wahrheit entsprach, schrieben führende Mitglieder der jüdischen Gemeinden von Rom und Genua einen zur Veröffentlichung gedachten Protestbrief an die *Civiltà Cattolica*. In diesem Schreiben unterstrichen jüdische Funktionäre aus beiden Städten mit ihrer Unterschrift eindeutig, daß *Delasem* – von Pater Benedetto geleitet – niemals eine päpstliche Organisation gewesen sei und bis zum Schluß eine jüdische Organisation geblieben war. Weiter wurde in dem Schreiben erklärt, *Delasem* habe nie Gelder von Papst Pius erhalten, sondern ausschließlich von italienischen Bürgern, sowohl jüdischen als auch katholischen Glaubens. *Civiltà Cattolica* hat diesen Brief nie veröffentlicht.

Die einzige Antwort, die die jüdischen Funktionäre erhielten, erfolgte von seiten Pater Leibers, der alle Richtigstellungen und Gegenbehauptungen ignorierte und in einem kurzen Schreiben erklärte, diese Ereignisse hätten vor so vielen Jahren stattgefunden, daß es sinnlos sei, die Angelegenheit noch zu diskutieren. Auch das Eingreifen Pater Benedettos blieb erfolglos: er berichtete einem vatikanischen Funktionär, daß während der neun Monate der deutschen Besetzung, in denen er als Vorsitzender von *Delasem* tätig war, »keinerlei Geldmittel von seiten des Vatikan eingegangen sind«.

Über die zweite Organisation, die römischen Juden geholfen habe, die *Opera di San Raffaele*, erklärte Pater Leiber, etwa zweitausend Personen, überwiegend Juden, seien über diese Organisation nach Brasilien gelangt, und zwar mit Hilfe von Geldern, die vom Vatikan gekommen seien. Diese Erklärung war irreführend: Die Leiter dieser Organisation, der deutsche Pallottinerpater *Anton Weber*, erklärte, die *Opera di San Raffaele* »betreute nur katholisch getaufte Juden nichtitalienischer Herkunft, aber niemals wirkliche Juden«. Bezüglich der Geldmittel, die angeblich aus dem Vatikan geflossen seien, um diese edle Aufgabe zu finanzieren, erklärte er, Leibers Aussage erwecke einen falschen Eindruck, denn das Geld sei nur über den Vatikan als Transferstelle gelaufen, ein Schritt, der durch die Kriegsverhältnisse notwendig geworden war. Die eigentlichen Mittel in der Höhe von hundertfünfundzwanzigtausend Dollar stammten von der Chicagoer Sektion des *United Jewish Appeal* und seien von Monsignore *Bernard Sheil* aus Chicago dem Vatikan überbracht worden. Pater Webers Richtigstellung wurde ebenfalls nicht in *Civiltà Cattolica* veröffentlicht.

In einer anderen Erklärung Pater Leibers hieß es, daß von den viertausendfünfhundert Juden, die in verschiedenen kirchlichen Verstecken untergebracht waren, viele innerhalb der Mauern des Vatikans versteckt gewesen seien. Auch diese

Behauptung Leibers ist eine Übertreibung, denn weder der Oberrabbiner von Rom noch irgendein anderes Mitglied der dortigen jüdischen Gemeinde hat jemals von irgendeinem Juden gehört, der im Vatikan versteckt gewesen wäre. Ein Reporter in Rom, der dieses überprüfen wollte, wandte viel Zeit auf, um - wie er dachte - die einzige Familie aufzuspüren, insgesamt elf Juden, denen vier Monate lang Zuflucht im Vatikan gewährt wurde, doch erwies sich das als Sonderfall, da eine der Töchter dieser Familie mit einem Katholiken verlobt war, der seinerseits mit einem im Vatikan wohnenden Geistlichen befreundet war. Die andere Ausnahme war ein bekehrter Jude, der als Erzeuger von Konfektionskleidung sehr viel Geld verdient hatte und bei seinem Tod im Jahr 1949 aufgrund eines Versprechens all seinen Besitz Papst Pius XII. vermachte.

Ein weiterer Propagandatrick Pater Leibers war die ständige Hervorhebung der Bekehrung des Oberrabbiners *Italo Zolli* zum Katholizismus als eine Art stärkster Beweis dafür, was die Kirche für die Juden getan habe. Dadurch schuf und verewigte der Vatikan bewußt eine Reihe von Erfindungen, welche die Welt überzeugen sollten, daß er projüdisch sei.

Rabbi Zolli war am 8. September 1943 verschwunden, als die Nazitruppen ganz Rom übernahmen. Erst im Juni 1944, als die Armeen der Alliierten in Rom einmarschierten, kam Rabbi Zolli wieder zum Vorschein. Es hieß damals, und der Vatikan hielt es für wahr, daß Rabbi Zolli heimlich innerhalb des Vatikans verborgen war. In Wirklichkeit hatte sich Rabbi Zolli während der zehn Monate, in denen er nicht aufzufinden war, auf eigene Faust in verschiedenen Bezirken Roms versteckt, während die Deutschen vergeblich nach ihm fahndeten. Als sie wieder aus Rom abzogen, wollte der damals achtundsechzigjährige Rabbi Zolli wieder seine Tätigkeit als Oberrabbiner von Rom aufnehmen, aber die jüdische Gemeinde Roms widersetzte sich dem, da man auf dem Standpunkt stand, der Rabbi habe sie zu einem Zeitpunkt im Stich gelassen, als sie ihn wirklich benötigten.

Rabbi Zolli ließ sich daraufhin mitsamt seiner Ehefrau nach katholischem Ritus taufen. Der Vatikan behauptete, Rabbi Zolli habe durch seine Taufe einen Schwur erfüllt, nämlich zum Christentum überzutreten, wenn Gott ihn sicher durch den Holocaust führe. Er erwähnte nicht die Tatsache, daß sich Zolli schon in seiner Jugend zum Christentum hingezogen fühlte. Bald nach seiner Bekehrung wurde Zolli zum Professor für Hebräisch und Testamentsliteratur am Päpstlichen Bibelinstitut in Rom bestellt.

Nachdem Leiber die Affäre Zolli weidlich ausgeschlachtet hatte, setzte er seine Propaganda unablässig fort und erklärte, die Juden seien dem Papst dankbar »für die Hilfe, die sie während des Krieges von ihm erhalten haben«. Er berichtete, daß eine Gruppe Juden, die aus den Todeslagern gekommen waren, im Jahr 1945 dem Papst im Rahmen einer Privataudienz für seine Hilfe gedankt hätten, daß das Israelische Philharmonische Orchester im Mai 1955 ein Konzert im Vatikan gegeben habe, und er erwähnte, daß der Oberrabbiner von Rom, *Elio Toaff*, in einem von der halbamtlichen vatikanischen Tageszeitung *L'Osservatore Romano* in Auftrag gegebenen Artikel geschrieben habe: »Mehr als sonst jemand hatten wir in diesen unglückseligen Jahren der Verfolgung und des Terrors, als es für uns kein Entkommen zu geben schien, Grund, die große, mitleidsvolle Güte und Großzügigkeit des Papstes zu schätzen . . .«

Pater Leiber vergaß zu erwähnen, daß die Zeitung »vergessen« hatte, die zweite Hälfte des Artikels von Dr. Toaff abzudrucken, in dem dieser auf diplomatische Art und Weise die von der jüdischen Gemeinde Roms einhellig vertretene Auffassung zum Ausdruck brachte, daß der Vatikan wesentlich mehr hätte tun können. Seine mit Bedacht gewählte Formulierung lautete: »Wir ziehen es vor, an das zu denken, was der Papst für die Juden *getan* hat, anstatt an das zu denken, was er *nicht* getan hat . . .«

Die Verteidiger des Papstes stiegen weiterhin für ihn auf die Barrikaden, und zwar noch bis zum Herbst 1981, als ein katholischer Geistlicher, Pater *J. Derek Holmes*, ein Buch veröffentlichte, in dem er behauptete, der Pontifex habe im Krieg sogar seinen Ruf gefährdet, um das Leben von Tausenden Juden zu retten, die damals vom Vatikan versteckt worden waren. Indem er klugerweise die Nazigreuel nicht verurteilte, habe sich der

Papst dem späteren Vorwurf mangelnden Mutes ausgesetzt, doch habe er dies aus einem tieferen Grund getan. Der britische Historiker erklärte in seinem Buch *The Papacy in the Modern World*, Papst Pius' »persönliches Wirken zugunsten der Juden hätte durch eine öffentliche Verurteilung der Nazis gefährdet werden können, auch wenn eine solche Verurteilung seine moralische Haltung in den Augen der Menschheit gefestigt hätte«. Pater Holmes behauptete weiterhin, Pius habe vor einer klaren Wahl gestanden: »War sein persönlicher moralischer Ruf wichtiger als das Leben eines einzigen Juden?«

War also das Schweigen des Pius zur Judenverfolgung nur ein entschuldbarer Makel an seinem ansonsten eindrucksvollen Pontifikat? Als umsichtiger Diplomat war der Papst überzeugt, daß eine öffentliche Anklage gegen den deutschen Diktator für die Neutralität des Vatikans verhängnisvolle Folgen haben würde und eine päpstliche Gewissensdeklaration gegen das »Dritte Reich« auch nichts an den Umständen geändert hätte. Welche persönliche Einstellung der Papst gegen Hitler auch gehabt haben mag, so betrachtete der Papst bis zum Ende die Sowjetunion als die eigentliche Gefahr für Europa. Aus diesem Grund vermied er einen Bruch mit Deutschland, das seiner Meinung nach den Krieg ohnehin verlieren würde. Der Papst befürchtete, daß die nach dem endgültigen Zusammenbruch der Naziarmeen zu erwartende Besetzung Mitteleuropas durch die Sowjets dann unwiderruflich sein würde.

Auch wenn Papst Pius XII. versagte, als er vor eine Entscheidung gestellt wurde, die die Kraft eines einzelnen überstieg, so belasteten ihn zusätzlich die ungeschickten Bemühungen des Vatikans nach 1945, die Wahrheit zu verbergen. Damals wäre eine offene Erklärung der Gründe, die seiner Haltung und seinem begreiflichen menschlichen Versagen zugrunde lagen, von Juden und Christen gleichermaßen sehr begrüßt worden. Aber der Pontifex gab weder eine Erklärung ab noch tat er sein Bedauern kund, sondern er verhielt sich so, als hätte es niemals irgendeine Art von stillschweigender Kollaboration zwischen dem Vatikan und dem Naziregime gegeben. Wieweit sich die Kirche den Menschen gegenüber öffnen sollte, insbesondere jenen Menschen, die sie unterstützen – ob sie also in erster

Linie eine Regierung und erst in zweiter Linie eine für ihre Herde sorgende religiöse Institution ist –, ist ein Dilemma, mit dem sich der Vatikan angesichts der überwältigenden, unvorhersehbaren Umwälzungen in der Welt von heute erst noch auseinandersetzen muß.

7. KAPITEL

Klöster als Fluchtweg ehemaliger Nazis

Ein Schandfleck, den der Vatikan wohl nie aus seinen Annalen tilgen kann, ist die Unterstützung, die er flüchtenden Nazis zuteil werden ließ, Kriegsverbrechern, die nach dem Ende des Zweiten Weltkrieges einen sicheren Zufluchtsort in Südamerika erreichen wollten. Diese Leute erhielten Hilfe durch ein Zusammenspiel zwischen dem Vatikan und der Organisation ODESSA (Organisation der ehemaligen SS-Angehörigen), die die sogenannte »Klosterroute« zwischen Österreich, Italien und einigen faschistischen Staaten in Südamerika aufgebaut hatte. Hitlers Stellvertreter, *Martin Bormann*, entkam auf diesem Fluchtweg und lebt vielleicht heute noch irgendwo in Argentinien und/oder Paraguay und/oder Uruguay und/oder Brasilien ...

Die vatikanischen Geistlichen, die den fliehenden Deutschen beim Verlassen Europas behilflich waren, taten dies wohl aus christlicher Nächstenliebe, aber im Fall Bormann wurde eine erkleckliche Geldsumme an einen Franziskanermönch deutscher Herkunft bezahlt, der sich – möglicherweise damals ohne Wissen des Papstes – in solche Angelegenheiten hineinziehen ließ. Ohne seine Hilfe und seine Verbindungen zum Vatikan wäre es der ODESSA wohl nicht gelungen, so viele Nazis aus Europa hinauszuschmuggeln, und das in einer Zeit, in der die Behörden von Westdeutschland, Italien, Österreich, Frankreich, den Vereinigten Staaten und der Sowjetunion damit beschäftigt waren, die Nazigrößen aufzuspüren, die verdächtig waren, an der Judenvernichtung beteiligt gewesen zu sein. Nachdem die ODESSA im großen und ganzen ihr Ziel erreicht und in den sechziger und auch noch in den siebziger Jahren mehrere hundert Nazikriegsverbrecher in Sicherheit gebracht hatte – vor allem nach Südamerika, Spanien, dem Nahen Osten und Afrika –, löste sie sich still und heimlich wieder auf. Diese Untergrundorganisation, die mit jener rücksichtslosen Tüchtigkeit operierte, die Himmlers SS zur gefürchtesten Macht in Deutschland gemacht hatte, stellte falsche Papiere, Bargeld, Unterschlupf und Transportmittel zur Verfügung. Die Angehörigen dieser Gruppe werden heute noch in Europa von der Polizei gesucht.

ODESSA unterhielt Kontakte zu Berufsschmugglern in allen Grenzgebieten, hatte gute Beziehungen zu bestimmten südamerikanischen Botschaften in Europa und - zum Vatikan. Für ihre Tätigkeit benötigte sie viel Geld, aber das war kein Problem, denn nachdem es klargeworden war, daß Hitler den Krieg verlieren würde, sorgten führende Nazis bereits Anfang 1944 für den Transfer großer Summen und Konten in neutrale oder nicht kriegführende Staaten. Es ist nicht genau bekannt, wann ODESSA ihre Tätigkeit aufnahm, aber mit den enormen Geldmitteln, die vor Hitlers endgültiger Niederlage versteckt worden waren, konnte die Organisation ohne finanzielle Schwierigkeiten mit der Arbeit beginnen.

ODESSA gelang es, das Verstecken gesuchter Nazigrößen und ihre Flucht aus Europa so still und heimlich durchzuführen, daß die Geheimdienste der Alliierten nichts davon merkten. Mit deutscher Gründlichkeit arbeitete ODESSA unter der Leitung eines *Dr. Johann von Leers*, der in seiner Glanzzeit als Judenreferent im Propagandaapparat des Dr. Goebbels tätig war und als Kriegsverbrecher gesucht wurde. Von Leers, der akademische Titel von sechs verschiedenen Universitäten besaß, operierte praktisch allein, doch hatte er Vertrauensleute in Buenos Aires, Kairo und Rom. Er ist nie gefaßt worden, und nach letzter Kunde lebt er still und ruhig irgendwo in der Hauptstadt eines toleranten Staates im Nahen Osten, wo seine rassistischen Ansichten über das jüdische Volk wohlwollende Aufnahme finden.

Hinweise auf ihn und seine Untergrundorganisation tauchten erst in den späten sechziger und frühen siebziger Jahren auf. Einer der ersten Fingerzeige ergab sich anläßlich des Düsseldorfer Kriegsverbrecherprozesses gegen *Franz Paul Stangl*, dem die Verantwortung für die Ermordung von mindestens vierhunderttausend Personen in den Konzentrationslagern Sobibor und Treblinka zur Last gelegt wurde. Vor Gericht sagte

Stangl aus, er sei nach Kriegsende aus einem Gefangenenlager in Österreich entkommen und mit Hilfe eines Personaldokuments vom Roten Kreuz, das er von einem nichtgenannten österreichischen Bischof erhalten habe, nach Damaskus gelangt. Später ließ seine Frau Therese in ihrer Aussage durchblicken, daß ihr Mann »einige Hilfe« vom Vatikan erhalten habe, der »sehr vielen Deutschen« die Flucht nach Brasilien ermöglicht habe. In einer späteren Aussage gestand Stangl, er habe einen »vatikanischen Paß« gehabt, mit dem er von Damaskus nach Brasilien gelangen konnte. Aber damals wie heute ist es äußerst schwierig, einen vatikanischen Paß zu erlangen, da solche nur für streng begrenzte Zwecke ausgestellt werden. Es ist daher schwer zu sagen, ob der unter Eid stehende Stangl die Wahrheit sagte und auf welche Weise er diesen vatikanischen Paß erhalten haben mag, denn weitere Informationen sind nicht verfügbar.

Zu der Zeit, als ODESSA tätig war, und zu der Zeit, als Stangl mit Hilfe dieser Organisation entkam, war der Vatikan damit beschäftigt, Tausenden Menschen vieler Nationalitäten zu helfen, darunter solchen, die durch Grenzverschiebungen heimatlos geworden waren. Das Vatikanische Auswanderungsamt, das seinen Namen später in Internationale Katholische Auswanderungskommission änderte, war in allen Bereichen der Flüchtlingshilfe tätig, informierte die Menschen über Arbeitsmöglichkeiten, verteilte Nahrungsmittel und Kleidung und half Flüchtlingen bei der Beschaffung von Reisepapieren. In einigen wenigen Fällen stellte der Vatikan Reisedokumente mit begrenzter Gültigkeitsdauer aus, um bestimmten Flüchtlingen die Ausreise in ein anderes Land zu ermöglichen, doch handelte es sich in den meisten Fällen um nur vereinzelte Mitleidsakte. Da sich die vatikanischen Geistlichen an die Gepflogenheiten hielten, nie die politische Einstellung eines Flüchtlings zu überprüfen, gab es unter den Flüchtlingen viele, die den Achsenmächten ebenso nahestanden wie den Alliierten. So wie der Vatikan ehemaligen Nazis geholfen haben mag, so half er gleichzeitig auch einer großen Anzahl von Juden. Ehemalige Nazis und jüdische Reisende verbrachten die Nacht in einem kleinen Gasthof in der Nähe von Meran im gebirgigen

Norditalien, ohne voneinander zu wissen. Die Nazis waren im Erdgeschoß untergebracht und durften dieses nicht verlassen, die Juden waren im Obergeschoß versteckt und wurden ebenfalls angewiesen, in ihren Zimmern zu bleiben. Stangl verbrachte eine Nacht in diesem Gasthof, bevor er nach Südamerika fuhr.

Der prominenteste ehemalige Nazi, der mit Hilfe von ODESSA und dem Vatikan entkommen konnte, war zweifellos *Martin Bormann*, wohl der bedeutendste, heute noch auf freiem Fuß befindliche Machthaber des Dritten Reiches. Bormann hatte sich mit dem späteren Papst *Pius XII.* während dessen zwölfjähriger Tätigkeit als Nuntius in Deutschland recht gut angefreundet, und das mag auch Einfluß auf die Art und Weise gehabt haben, in der der Vatikan diesen Fall nach dem Krieg behandelte. Im Mai 1948 präsentierte der als Jesuitenpriester verkleidete Bormann vatikanische Papiere, die ihn als staatenlose Person auswiesen (sie hatten die Nummer 073 909 und trugen die Unterschrift des Papstes). Bei einem Menschen, der als Jesuit ausgewiesen war, war es sicherlich merkwürdig, daß er, seinen Papieren nach, in Polen geboren war, und zwar als Eliezer Goldstein, ein Name, der gewöhnlich als jüdisch angesehen wird. Dennoch gelangte er damit nach Brasilien, und später konnten dann auch fünf seiner Kinder damit Europa verlassen, nachdem sie einige Tage lang im Kloster der Pallottiner in Rom untergebracht worden waren. Mit amerikanischen Pässen und unter falschen Namen reisten sie nach Südamerika.

Während seiner Tätigkeit als Sekretär Hitlers wurde Bormann einer der mächtigsten Männer in Berlin. Er hatte starken Einfluß auf den Führer und war eine treibende Kraft bei der Verfolgung der Juden und der Ausbeutung von Arbeitssklaven. Am 2. Mai 1945 verließ er den Bunker, in dem Hitler Selbstmord begangen hatte, und versuchte zu fliehen. Andere in seiner Nähe gewesene Flüchtlinge berichteten später, er sei getötet worden, als ein Panzer neben ihm explodierte, der von einer sowjetischen Granate getroffen worden war. Beim Kriegsverbrecherprozeß in Nürnberg fand das Gericht die Beweise für seinen Tod »nicht schlüssig« und verurteilte ihn

1946 in Abwesenheit wegen Kriegsverbrechen und Verbrechen gegen die Menschheit. Daß es Bormann dann doch offensichtlich auf irgendeinem Weg gelungen war, nach Argentinien zu gelangen, ist dem besonderen Verhältnis des Vatikans zum ehemaligen Präsidenten dieses Landes, Juan Perón, zuzuschreiben.

Allzu vielen Nazis wurde nach dem Krieg vom Vatikan geholfen, aber ein Fall soll besonders hervorgehoben werden, weil er zeigt, daß der Vatikan tätig wird, sobald Geld ins Spiel kommt. Es ist dies der Fall des französischen Nazikollaborateurs *Paul Touvier*, der vom Präsidenten begnadigt wurde, nachdem der Vatikan Druck ausgeübt hatte. Touvier war während der deutschen Besetzung stellvertretender Kommandant der pronazistischen Miliz in Lyon. Nach dem Krieg wurde zweimal in Abwesenheit gegen ihn verhandelt, und er wurde beide Male zum Tode verurteilt, aber irgendwie gelang es ihm, der Verhaftung zu entgehen, und dann verschwand er – auf fünfundzwanzig Jahre. Er entkam aufgrund eines Geschäftes mit dem Vatikan. Nachdem er sich nach Kriegsende bereit erklärt hatte, die gesamten nach dem Krieg noch übriggebliebenen Geldmittel der Miliz dem Vatikan zu übergeben, wurde ihm dessen Schutz zugesagt. Die fraglichen Milizgelder stammten aus der Plünderung jüdischen Eigentums und jüdischer Wohnungen während der Besatzungszeit. Touvier selber beschlagnahmte das Appartement eines jüdischen Textilmillionärs in Lyon und ließ seine Geliebte in die Wohnung eines anderen jüdischen Geschäftsmannes einziehen.

Mit Hilfe des Vatikans gelang es Touvier, den Behörden zu entkommen. Er besaß Identitätsausweise auf den Namen Paul Berthet. Die darin angegebene Adresse war die des Erzbischofs von Lyon. Häufig trug er eine Priestersoutane, und es gab mindestens ein Dutzend Geistliche, die sich um ihn kümmerten, während die Resistance nach ihm fahndete. Obwohl er bereits völlig in Vergessenheit geraten war und weiterhin unter vatikanischem Schutz in ruhiger Zurückgezogenheit hätte leben können, tauchte er im Jahr 1962 mit einem Gnadengesuch an den französischen Staatspräsidenten *Georges Pompidou* wieder auf, einem Gnadengesuch, das offen unterstützt wurde von dem für sein Gebiet zuständigen französischen Kardinal, der überdies Informationen zusammentrug, die für Touviers Rehabilitierungsverfahren nützlich sein konnten. Bald nachdem der Kardinal einen wichtigen Posten im Vatikan erhielt, wurde Touvier begnadigt. Allerdings konnte Touvier nicht mehr lange in Chambery bleiben und seine Begnadigung genießen, da wutentbrannte Männer und Frauen der Resistance nach Rache trachteten. Und so mußte Touvier 1972 im Alter von siebenundfünfzig Jahren wieder untertauchen. Seither hat man nichts mehr von ihm gehört.

Im Vatikan und für Papst Pius XII. war der Zweite Weltkrieg das zentrale Thema. Besonders hervorzuheben sind die geheimen Bemühungen der Kirche, dem Krieg ein Ende zu setzen. Nicht allgemein bekannt ist, daß der Vatikan mehrere gezielte Versuche machte, um *Benito Mussolini* und Italien 1943 zum Ausscheiden aus dem Krieg zu bewegen. Papst Pius führte zwischen März 1939 und Dezember 1940 mehrere geheime Gespräche mit Mussolini über Probleme des von den Nazis und Faschisten praktizierten Antisemitismus, über die Behandlung von Kriegsgefangenen auf beiden Seiten, die Leiden unschuldiger Bevölkerungsgruppen (Juden und Zigeuner) und das Schicksal der Polen.

In den Archiven des Vatikans befindet sich ein privates Schreiben, das im Juli 1943 vom damaligen Apostolischen Legaten in der Türkei, Monsignore *Angelo Roncalli* (dem späteren Papst *Johannes XXIII.*), an den damaligen Prostaatssekretär im Vatikan, Monsignore *Giovanni Montini* (den späteren Papst *Paul VI.*) gerichtet wurde. Monsignore Roncallis Schreiben berichtet von einem Gespräch mit dem deutschen Diplomaten *Franz von Papen*, der erwähnte, daß die Russen Tausende von polnischen Offizieren ermordet und in Massengräbern in der Nähe des russischen Dorfes Katyn bei Smolensk verscharrt hätten. Von Papen erklärte, er sei der Auffassung, daß die Polen, die sehr wohl von dem Massaker wußten, sich zu ihrem eigenen Schutz auf die Seite der Deutschen stellen würden. »Ich entgegnete mit einem traurigen Lächeln«, schreibt Roncalli in seinem Brief, »als erstes wäre es wohl nötig, sie die Millionen von Juden vergessen zu machen, die nach Polen deportiert und dort getötet wurden, aber es wäre jedenfalls eine günstige Gelegenheit für das Dritte Reich, seine Behandlung der Polen zu ändern.«

Es gab wesentliche Versuche des Vatikans, Italien zum Austritt aus dem Krieg zu bewegen. Wie aus den Vatikanarchiven hervorgeht, war einer der wichtigsten vom amerikanischen Präsidenten *Franklin D. Roosevelt* eingeleitet worden. In der zweiten Jahreshälfte 1939, nachdem Hitlers Armeen in Polen eingefallen waren und damit den Zweiten Weltkrieg ausgelöst hatten, versuchte Roosevelt ein diplomatisches Arrangement mit dem Vatikan zu treffen, den er als wichtigen »Horchposten« betrachtete, der den Vereinigten Staaten nützlich sein könnte. Obwohl er aus innenpolitischen Gründen den Vatikanstaat nicht offiziell anerkennen konnte, ernannte er dennoch *Myron C. Taylor* zu seinem »persönlichen Vertreter« (wie Roosevelt ihn deklarierte) und verlieh ihm alle faktischen Vollmachten eines Botschafters. Anstatt sich einen Amtssitz im Vatikan einzurichten, verhielt sich Taylor völlig unauffällig, blieb in den Vereinigten Staaten und reiste, nur wenn es erforderlich schien, in gewissen Abständen zum Papst.

Als Mussolini den Vereinigten Staaten den Krieg erklärte, wurde die amerikanische Botschaft in Rom geschlossen, und da Taylor jetzt nicht mehr seine regelmäßigen Besuche beim Papst machen konnte, befürchtete das Weiße Haus, nun für die Dauer den Kontakt mit dem Vatikan zu verlieren. Aber auch der Vatikan wollte seine Kontakte zu Washington nicht verlieren und schlug daher vor, Roosevelt möge die Möglichkeit der Ernennung eines Geschäftsträgers beim Heiligen Stuhl in Erwägung ziehen. Auf diese Weise könnte der amerikanische Vertreter im Vatikan residieren und denselben Schutz genießen wie etwa die Geschäftsträger Großbritanniens, Polens und Frankreichs. Ein Vertreter des Vatikans versicherte Roosevelt, weder Mussolini noch das Hitlerregime würden Einwände erheben, auch würden die Nazis den Neutralitätsstatus des Vatikanstaates niemals verletzen. Daraufhin bestellte Roosevelt einen Protestanten namens *Harold H. Tittmann jun.*, der ein Dutzend Jahre in der amerikanischen Botschaft in Rom tätig gewesen war und im Februar 1940 zum Mitarbeiter Taylors ernannt worden war. Das Weiße Haus stellte Tittmanns Ernennung unter höchste Geheimhaltung, damit der amerikanische Senat nicht sein verfassungsmäßiges Recht der Bestätigung der Ernennung ausüben müßte. Tittmann bezog im Dezember 1941 seine Residenz im Vatikanstaat. Während seines dortigen Aufenthaltes, der bis zum Sommer 1944 dauerte, hatte er zahlreiche Gespräche mit dem Papst und anderen hochrangigen Vertretern des Heiligen Stuhls, darunter Monsignore Montini.

Abgesehen von verschiedenen Routineangelegenheiten, die von einem Botschafter im Rahmen seiner Tätigkeit zu bewältigen waren, hatte Tittmann noch eine ganz besondere Aufgabe durchzuführen, eine Aufgabe, die eine von Roosevelts Lieblingsideen war. Er hatte den Auftrag, Papst Pius XII. nahezulegen, einen Kurswechsel der italienischen Politik anzuregen und den Italienern klarzumachen, daß, wenn sie aus dem Krieg ausschieden, sich die amerikanische Regierung äußerst erkenntlich zeigen würde. Vordringlich war dabei, daß sich Italien sofort auf jegliche mögliche Art und Weise zurückziehen sollte, auch wenn dies Hitlers Mißbilligung und/oder die Absetzung Mussolinis als Staatschef bedeuten würde. Das war keine leichte Aufgabe, aber der Papst erwies sich als aufgeschlossen und kooperativ, allerdings stießen seine Bemühungen auf Hindernisse, und Roosevelt gelangte zu der Auffassung, daß Pius sich nicht stark genug engagierte. In einem der kühnsten diplomatischen Schachzüge, die je von einem amerikanischen Präsidenten in Kriegszeiten unternommen wurden, ging Roosevelt das Risiko ein und entsandte Botschafter Taylor im September 1942 insgeheim wieder nach Rom, nachdem italienische und amerikanische Soldaten bereits seit zehn Monaten in Nordafrika gegeneinander kämpften.

Der Heilige Vater, ein in Rom geborener Italiener und leidenschaftlicher Patriot, befürchtete, daß Mussolinis blinder Gehorsam gegenüber Hitler zu einer totalen Katastrophe für das italienische Volk führen könnte. Darüber hinaus war er der Auffassung, daß Hitler zwar die Grenzen des Vatikanstaates respektieren würde, teils, weil die Hälfte seiner Truppen aus Katholiken bestand und teils, weil es eine international für ihn nützliche Politik war, daß aber die Ideologie des Dritten Reiches ihrem Wesen nach antichristlich war. Taylors Aufgabe war es nun, den Papst zu veranlassen, jetzt Druck auf Italien auszuüben, die diplomatischen Beziehungen mit Nazideutschland abzubrechen und sein 1933 geschlossenes Konkordat mit dem Dritten Reich aufzukündigen.

Auch wenn es Pius nicht gelang, Italien oder Mussolini zu dieser Politik zu bewegen, so führten die späteren Entwicklungen doch zu einer völligen Änderung der italienischen Haltung. Im Juni 1944 marschierten die Truppen der Alliierten in Rom ein, während sich die Deutschen auf die weiter nördlich gelegene sogenannte »Gotenlinie« zurückzogen. (Botschafter Taylor kehrte nach Rom zurück und diente in derselben Eigenschaft unter Präsident Harry S. Truman bis zu seiner Pensionierung im Jahr 1951.) Am 8. September 1943 kapitulierte Italien vor den Alliierten.

8. KAPITEL

Die lange Odyssee der toten Evita Perón

In Argentiniens turbulenter Vergangenheit gibt es kaum eine seltsamere Geschichte als die der makabren Odyssee von *Evita Peróns* einbalsamiertem Leichnam, der zwei Jahrzehnte lang auf geheimen Wegen durch verschiedene Teile Südamerikas und Europas transportiert wurde. Noch seltsamer ist die direkte Rolle des Vatikans in diesem Drama, eine Rolle, die nie an die Öffentlichkeit gedrungen ist. Die »Evita-Perón-Saga« ist ein Musterbeispiel für die Effizienz der geschickten Geheimhaltungsmethoden des Vatikans.

In den mehr als zwei Jahrzehnten seit ihrem Tod im Alter von dreiunddreißig Jahren am 16. Juli 1952 waren Evitas Überreste ständig von Geheimnissen und Intrigen umgeben. Ihr Leichnam, der geheim von einem Land zum anderen – insgesamt waren es fünf – transportiert wurde, war durch ein besonderes Einbalsamierungsverfahren bestens erhalten (das gleiche, das auch verwendet wurde, um Lenins Leichnam zu konservieren). Die geliebte Frau des ehemaligen Staatspräsidenten *Juan Perón*, auch bekannt als die »Patronin des argentinischen Volkes« und »Kämpferin für die Armen«, hat endlich ihre Ruhestätte in einer Gruft auf dem Recoleta-Friedhof in Buenos Aires gefunden.

Maria Eva Duarte war die am 7. Mai 1919 geborene uneheliche Tochter eines Landarbeiters und der Tochter eines Kutschers. Ihre Mutter betrieb ein kleines Hotel in einem kleinen Pampasdorf, etwa hunderfünfzig Meilen westlich von Buenos Aires. Im Alter von fünfzehn Jahren brannte Evita durch, um in der Hauptstadt ihr Glück beim Theater zu versuchen. Nachdem sie sich einige Jahre lang mühselig durchgeschlagen hatte, gelang es ihr, kleinere Rollen in zweitklassigen Filmen zu ergattern. Erst als sie im Radio auftrat, erlangte sie einen größeren Bekanntheitsgrad. Eva Duarte besaß eine warme, einschmeichelnde Stimme, die gelegentlich fast hypnotisch wirkte, und es dauerte nicht lang, bis sie eine treue Anhängerschaft hatte und als »Señorita Radio« bekannt wurde. Im Jahr 1944, sie war gerade fünfundzwanzig Jahre alt, wurde sie von Oberst Juan Perón, der eben mit Erfolg einen Staatsstreich inszeniert hatte, aufgefordert, einen Rundfunkappell zugunsten der durch ein Erdbeben obdachlos gewordenen vielen tausend Menschen zu machen.

Kurze Zeit später heiratete der Oberst Fräulein Duarte, und obwohl sie sehr darauf bedacht war, im Hintergrund zu bleiben, wurde sie doch selber zu einer mächtigen Persönlichkeit. Sie war vor allem bei den Argentiniern beliebt, die sie häufig als »meine lieben Hemdlosen« bezeichnete und die ihrerseits den Kult um ihre Person schufen. Ihre politische und soziale Weltanschauung war dank ihres Buches *La Razón de Mi Vida* (Der Grund meines Lebens) jedermann bekannt.

Durch eine Stiftung, die sie persönlich leitete und in der sie oft bis drei oder vier Uhr morgens Geld und Gaben an Menschen verteilte, die mit überzeugend geschilderten Leidensgeschichten zu ihr kamen, errang sie die Liebe und die Unterstützung der Arbeiterklasse. Allerdings trieb sie auf ihrer Suche nach neuen Geldmitteln die Staatskasse fast an den Rand des Bankrotts. Eva Perón, liebevoll »Evita« gerufen, ließ Krankenhäuser bauen, schuf Kinderspielplätze, lieferte Kleidung für die Armen, verteilte Spielzeug für arme Kinder und versandte zur Weihnachtszeit Tausende von Geschenkpaketen an minderbemittelte Familien. So nimmt es nicht wunder, daß sie bald von den *descamisados*, den Hemdlosen, als große Wohltäterin betrachtet wurde. Im Juni 1947 wurde Frau Perón im Verlauf einer erfolgreichen Europareise von Papst Pius XII. eine Staatsaudienz gewährt, was ihre Popularität nach ihrer Rückkehr noch vergrößerte.

In den frühen fünfziger Jahren wurde Eva Perón im Alter von neunundzwanzig Jahren von Krebs befallen. Trotz einer erfolglosen Operation schaffte sie es, ihre öffentliche Arbeit fortzusetzen, und begleitete sogar ihren Gemahl anläßlich seiner Inauguration zu seiner zweiten Präsidentschaft im offenen Wagen. In Pelze gehüllt, bemühte sie sich zu verbergen, daß ihr einst fülliger Körper zerbrechlich geworden war, daß sie eine sterbende Frau war und nur mehr vierzig Kilogramm wog. Einen Monat nach der Vereidigung starb Evita. Sie wurde in der Halle des Nationalkongresses aufgebahrt. Zwei Wochen lang stellten sich die Menschen, oft im strömenden Regen, in kilometerlangen Schlangen an, um ihr die letzte Ehre zu erweisen.

In Argentinien kam alles zum Stillstand, Fabriken, Büros, Geschäfte, Schulen und Theater wurden geschlossen. Das Land wurde von einer Flut von Gedenkwimpeln, Medaillen, Schlüsselringen, Gipsbüsten, Schallplatten und Briefmarken überschwemmt. Jeden Tag wurden Tausende Exemplare einer Sonderausgabe ihres Buches verkauft. Straßen, Plätze, Schulen, Flüsse und Berge wurden nach ihr benannt. Sogar die Stadt La Plata wurde in Ciudad Eva Perón umbenannt, und Papst Pius XII. wurde ersucht, ihre Heiligsprechung zu erwägen.

Die Odyssee ihrer sterblichen Hülle begann mit Peróns Entschluß, ihren Leichnam wissenschaftlich konservieren zu lassen. Er beauftragte den Spanier Dr. *Petro Ara*, einen der größten Pathologen Europas, mit der Einbalsamierung. Dr. Ara hatte die Methode, die bei Lenins Leiche in Moskau angewandt worden war, genau studiert und war sicher, daß er sie auch bei Eva anwenden konnte. Für ein Honorar von 100 000 Dollar arbeitete er ein Jahr lang an ihrem Leichnam. Zunächst ersetzte er das Blut durch Alkohol, dann pumpte er Glyzerin mit einer Temperatur von sechzig Grad durch Ferse und Ohr in ihren Körper. Bei normaler Zimmertemperatur verfestigte sich das Glyzerin und bewirkte eine teilweise Einbalsamierung des Körpers. Haut und innere Organe blieben intakt. Dann wurde der Leichnam einer Reihe von sorgfältig kontrollierten Immersionen in besonderen Flüssigkeiten unterworfen, wodurch der Körper zwar ein wenig schrumpfte, aber die Haut fast durchsichtig und überraschend elastisch wurde. Ihre Lippen blieben sehr rot, und ihr Haar wirkte voll und blond wie zu Lebzeiten.

Als Juan Perón im September 1955 gestürzt wurde, floh er nach Paraguay. Den Leichnam seiner Frau ließ er zurück. Peróns Nachfolger, die sich im klaren waren, daß Evitas Leichnam zum »heißen Eisen« werden konnte, waren sich nicht sicher, was sie mit ihrer sterblichen Hülle anfangen sollten. Sie benötigten Zeit, um zu irgendeinem Entschluß zu kommen, daher beauftragten sie in der Zwischenzeit eine Ärztekommission, die die »Echtheit des Leichnams« überprüfen sollte. Als im November desselben Jahres die provisorische Regierung durch eine Militärjunta ersetzt wurde und General *Pedro Eugenio Aramburu* in Argentinien die Zügel in die Hand nahm, wurde Eva Peróns Leichnam plötzlich »entführt«. Der Kidnapper war Oberst *Moore Koenig*, ein Erzfeind Peróns, der persönlich das Feuer der Mörser auf zahlreiche Denkmäler Evas gelenkt hatte. Koenig erklärte, als Teil seiner Rache an Perón würde er Eva ein »christliches Begräbnis« verschaffen, dasselbe, wie es jeder gewöhnliche Sterbliche erhalte. Die tote Frau wurde in einen billigen Sarg getan und einem Major *Antonio Arandia* übergeben, der ihn auf einen Armeelastwagen lud, den er über Nacht an einer belebten Straßenecke parkte und dann in ein Lagerhaus fuhr. Nachdem der Leichnam fünf weitere Verstecke durchlaufen hatte, wurde er in eine große Transportkiste getan und in Arandias Appartement in Buenos Aires untergebracht.

Zu dieser Zeit war die Nachricht von dem sogenannten Kidnapping durchgesickert, und Tausende von Evas treuen Anhängern, viele von ihnen mit Waffen, durchsuchten unablässig die ganze Stadt nach dem Sarg. Arandia schlief von da ab jede Nacht mit einer Pistole unter dem Kissen. Als er eines Morgens, noch vor Sonnenaufgang, durch ein seltsames Geräusch geweckt wurde, riß er seine Pistole hervor und feuerte zweimal auf die menschliche Silhouette, die sich in der Tür seines Schlafzimmers abzeichnete. Unglücklicherweise handelte es sich bei der Gestalt, die er niedergeschossen hatte, um seine schwangere Frau, die auf dem Weg zur Toilette gewesen war. Sie war sofort tot. Arandia beschloß, den Sarg aus dem Haus zu schaffen. Er brachte ihn heimlich in ein dem Militär gehörendes Gebäude, wo er ihn im vierten Stockwerk zwischen Kisten mit der Aufschrift »Rundfunkgeräte« abstellte. Indessen wurde der Leichnam von Präsident Aramburus Geheimdienstchef anläßlich einer Inspektion im vierten Stockwerk entdeckt.

Da Präsident Aramburu Eva Peróns sterbliche Überreste ein

für allemal aus dem Land haben wollte, ersuchte er den Vatikan um Hilfe. Papst Pius zeigte persönliches Interesse an dem Fall: Der päpstliche Gesandte in Argentinien, *Mario Zanin*, diente als Vermittler, und im September 1956 befand sich Eva in einer Transportkiste auf dem Weg nach Europa, wo sie im Rahmen eines klassischen Versteckspiels Zwischenaufenthalte in Brüssel und in Bonn einlegte. In der Bundesrepublik wurde der Leichnam zwei Monate lang zwischen alten Möbeln und Akten in der argentinischen Botschaft eingelagert.

Der nächste Aufenthalt Evitas war Rom, wo sie vorübergehend im einzigen protestantischen Friedhof der Stadt beigesetzt wurde. Da sich der Vatikan bereit erklärt hatte, bis auf weiteres als Hüter Eva Peróns zu fungieren, entsprach diese Art von Grab, das überdies einen fiktiven Namen aufwies, dem Bestreben des Vatikans, eventuelle Suchtrupps auf eine falsche Fährte zu locken. Als eine linksgerichtete römische Zeitung erfuhr, daß sie irgendwo in Rom begraben sei, ließ der Vatikan den Leichnam wieder exhumieren und unter der Obhut von Schwester *Giuseppina Airoldi* von der Gesellschaft des Heiligen Paul nach Mailand transportieren. Man hatte ihr gesagt, die Leiche in dem Sarg sei die einer italienischen Witwe namens Maria Maggi, die in Argentinien gestorben sei und in ihrem Testament bestimmt habe, daß sie in ihrer Heimatstadt Mailand begraben werden sollte. Schwester Giuseppina kümmerte sich um die Bestattung im Mailänder Musocco-Friedhof, wo Eva vierzehn Jahre lang im Garten 41, Grabstelle 86 ruhte.

Im April 1971 beschloß die neue argentinische Regierung, Eva Perón wieder ihren früheren Rang als »Señora Numero Uno« zurückzugeben, aber niemand in Buenos Aires wußte, wo sich Eva befand. Nicht einmal der in Madrid im Exil lebende Juan Perón wußte es. Bezahlte Agenten, Peróns engste Mitarbeiter und Privatdetektive begannen mit der Suche und durchforschten Rom, Buenos Aires und Madrid. Aber alles blieb vergeblich: Eva Perón war unauffindbar.

Es ist nicht sicher, wer im Vatikan verantwortlich war, aber einer von Peróns bezahlten Agenten erfuhr von einem »hochrangigen päpstlichen Mitarbeiter« die genaue Stelle, wo Eva Perón begraben war. Und so erschien im Juli 1971 ein Mann, der sich als Carlos Maggi, Bruder der fiktiven Maria, ausgab, mit einer notariell beglaubigten Genehmigung auf dem Mailänder Friedhof, um die sterblichen Überreste seiner »Schwester« exhumieren zu lassen. Der verrottete schwarze Holzsarg wurde im Leichenwagen eines Mailänder Bestattungsunternehmens zur französischen Grenze gebracht. Offenbar im Zusammenwirken der italienischen, französischen und spanischen Grenzbeamten und einigen Tricks von seiten des Vatikans überschritt Eva Peróns Leichnam ohne jeglichen Aufenthalt oder Überprüfung die Grenzen. Als Evita in Spanien eintraf, warteten dort bereits zwei Lastkraftwagen mit Gendarmen, die sie prompt auf ihren siebenhundertfünfundzwanzig Kilometer langen Weg nach Madrid begleiteten. Um einundzwanzig Uhr rollte der seltsame Konvoi durch das Tor des Hauses Nr. 6 in der Calle de Navalmanzano, wo Juan Perón auf den Stufen des Hauses auf seine tote Gattin wartete.

Der Leichnam wurde in einem Kellergeschoß untergebracht, und Dr. Ara begann mit einer genauen Untersuchung. Er stellte fest, daß sich seine Arbeit bestens bewährt hatte, allerdings waren beide Knie gebrochen, die Brust an fünf Stellen durchlöchert und die Nase zertrümmert. Des weiteren hatte man Evas blonde Locken in Höhe des Halses abgeschnitten, aber Farbe und Beschaffenheit ihrer Haut waren so natürlich, daß es aussah, als schliefe sie bloß.

Nach der Rückkehr Juan Peróns zur Macht im Oktober 1973 wurde die Leichenruhe der Evita zum – vorläufig – letzten Male gestört; ihre sterblichen Überreste wurden in ihr Heimatland zurückgebracht und in der Hauptstadt, wo sie soviel Gutes bewirkt hatte, beigesetzt.

Als ich vor nicht langer Zeit einen Sprecher des Vatikans fragte, ob er über die Irrfahrt von Eva Peróns Leichnam einen Kommentar abgeben könne, erklärte er, er wisse nichts über den Leichnam und habe auch keine Ahnung, wo er all die Jahre gewesen sei. Als ich darauf hinwies, daß Papst Pius XII. im Zusammenhang mit den heimlichen Bestattungen des Leichnams in Rom und Mailand eine Schlüsselrolle gespielt habe, entgegnete er, daß sich Päpste niemals mit solchen Angelegenheiten befaßten ...

9. KAPITEL

»UND SIE BEWEGT SICH DOCH!«

Am 12. März 1737, als der Leichnam des *Galileo Galilei* aus einer winzigen Kammer im Glockenturm neben der Kapelle der Heiligen Cosimo und Damiano geholt wurde, um in der Kirche Santa Croce in Pisa endgültig bestattet zu werden, schnitt ein fanatischer Bewunderer Galileis, ein Edelmann namens *Anton Francesco Gori*, drei Finger von der rechten Hand des Astronomen, um sie als Reliquie zu behalten. Zwei dieser Finger befinden sich heute im Privatbesitz eines Arztes und seiner Familie, während sich der rechte Mittelfinger im Museum für Wissenschaftsgeschichte in Florenz befindet. Auf einer Treppe im Saal Nr. 6 befindet sich ein Schaukasten, darin der verdorrte Finger in einem ovalen, goldgeschmückten Glasbehälter, der seinerseits auf einem zylinderförmigen Stück Marmor ruht, auf dem ein lateinischer Satz eines Astronomen der Universität Pisa eingemeißelt ist. Und, was merkwürdig genug ist, der Finger zeigt himmelwärts zum Firmament, gleichsam mit stiller Ironie.

Im gleichen Saal, der vollgestopft ist mit zahlreichen Gegenständen aus Galileis persönlichem Besitz (eine Linse, ein Kompaß, zwei Teleskope, Thermometer, ein Stuhl und vier hölzerne Bettfüße), wurde im November 1979 eine besonders bedeutsame Zeremonie abgehalten: Nach dreieinhalb Jahrhunderten war Galileo Galilei vom Vatikan rehabilitiert worden, und Papst *Johannes Paul II.* hatte dies öffentlich proklamiert. Galilei war im Jahr 1632 verurteilt worden, weil er bewiesen hatte, daß sich die Erde um die Sonne drehte, eine These, die im Gegensatz zur amtlichen Lehre der Kirche stand und wegen der er die letzten neun Jahre seines Lebens unter Hausarrest stand. Die Verurteilung durch den Vatikan erfolgte, weil Galilei die heliozentrische Theorie des *Nikolaus Kopernikus* unterstützte. Obwohl er öffentlich widerrief, erklärte er bei seinem Prozeß: *»E pur si muove!«* (Und sie bewegt sich doch!)

Galileis Fall ruhte in den Archiven des Vatikans, bis *Napoleon* die Originale der Prozeßakten als Teil seiner italienischen Kriegsbeute mit nach Paris nahm. Nach der Restauration der französischen Monarchie wurde das Dossier im Jahre 1846 dem Vatikan unter der Bedingung zurückgegeben, daß es französischen Gelehrten jederzeit zu Studienzwecken zugänglich sein müßte. Der Vatikan erklärte sich dazu bereit. Indessen interessierten sich keine französischen Gelehrten für die Dokumente - bis zu den frühen sechziger Jahren unseres Jahrhunderts, als Pater *Dominique Dubarle* gestattet wurde, sie zu untersuchen. Als Atomwisschenschaftler, dem es sehr am Herzen lag, die katholische Kirche mit der Wissenschaft zu versöhnen, verfaßte Dubarle ein juristisches Schriftstück, in dem er Galilei auf der Grundlage des kanonischen Rechts verteidigte, und wandte sich mit einer Petition für die Wiederaufnahme des Verfahrens an den Vatikan. Weder *Johannes XXIII.* noch *Paul VI.* zeigten besonderes Interesse für Dubarles Fall Galilei, dies blieb erst dem gegenwärtigen polnischen Papst vorbehalten, der immer schon eine besondere Anteilnahme an den wissenschaftlichen Arbeiten seines polnischen Landsmanns Kopernikus hatte, der an der Universität von Krakau studiert hatte.

Was die Großinquisitoren der römisch-katholischen Kirche vor etwa dreihundertfünfzig Jahren bestürzte, war die Theorie des kränkelnden italienischen Astronomen, wonach sich die Erde und die Planeten des Sonnensystems um die Sonne drehten und somit nicht die Erde, sondern die Sonne Mittelpunkt des bekannten Universums sei. Galilei entwickelte diese Theorie nach zahlreichen Beobachtungen durch sein Teleskop und aufgrund von Berechnungen, die fast hundert Jahre vorher von Kopernikus durchgeführt worden waren. Im Jahr 1616 erklärte die Inquisition die kopernikanische Lehre für falsch, und der Papst warnte Galilei, daß er sie nicht länger verteidigen oder lehren dürfe. Galilei erklärte sich bereit, sie nicht mehr zu erwähnen, aber nach weiteren sechzehn Jahren ständiger Beobachtungen durch ein Teleskop mit zweiunddreißigfacher Vergrößerung veröffentlichte er 1632 eine Schrift, in der er feststellte, er sei überzeugt, daß sich die Erde um die Sonne drehe. Galilei, der damals bereits im fortgeschrittenen Alter an verschiedenen Krankheiten litt, wurde vor ein aus sieben führenden Kardinälen des Vatikans bestehendes Tribunal gebracht, erduldete die zwei Tage währenden Verhöre, teilweise unter Androhung der Folter und in der Angst, daß man ihn als Ketzer auf dem Scheiterhaufen verbrennen könnte. Als er es schließlich nicht länger ertragen konnte, fiel Galilei auf die Knie, widerrief seine Theorie und bat die Inquisition um Gnade. Angesichts seines demütigen öffentlichen Widerrufs wurde er nicht zum Scheiterhaufen verurteilt, sondern zu zeitlich nicht begrenzter Kerkerhaft, die aber später in einen Hausarrest in Florenz und Siena umgewandelt wurde.

Eine der Ironien im Fall Galilei, die wohl typisch ist für die Art und Weise, in der der Vatikan manchmal handelt, ist die Tatsache, daß die *Verurteilung der Lehre des Kopernikus durch den Vatikan im Jahre 1835 zurückgenommen wurde, während die Verurteilung Galileis aufrechterhalten blieb.* Aber schließlich kam es doch zu einem guten Ende, und am 10. November 1979 sprach Papst Johannes Paul II. vor siebzig Mitgliedern der Päpstlichen Akademie der Wissenschaften und verkündete dabei die Rehabilitierung des Galileo Galilei. Der Papst erklärte in seiner Rede: »So wie die Religion der religiösen Freiheit bedarf, so beansprucht die Wissenschaft mit Recht die Freiheit der Forschung«. Darüber hinaus gab der Papst der Hoffnung Ausdruck, daß eine interdisziplinäre Untersuchung durch Historiker, Wissenschaftler und Theologen jenes Mißtrauen gegenüber der Wissenschaft zerstreuen würde, das in manchen Köpfen noch immer vorhanden sei.

Man ist fast versucht, entsprechend Galileis berühmten Ausspruch zu sagen: *»E anche si muove il Vaticano!«* (Und auch der Vatikan bewegt sich doch!)

10. KAPITEL

Mord im Vatikan?

Albino Luciani aus Venedig, der vierunddreißig Tage zuvor im vierten Wahlgang zum Pontifex gewählt worden war und den Namen *Johannes Paul I.* angenommen hatte, erhob sich am letzten Tag seines Lebens um fünf Uhr morgens, eine Gewohnheit, die er fast vom ersten Tag seines Pontifikats an pflegte. Die frühen Morgenstunden waren wegen der ungestörten Ruhe die Tageszeit, die er am liebsten hatte. Nachdem er in der wenige Meter von seinem Schlafraum gelegenen Privatkapelle die Messe zelebriert hatte, nahm er ein leichtes Frühstück zu sich und begann mit seiner Tagesarbeit. Es war Donnerstag, der 28. September 1978.

An diesem letzten Tag seines Lebens gab Johannes Paul I. eine Audienz für zehn Prälaten von den Philippinen und sagte zu ihnen in seinem charmanten Lehrbuchenglisch, Jesus habe wohl über die Notwendigkeit von Gerechtigkeit und gesellschaftlicher Befreiung hier auf Erden gesprochen, aber keineswegs die Freuden des himmlischen Königreichs verschwiegen. Der Vormittag war mit seinem gedrängten Terminplan, einschließlich dreizehn offiziellen Audienzen, von durchschnittlicher Art. Zwischendurch schaffte es Johannes Paul I. noch, vier römische Tageszeitungen durchzusehen, wobei er sein besonderes Augenmerk einem Bericht des italienischen Korrespondenten im Nahen Osten widmete, einem Thema, das ihn persönlich interessierte.

Am letzten Tag seines Lebens sprach der neue Pontifex mit dem Patriarchen *Hakim*, dem Vertreter der heute über Syrien und den Libanon verstreuten melchitischen Katholiken; Hakim überreichte Johannes Paul I. eine Christusikone und eine Ikone mit dem Bildnis der Jungfrau Maria. Am Vortag hatte Johannes Paul noch mehr als zehntausend Pilger in der neuen Audienzhalle, dem Nervi-Auditorium, begeistert. Es sollte seine letzte Generalaudienz gewesen sein. Wie es bei ihm üblich war, unterbrach er seine vorbereitete Rede und rief einen kleinen Jungen aus Rom, der die fünfte Schulklasse besuchte, zu sich aufs Podium. Der Papst adjustierte das Mikrofon entsprechend der Größe des Jungen und befragte ihn dann über die Schule. Der Junge sagte, er wolle immer in der fünften Klasse bleiben, weil er auf diese Weise nie die Lehrer wechseln müßte. Lachend meinte der Papst: »Nun, da unterscheidest du dich vom Papst. Als ich in der vierten Klasse war, machte ich mir Sorgen, ob ich in die fünfte käme, und als ich in der fünften war, ob in die sechste und so fort . . .«

Am letzten Abend seines Lebens nahm der Papst gegen zwanzig Uhr eine leichte Mahlzeit aus Kalbsbraten, Gemüse, Salat und einem Glas Weißwein zu sich. Nach dem Essen plauderte er noch mit seinem Staatssekretär Kardinal *Villot*, und um zweiundzwanzig Uhr zog er sich in sein einfaches Himmelbett zrück. Er griff zu einer Ausgabe des aus dem fünfzehnten Jahrhundert stammenden Werks von *Thomas von Kempen*, »Die Nachfolge Christi«. Einige Zeit später, etwa gegen 22.30 Uhr, rief ihn sein Sekretär, Pater *John Magee*, an, um ihm zu berichten, daß an diesem Abend ein linksgerichteter Student in der Innenstadt von Rom ermordet worden war. »Schießen diese jungen Leute wieder aufeinander? Es ist wirklich schrecklich«, sagte der Papst. Dies waren die letzten Worte, die man von ihm gehört hatte.

Am nächsten Morgen, als Mutter *Vincenza*, die den ehemaligen venezianischen Kardinal seit zehn Jahren betreute, ihn nicht wie gewöhnlich um 5.30 Uhr aus dem Schlafraum kommen und zur Morgenmesse in die Privatkapelle gehen sah, begab sie sich wie immer mit einer Tasse Kaffee zur Tür seines Schlafraums. Nachdem sie geklopft und keine Antwort erhalten hatte, holte sie den Privatsekretär des Papstes, Pater Magee. Dieser klopfte ebenfalls an die Tür des Schlafraums und wartete etwa dreißig Sekunden, ehe er nochmals klopfte, diesmal etwas stärker. Er wartete wieder ein wenig und wiederholte den Versuch. Immer noch kam keine Antwort. Vorsichtig öffnete Pater Magee die Tür und entschuldigte sich, während er den Kopf zur Tür hineinsteckte. Er erblickte Johannes Paul, über seinem aufgeschlagenen Buch zusammengesunken, das Licht brannte noch. Als der Papst nicht erwachte, war es Magee klar, daß ihm etwas zugestoßen war. Sofort wurde Kardinal Villot herbeigerufen. Später wurde festgestellt, daß der Papst bereits seit einigen Stunden tot gewesen war. Um 7.42 Uhr gab der Pressesprecher des Vatikans, Pater *Romeo Pancirolli*, einer von Entsetzen gelähmten Welt die Todesnachricht bekannt. Es wurde verlautbart, die Todesursache sei entweder ein Schlaganfall oder ein Herzinfarkt gewesen.

In den folgenden Tagen herrschte allgemeine Verwirrung darüber, was den Tod des Papstes verursacht habe. Die traditionalistische katholische Organisation *Civiltá Cristiana* stellte formal den Antrag, der Vatikan möge eine Untersuchung über die Umstände des Todes des Papstes durchführen. Die Organisation schlug eine Obduktion vor, da die Welt »die *wahren* Gründe für Johannes Pauls Tod« wissen wolle. Italienische Zeitungen griffen das Thema auf, und es kam zu einer immer stärkeren Kontroverse, als Sprecher des Vatikans erklärten, es würde keine Obduktion geben. Der Vatikan war nicht bereit, dies zu begründen. Eine der führenden Zeitungen Italiens, das Mailänder Blatt *Corriere della Sera*, brachte auf der ersten Seite einen Artikel unter der Schlagzeile *»Warum wird eine Obduktion abgelehnt?«* und wies darauf hin, daß es keine vatikanischen Bestimmungen gebe, die eine Obduktion ausschlössen, und auch keine sie ausschließenden Präzedenzfälle. Das Blatt wies darauf hin, daß im Jahr 1830 eine Obduktion am Leichnam des Papstes *Pius VIII.* vorgenommen worden sei, der im Alter von neunundsechzig Jahren nach nur achtzehnmonatiger Amtszeit gestorben war. Das Blatt meinte, die Kirche habe nichts zu verlieren, aber in Wirklichkeit alles zu gewinnen, besonders angesichts des Umstands, daß keiner der fünfzehn Ärzte des vatikanischen Gesundheitsdienstes bereit war, sich über den Tod des Pontifex zu äußern. Auf diplomatische Art fügte die Zeitung hinzu, das *»Zeitalter der Verbrechen im Vatikan sei eine Sache der Vergangenheit«*, aber Neugierde sei im Zusammenhang mit dem unerwarteten Tod Johannes Pauls durchaus verständlich.

In Turin äußerte sich die zweitwichtigste Zeitung Italiens, *La Stampa*, noch deutlicher, indem sie meinte, die unhaltbare Entscheidung des Vatikans *»ließe die Situation verdächtig* *erscheinen«*. Indessen ging kein italienisches Blatt so weit, zu meinen, daß der Papst ermordet worden sei. Der Vatikan hingegen ignorierte alle Forderungen und gab bekannt, jegliche weiteren Erklärungen über den Tod des Papstes kämen einer peinlichen Kapitulation vor dem Druck der Öffentlichkeit gleich. Der Vatikan erklärte, die Verwendung des lateinischen Ausdrucks *mysterium mortis*, mit dem ein Kardinal den Tod Johannes Pauls beschrieb, sei nicht als Hinweis auf die Umstände seines Todes zu deuten, sondern vielmehr als eine Bezeichnung des »Mysteriums des Todes« im allgemeinen - daß niemand die Stunde kenne oder die Art und Weise, in der der Tod komme, und daß »die Wege des Herrn« unerforschlich seien. Weiter verwies der Vatikan darauf, daß Artikel 17 der apostolischen Verfassung die Obduktion von Päpsten implizit ausschlösse.

Nachdem der Papst unter großem Anteil der Weltbevölkerung beigesetzt und sein Nachfolger gewählt worden war - der erste polnische Papst in der Geschichte und der erste nichtitalienische Papst seit vierhundertfünfundfünfzig Jahren -, legten sich auch die Fragen und Gerüchte um die nicht stattgefundene Obduktion, die Todesursache und den Verdacht übler Machenschaften.

Doch Gewalttätigkeiten sind in der Vatikangeschichte nicht unbekannt. Papst *Benedikt VII.* wurde im Jahr 983 n. Chr. in seinem päpstlichen Palast vergiftet; eine von fünf deutschen Gelehrten an dem im Jahr 1047 verstorbenen Papst *Klemens II.* durchgeführte Obduktion ergab, daß Gift die Todesursache gewesen war. Klemens war erst seit einem Jahr Papst, ehe er im Zuge der damals zwischen Deutschland und Rom schwelenden Rivalität einem Attentat zum Opfer fiel. Die Umstände seiner Vergiftung konnten nie festgestellt werden, aber die vielen von Klemens eingeführten Neuerungen führten dazu, daß er sich im Vatikan eine Reihe von Feinden machte. Im 16. Jahrhundert war der Vatikan Schauplatz eines Mordversuchs an Papst *Leo X.*, eine Episode, die mit der Hinrichtung der Verschwörer, darunter zwei Kardinäle, endete. Ein weiterer Papst, *Lucius II.*, starb im Jahre 1145 eines gewaltsamen Todes, als sich der Bruder eines Gegenpapstes zum Herrscher ausrief und

Lucius einen Angriff der päpstlichen Truppen gegen Rom führte. Die genauen Umstände von Lucius' Tod sind nicht klar, aber der Vatikan hat einmal offiziell zugegeben, daß er an einer von einem Stein verursachten Wunde gestorben sei.

Keine Gewalttätigkeit solcher Art gab es im Zusammenhang mit dem unerwarteten Tod *Johannes Pauls I.*. Der Pontifex, der einen Herzinfarkt hinter sich hatte, schien sich zu Tode gearbeitet zu haben. Noch drei Tage, bevor er starb, hatte ihn sein Leibarzt aufgefordert, sich zu schonen, aber Johannes Paul hörte nicht auf ihn. Er absolvierte weiterhin sein gewaltiges Arbeitspensum und arbeitete oft noch im Bett sitzend bis nach Mitternacht. Sein Tod kam für seinen Bruder Edoardo nicht überraschend. Er berichtete mir, es habe in seiner Familie noch drei andere Fälle eines plötzlichen Todes ohne jegliche Vorwarnung gegeben, wobei die Betreffenden ungefähr im gleichen Alter wie sein Bruder gewesen seien. Zwei Großtanten des Papstes mütterlicherseits seien auf ähnliche Weise, ein Urgroßvater mütterlicherseits sei auf ebendiese Weise gestorben. Die Schwester des Papstes, Antonia Luciani, erzählte mir, ihr Bruder sei in seinem Leben achtmal im Krankenhaus gewesen und war nicht bei bester Gesundheit, auch wenn er zur Zeit seiner Wahl zum Papst keinesweg krank gewesen war.

Einer der Gründe für die große Geheimnistuerei im Zusammenhang mit dem Tod Johannes Pauls war vermutlich darin zu suchen, daß es beim Tode Papst *Pius' XII.* fast einen Skandal wegen des Verkaufs von Fotografien des sterbenden Papstes gegeben hatte. Damals hatte der Vatikan zum ersten Mal einen Privatdetektiv beschäftigt, einen gewissen *Tom Ponzi*. Er sollte den Schuldigen aufspüren, der die Bilder angefertigt hatte, und das Geheimnis so streng bewahren, daß es der Welt niemals bekannt würde.

Der aufkommende Skandal hatte seine ursprünglichen Wurzeln in der Zeit der ersten ernstlichen Erkrankungen des Papstes Pius im Oktober 1953, als sein Leibarzt, Dr. *Riccardo Galeazzi Lisi*, Dr. *Paul Niehans* hinzuzog. Niehans leitete eine Klinik für Frischzellentherapie am Genfer See und zählte zahlreiche prominente Persönlichkeiten zu seinen Patienten, darunter Winston Churchill, Somerset Maugham, Konrad Adenauer, den Aga Khan und Christian Dior. Viele sahen ihn als einen Wundertäter an, andere Angehörige des Ärztestandes hingegen hielten ihn für einen Quacksalber und Scharlatan, auch darum, weil die von ihm angewandten sogenannten Frischzellen aus Schafsföten stammten.

Niehans eilte in den Vatikan und gab Pius eine Reihe von Injektionen, die das Befinden des Papstes offenbar besserten. Aber ein Jahr später wurde der Pontifex wieder krank, diesmal noch schlimmer als zuvor, und wieder wurde Dr. Niehans zugezogen, um den Papst mit seinen umstrittenen Injektionen zu behandeln. Wieder zeigte der Papst eine erhebliche Besserung und konnte an seinen Schreibtisch zurückkehren, wo er bei guter Gesundheit bis zum November 1954 tätig war. Zu diesem Zeitpunkt jedoch erkrankte er sehr schwer. Wieder wurde Dr. Niehans von Dr. Galeazzi Lisi herbeigerufen. Indessen zog jemand anderer in der Kurie auch Dr. *Raffaele Paolucci* hinzu, den damals besten Chirurgen. Dr. Niehans und Dr. Paolucci unterzogen den Papst einer gründlichen Untersuchung, und beide stellten fest, daß er an einer schweren Hernie (Eingeweidebruch) litt. Hinsichtlich der Behandlung waren sich die beiden Ärzte allerdings uneins: Paolucci empfahl eine sofortige Operation, während Dr. Niehans meinte, der Papst benötige weitere Frischzelleninjektionen. Galeazzi Lisi stellte sich auf die Seite Dr. Niehans'; und es wurden noch zwei weitere Spezialisten zugezogen, die sich aber nicht festlegen wollten. Angeekelt und verärgert durch die Ränkespiele verließ Dr. Paolucci den Vatikan. Dr. Niehans verabreichte seine Injektionen, und der Papst erholte sich.

Anzumerken ist, daß der römische Adelige *Eugenio Pacelli*, der dann *Pius XII.* wurde, eine Reihe von Eigentümlichkeiten hatte; die dauernde Beschäftigung mit seinem Gesundheitszustand war nur eine davon. So hatte er beispielsweise einen Komplex gegenüber Stubenfliegen, die er als gefährliche Krankheitsüberträger bezeichnete. Immer wenn er eine Fliege entdeckte, im Arbeitsraum oder im Schlafgemach, jagte er ihr sofort mit einer Fliegenklatsche nach, die er an einem Gürtel unter seiner Robe ständig mit sich führte. Dies war eine eher harmlose Schwäche, seine Hypochondrie indessen war eine ernste Sache, denn zu seinen eingebildeten Krankheiten zählten ein chronischer Zahnschmerz mysteriösen Ursprungs, ein unregelmäßiger Puls, der ihn ein Herzleiden befürchten ließ, Gallenanfälle oder Leberstörungen, eine vergrößerte Prostata und Anämie.

Während es sich bei all dem um eingebildete Leiden handelte, litt Pius sehr wohl an Dickdarmentzündung und chronischer Gastritis, die aber nach Meinung Galeazzi Lisis einerseits direkte Folgen der Hypochondrie des Heiligen Vaters waren, andererseits aus der Anwendung einer schädlichen Behandlungsmethode durch einen der päpstlichen Zahnärzte herrührten. Pius, der schon seit früher Jugend mit seinen Zähnen Schwierigkeiten gehabt hatte, reinigte sie täglich mehrmals mit einer Zahnpasta, die ein Apotheker seines Vertrauens eigens für ihn angefertigt hatte; dann spülte er den Mund mit einer starken astringierenden Lösung und massierte dann sein Zahnfleisch mit sterilisierten Wattebäuschchen, die er vorher in ein Desinfektionsmittel tauchte.

Trotz dieses umständlichen Zahnpflegerituals war der Papst überzeugt, daß sein Zahnfleisch ernstlich geschädigt sei. Obwohl ihm sein Dentist versicherte, daß es für seine Sorgen keine organischen Schäden gäbe, wandte sich der Papst an einen obskuren römischen Dentisten, der ihm ein »Heilmittel« für sein angeblich schlechtes Zahnfleisch verschaffte. Dieser Dentist war allerdings tatsächlich ein Quacksalber, und er verabreichte Pius ein starkes Präparat, nämlich eine Chromsäurelösung, eine Substanz, die vor allem in der Gerberei Verwendung findet. Indessen ist Chromsäure nicht nur schädlich für das Zahnfleisch, sondern darüber hinaus ein langsam wirkendes Gift. Im Lauf der Jahre schluckte Pius größere Mengen dieses Mittels, das dann auch ein Magenleiden hervorrief, ihn seiner Kraft beraubte und schließlich das Leben kostete. Die durch die Einnahme von Chromsäure verursachte Magenentzündung verschlimmerte sich und wurde durch schmerzhafte Krämpfe des Zwerchfells kompliziert, die wieder Anfälle von Schluckauf verursachten.

Papst Pius hielt sich noch bis Ende September 1958 verhältnismäßig gut, dann aber, während er in der päpstlichen

Sommerresidenz in Castel Gandolfo Urlaub machte, erkrankte er wieder ernstlich. Obwohl Dr. Niehans erneut geholt wurde, verschlimmerte sich der Zustand des Papstes immer mehr, und am 9. Oktober 1958 starb er im Alter von dreiundachtzig Jahren unter großen Schmerzen als Opfer der Alchimisten und Quacksalber, deren Hilfe er gesucht hatte. Dr. Galeazzi Lisi äußerte öffentlich die Meinung, daß der Tod Pius' XII. von Quacksalbern verschuldet worden sei.

In italienischen Zeitungen begannen dann verschiedene sensationelle Berichte über den seltsamen Tod des Pius zu erscheinen, gespickt mit zunehmend gemeinen und übertriebenen Meldungen über den Zustand des Papstes zum Zeitpunkt seines Todes. Trotz seiner bekannten Tüchtigkeit konnte der vatikanische Geheimdienst nicht eruieren, wer für diese Vorgänge verantwortlich war. Aber wer dieser Informant auch gewesen war, er erhielt für diese sensationellen Berichte zweifellos viel Geld von allen möglichen europäischen Blättern. Den größten Schock aber erlebte der innere Kreis des Vatikans, als sich herausstellte, daß irgend jemand heimlich einen Schmalfilm vom Sterben des Papstes aufgenommen hatte, der ihn in allen Stadien des Todeskampfes, bis zum endgültigen Eintritt des Todes zeigte. Dieser Filmstreifen wurde von Unbekannten an den Meistbietenden versteigert. Über einen Mittelsmann machte der Vatikan ein Höchstangebot und kaufte auf diese Weise den Film auf.

Dem Privatdetektiv Tom Ponzi wurde nun die Sonderaufgabe übertragen, den unbekannten Informanten der Zeitungen aufzuspüren. Größte Geheimhaltung war erforderlich, denn wäre es jemals bekanntgeworden, daß der Vatikan einen Privatdetektiv angeheuert hatte, um herauszufinden, wer seine Geheimnisse verrate, dann hätte sich die Kirche in den Augen der ganzen Welt lächerlich gemacht. Aus diesem Grund mußte Ponzi seine Nachforschungen mit größter Diskretion und vollster Vertraulichkeit durchführen. Er sah sich vor die Tatsache gestellt, daß einige der ärztlichen Berichte über den Zustand des Papstes zutreffend gewesen waren, obwohl einige verzerrt oder mit Andeutungen ausgeschmückt worden waren. Ponzi schloß daraus, daß der Informant eine Person sein müsse, die Zugang zum Krankenzimmer des Papstes hatte und auch einiges von Medizin verstand. Da so viele Ärzte konsultiert worden waren und da eine Anzahl von geistlichen Krankenschwestern, ja sogar Kardinäle und Priester aus dem päpstlichen Mitarbeiterstab mit dem Fall zu tun hatten, nicht zu reden von den nächsten Familienangehörigen des Papstes, war Ponzis Aufgabe keineswegs leicht. Der Hauptverdacht fiel jedoch auf Dr. Niehans, der wegen seiner Publizitätsgier einen zweifelhaften Ruf genoß. Die Untersuchung zeigte auch, daß in fast allen Sensationsberichten über den Papst Dr. Niehans' Frischzellentherapie lobend erwähnt wurde, ja sogar, daß er das Leben des Papstes zweimal gerettet habe. Aber wie so oft, der erste Verdächtige war auch der erste, der von dem Verdacht befreit wurde, da Ponzis hartnäckige Recherchen eindeutig ergaben, daß Dr. Niehans nicht der Missetäter gewesen war.

Der Reihe nach konnten verschiedene Verdächtige von Ponzis Liste gestrichen werden, und schließlich stieß er auf den Schuldigen. Sein umfangreicher Bericht an den Vatikan und den neuen Papst, *Johannes XXIII.,* verursachte ungläubiges Staunen. Das Rätsel im Vatikan war gelöst. Der geheime Informant war auf Ponzis erster Liste einer der am wenigsten verdächtigen Personen gewesen, aber die Tatsachen bewiesen eindeutig, daß der Leibarzt des Papstes, Dr. *Riccardo Galeazzi Lisi*, der Übeltäter war. Er wurde sofort auf Lebenszeit aus dem Vatikan verbannt, und eine schnell einberufene Versammlung des römischen Ärzteverbandes beschloß, nach einer umfassenden Befragung in geschlossener Sitzung, ihn aus ihren Reihen zu streichen – ein Akt, der einer Aberkennung seiner Lizenz zur Ausübung der ärztlichen Praxis in Italien gleichkam. Dr. Galeazzi Lisi verließ darauf sofort das Land und gründete eine Klinik für Verjüngungskuren in einem kleinen Städtchen gleich jenseits der italienisch-französischen Grenze.

Das Thema päpstliche Leibärzte im Zusammenhang mit unsauberen Praktiken ist keineswegs neu: Der Tod des Vorgängers Pius' XII., des ehemaligen *Achille Ratti* (Papst *Pius XI.*), war von politischer Bedeutung – denn hier ging es um *»Mord à la Vatikan«*.

Die Ermordung des Pius XI. wurde zu einem Problem für

den Vatikan, nachdem Kardinal *Eugenio Tisserant* in einer Klinik in Albano Laziale starb. Wenige Minuten nach Bekanntwerden seines Todes eilten Beamte des Vatikans in die Räume des Kardinals im Vatikan, um seine Tagebücher herauszuholen, in denen er Tag für Tag über einen Zeitraum von sechzig Jahren Notizen und Kommentare über vatikanische Angelegenheiten eingetragen hatte. Allerdings kamen sie zu spät. Irgend jemand hatte die Papiere Tisserants an sich gebracht, wenige Augenblicke bevor die vatikanischen Agenten eingedrungen waren. Der Papst hatte angeordnet, daß Tisserants Aufzeichnungen konfisziert und in Verwahrung genommen werden sollten, da man ihn als äußerst offenherzig und geradeheraus kannte und weil er unter anderem allzu viele Einzelheiten über den Mord an Papst Pius XI. und dessen Mörder wußte und die Kurie diese Angelegenheit weiterhin verborgen halten wollte.

Es dauerte nicht lange, bis der Vatikan mit Hilfe seines Agentennetzes herausgefunden hatte, wer die Tisserant-Papiere entwendet hatte. Es war der französische Monsignore *Georges Roche* gewesen, ein langjähriger Freund Tisserants, der von dem Kardinal gerufen worden war, um ihm die Sterbesakramente zu erteilen. Monsignore Roche war von Tisserant beauftragt worden, seine Tagebücher abzuholen, ehe der Vatikan sie in die Hände bekam, und sie irgendwo zu verstecken, wo sie niemand mehr finden könnte. Die Tisserant-Dokumente machten ziemlich klar, daß Pius XI. von einem vatikanischen Arzt namens Professor *Francesco Petacci* getötet worden war. Dr. Petacci, Vater der Geliebten Mussolinis, der Filmschauspielerin Claretta Petacci, starb im Juni 1970, neunzehn Monate vor Tisserant.

Pius XI. war vierundsechzig Jahre alt, als er 1922 als Überraschungskandidat zum Nachfolger des Papstes *Benedikt XV.* gewählt wurde. Der Kompromißkandidat, der von Papst Benedikts Staatssekretär, Kardinal *Pietro Gasparri* (den Pius XI. später aus verschiedenen Gründen entlassen mußte), gefördert wurde, war zur Zeit seiner Wahl zum Papst völlig unbekannt, da er die meiste Zeit seines Lebens Bibliothekar gewesen war. Fünfundzwanzig Jahre war er in der Ambrosianischen Bibliothek in Mailand tätig gewesen und hatte dann fünf Jahre als Leiter der vatikanischen Bibliothek gearbeitet (in dieser Zeit hatte er einem jungen französischen Gelehrten, dem Pater Eugenio Tisserant, geraten, ebenfalls Bibliothekar zu werden). Die Bibliotheksarbeit beanspruchte fast seine ganze Zeit, und sein einziges anderwärtiges Interesse war das Bergsteigen.

Nach der Wahl zum Papst versprach *»Papa Ratti«*, wie ihn die Italiener liebevoll nannten, zunächst die Politik Benedikts fortzuführen, aber bald nach seiner Inthronisation wurde es offenbar, daß er darüber hinaus andere Ziele anstrebte. Er war ein Mann von ungewöhnlich starker Haltung und klaren Vorstellungen über das, was er zu tun gedachte, und er hatte die feste Absicht, die sogenannte *Römische Frage* zu lösen, die den Heiligen Stuhl in Konflikt mit dem italienischen Staat gebracht hatte. Ferner wollte er die internationale Bedeutung des Vatikans stärken. Diese Zielsetzungen hingen natürlich miteinander zusammen, aber sie bedeuteten auch, daß man zu einer Einigung mit *Benito Mussolini* kommen mußte, der die Macht in Italien an sich gerissen hatte.

Der »Duce« baute den Einflußbereich seines faschistischen Regimes systematisch aus, aber er war klug genug, sich mit dem Vatikan nicht anzulegen, da seine Anhänger ja zumeist auch eifrige Katholiken waren. Er selber verabscheute alle Religionen; doch obwohl er den Katholizismus als solchen niemals annahm, erkannte Mussolini ihn gleichwohl als eine politische Kraft an, die ihm nützlich sein konnte, wenn er mit ihr kollaborierte. Da der Papst dieselbe Auffassung vertrat und Mussolini als »schicksalhaften Mann« für den Vatikan erachtete, der die unnatürliche Kluft zwischen Kirche und Staat überbrücken könnte, war es sicherlich besser für den Vatikan, einen wenn auch unsicheren Waffenstillstand zwischen der Kirche und dem italienischen Staat zu erreichen.

Dies war die Situation, in der am 11. Februar 1929 die *Lateranverträge* unterzeichnet wurden, die die *Lösung der Römischen Frage* brachten und zur *Gründung des Kirchenstaates* führten, der nun mit jedem anderen Staat diplomatisch und politisch auf gleicher Ebene verkehren konnte. Es heißt, Pius habe damals gesagt, er würde mit dem Teufel einen Pakt unterzeichnen, »wenn dies zum Wohle der Kirche geschähe«. Und vielleicht hat er es auch getan ...

Während das Konkordat darauf abzielte, umstrittene Fragen zwischen Kirche und Staat friedlich beizulegen, verletzte das diktatorische Regime Mussolinis zunehmend die fundamentalsten Menschenrechte und verstieß gegen bestehende Verträge.

Im März 1937 veröffentlichte Pius XI. zwei scharf gehaltene Enzykliken, eine davon in deutscher Sprache, betitelt *»Mit brennender Sorge«*. Beide verurteilten die Vergöttlichung einer Rasse und stellten die erste päpstliche Konfrontation des Papsttums mit dem Nationalsozialismus dar. Im Juni des gleichen Jahres veröffentlichte das Heilige Offizium einige äußerst kritische Bemerkungen über ein Buch eines italienischen Autors, der Hitlers Rassentheorien predigte, die, auf Italien angewandt, angeblich dem Land nützen würden.

Diese Verurteilung hinderte die Faschisten nicht an der Übernahme nazistischer Rassentheorien in Italien und führte zu erheblichen Spannungen zwischen dem Regime Mussolinis und dem Vatikan. Faschistische Funktionäre forderten, der Vatikan solle sich, entsprechend den Bestimmungen der Lateranverträge, aus der Politik heraushalten, während Sprecher des Vatikans zu wiederholten Malen darauf hinwiesen, die betreffende Angelegenheit sei nicht politischer, sondern seelsorgerischer Art. Im Sommer 1938 hielt der Papst eine Reihe von Ansprachen, in denen er Italiens »übertriebenen Nationalismus« ebenso scharf angriff wie die zunehmend rassistischen Maßnahmen der Nationalsozialisten in Deutschland. Ferner berief Pius einen amerikanischen Gelehrten, den Jesuitenpater *John LaFarge*, zu sich und beauftragte ihn mit der Ausarbeitung einer *Enzyklika gegen Rassismus, Antisemitismus und Totalitarismus* (siehe 3. Kapitel: Die nie veröffentlichte Enzyklika). Als der Erzbischof von Wien, Kardinal *Innitzer*, den Anschluß Österreichs an das Deutsche Reich als »Werk der Vorsehung« bezeichnete, erklärte der Vatikan öffentlich, er übernehme keine Verantwortung für diese Erklärung, berief den Kardinal nach Rom und legte ihm nahe, seine Erklärung zurückzunehmen.

Inmitten all dieser Verwicklungen besuchte Pius XI. am 3. Februar 1939 das Kanadische Kollegium anläßlich dessen 50. Jubiläums. In seiner Ansprache ließ er durchblicken, daß er dem Kollegium einen weiteren Besuch abstatten wollte. Zwei Tage später erlitt Pius jedoch einen schweren Kollaps, und offenbar im Bewußtsein seines nahenden Todes vertraute er vatikanischen Würdenträgern an, er habe nur noch einen großen Wunsch, den Gott ihm gewiß gewähren würde: Er wollte bis zum Sonntag, dem 11. Februar, durchhalten, dem Jahrestag seiner Krönung und dem 10. Jahrestag der Lateranverträge. Doch in der Woche hatte er zwei Herzanfälle, und am späten Abend des 10. Februars verschlechterte sich sein Befinden rapide. Am 11. Februar, um 5.31 Uhr morgens, starb Pius XI. im Alter von zweiundachtzig Jahren.

Die Tisserant-Papiere weisen darauf hin, daß Benito Mussolini durchaus ein Motiv für ein rasches Ableben Pius XI. hatte. Trotz seiner angegriffenen Gesundheit hatte der kämpferische Greis ein Sonderkonklave der italienischen Bischöfe für den 11. Februar einberufen. Er hatte vorgehabt, bei dieser Gelegenheit den Faschismus formell anzugreifen und das Konkordat mit der Begründung zu verurteilen, daß der Duce auf Hitlers Wunsch eine Reihe von rassistischen und antisemitischen Gesetzen durchgesetzt habe. Nachdem sich Mussolini in den späten zwanziger Jahren so sehr bemüht hatte, den Vatikan durch Abschluß eines Konkordats mit seinem Regime zu versöhnen und dadurch mehr Unterstützung im italienischen Volk zu gewinnen, wollte er nicht, daß der Papst zehn Jahre später vom Konkordat zurücktrete, insbesondere da Italien inzwischen ein Bündnis mit Nazideutschland eingegangen war und sich nun mit England und Frankreich im Kriegszustand befand. Zur Wahrung seines Gesichts bei seinem eigenen Volk brauchte er den Vatikan auf seiner Seite, wenn schon nicht in Wirklichkeit, so doch wenigstens dem Anschein nach.

Als er den Verdacht schöpfte, daß Papst Pius in einem offenen Brief an die Bischofsversammlung sowohl den Faschismus als auch das Konkordat verurteilen würde, beauftragte Mussolini seine Informanten im Vatikan, herauszufinden, was der Papst genau in diesem Brief schrieb. Trotz strengster

Geheimhaltung der neuen Papsterklärung gab es einige enge Vertraute, die Bescheid wußten - darunter Kardinal Tisserant. Man bemühte sich, den Pontifex zu überreden, das geplante Konklave nicht zusammentreten zu lassen, aber obwohl sich sein Herz in denkbar schlechtem Zustand befand, arbeitete er jede Nacht an seiner Ansprache, während sich die vatikanischen Ärzte um den todkranken Mann kümmerten. Tisserant war damals Chefbibliothekar der vatikanischen Bibliothek, aber als Freund Pius' hatte er ständigen Zutritt zum Heiligen Vater.

Etwa vierundzwanzig Stunden, ehe Pius seine Anklagerede halten wollte, begab sich Dr. *Petacci* - der vorher noch nie in den Schlafgemächern des Papstes gewesen war - zu ihm und verabreichte ihm eine Injektion, die ihn töten sollte. Pius XI. starb am folgenden Morgen, genau an jenem Morgen, an dem seine Abrechnung mit dem Faschismus bekannt werden sollte. Der schriftliche Text seiner Rede wurde nie gefunden, und somit gibt es keinen handfesten Beweis, daß Pius XI. die Anklage tatsächlich niedergeschrieben hatte. Und so gibt es auch keinen wirklichen Beweis dafür, daß Mussolini diesen Mann liquidieren ließ.

Die Zweifel bleiben.

11. KAPITEL

DER VATIKAN UND DIE KENNEDYS

Wenn ein Land keine formellen diplomatischen Beziehungen mit dem Vatikan unterhält, aber freundschaftliche Kontakte auf der Grundlage gegenseitiger Achtung unterhält, dann ernennt der Papst als seinen Vertreter in diesem Land keinen Botschafter *(Nuntius)*, sondern einen *Apostolischen Delegaten*, der die Lage der Kirche in dem ihm zugewiesenen Gebiet zu beobachten hat. So wie ein Botschafter informiert auch der Apostolische Delegat den Papst über die Lage in seinem Dienstbereich. Obwohl der Apostolische Delegat kein diplomatischer Gesandter im formellen Sinn des Wortes ist und nicht die diesem zustehenden diplomatischen Rechte und Immunitäten genießt, räumen die Vereinigten Staaten und fünfzehn weitere Staaten dem jeweiligen Apostolischen Delegaten de facto die gleichen Privilegien ein.

Die Stelle eines Apostolischen Delegaten in den Vereinigten Staaten wurde 1893 von Papst *Leo XII.* geschaffen. Schon von Anfang an erhielt dieser Apostolische Delegat die Vollmacht, in Diözesanangelegenheiten endgültige Entscheidungen fällen zu können, ohne vorher in Rom rückfragen zu müssen. Um die Bedeutung dieser Übertragung von Vollmachten durch den Papst an einen anderen Mann zu verstehen, muß man wissen, daß der katholische Klerus in den Vereinigten Staaten sich lange Zeit hindurch in einem Zustand des Durcheinanders befand, hauptsächlich deshalb, weil es auf amerikanischem Boden keine bevollmächtigte Zentralverwaltung gab. Dieses Durcheinander wurde durch die zahlreichen Einwanderer vergrößert, die verschiedene Sprachen sprachen, häufig ihre nationalen Eigenheiten pflegten und dadurch miteinander in Konflikte gerieten. Selbst heute noch besteht eine gewisse Abneigung zwischen den *irisch*-amerikanischen Katholiken (die im amerikanischen Klerus, vor allem an der Spitze, vorherrschen) auf der einen Seite und den drei anderen ethnischen Gruppen – den *polnisch*-amerikanischen, den *italienisch*-

amerikanischen und den *deutsch*-amerikanischen Katholiken auf der anderen. Diese Rivalität ist eine durchaus begreifliche Erscheinung, da sich die politische Macht innerhalb der amerikanischen katholischen Kirche praktisch ausschließlich in den Händen von Amerikanern irischer Herkunft befindet. Das zeigt auch die Tatsache, daß die große Mehrheit des Klerus, einschließlich der Kardinäle und Bischöfe, irischer Abkunft ist. Diese Vorherrschaft der Iren in der amerikanischen katholischen Kirche irritierte die im Vatikan regierenden Souveräne seit fast einem Jahrhundert.

Es ist daher nicht verwunderlich, daß der Apostolische Delegierte, der das geräumige Gebäude in der Massachusetts Avenue NW 1312 bewohnt, wo sich die Zentrale der katholischen Kirche Amerikas befindet, fast immer ein Italiener gewesen ist. Auf diese Weise wollten die Päpste sichergehen, daß die »irische Häresie« des amerikanischen Katholizismus unter der Kontrolle eines Mannes blieb, dessen Treue in erster Linie Rom galt.

Zu den Aufgaben eines Apostolischen Delegaten zählen Angelegenheiten sozialer Art, aber seit dem Aufstieg des Vatikans zu einem multinationalen Wirtschaftsfaktor auch Geld- und Finanzangelegenheiten. Der Apostolische Vertreter muß daher auch in wirtschaftlichen Dingen beschlagen sein.

Egidio Vagnozzi war ein solcher Mann. Nachdem er neun Jahre lang als Apostolischer Delegat in den Vereinigten Staaten gedient hatte (und davor weitere zehn Jahre im Büro der Apostolischen Delegation in Washington tätig gewesen war), fungierte Kardinal Vagnozzi viele Jahre lang, bis zu seinem Tod im Dezember 1980, als vatikanischer »Finanzminister« in Rom. Es war Papst *Johannes XXIII.*, der Vagnozzi zum Apostolischen Delegaten in den Vereinigten Staaten ernannte, wo er an die Stelle Amleto Cicognanis trat, als dieser nach Rom zurückkehrte, um seine Aufgaben als Staatssekretär des Vatikans aufzunehmen. Obwohl Kardinal Vagnozzi ursprünglich Philosophie und Theologie studiert hatte, entwickelte er sich zu einem ausgezeichneten Kenner der amerikanischen Wirtschaft und zum großen Bewunderer »amerikanischer Geschäftsmethoden«. Mit Hilfe des Kardinals *Spellman* von

New York, der selber Finanzfachmann war, und einem Team freiwilliger Berater aus dem Umfeld des »Big Business« hielt sich Kardinal Vagnozzi über die Entwicklungen in der Finanz- und Geschäftswelt auf dem laufenden. Man nahm daher mit gutem Grund an, daß im Vatikan niemand über ein so umfassendes Wissen über ökonomische Zusammenhänge verfügte wie der »Finanzminister« des Papstes.

Es war auch Kardinal Vagnozzi, der dem Vatikan einen »negativen Bericht« über *John F. Kennedy* unterbreitete, als dieser sich um die amerikanische Präsidentschaft bewarb. Vagnozzis wohlüberlegtes Urteil besagte, daß Kennedy zwar praktizierender Katholik war und daß er aus einer Familie stammte, deren Spenden an die Kirche sehr großzügig waren, daß er aber nie »der Mann des Vatikans im Weißen Haus« werden und in einem etwaigen Ernstfall dem Vatikan nicht viel nützen würde. Vagnozzi sollte mit dieser Analyse Recht behalten.

Dies wird durch einen Zwischenfall bestätigt, der im November 1961 stattfand und dessen Erscheinen in der Presse der Vatikan mit Erfolg unterbinden konnte. In diesem Jahr wollte der ehemalige Apostolische Delegat in den Vereinigten Staaten, Kardinal *Cicognani* (der inzwischen vatikanischer Staatssekretär geworden war), anläßlich eines Besuchs in den Vereinigten Staaten Präsident Kennedy aufsuchen. Er versuchte, einen Termin für einen Höflichkeitsbesuch beim Präsidenten zu erhalten, aber es wurde ihm mitgeteilt, daß Kennedy mit dringenden Angelegenheiten beschäftigt sei und ihn daher nicht empfangen könne. Ein zweiter Versuch seiner Eminenz wurde ebenfalls vereitelt, indem ihn ein Funktionär des Weißen Hauses offen daran erinnerte, daß die amerikanische Regierung die Regierung des Vatikanstaats offiziell nicht anerkenne und daß daher ein Besuch des vatikanischen Staatssekretärs den Präsidenten in Verlegenheit bringen würde. In der Hoffnung, einige Verbindungen spielen lassen zu können, überredete der damalige Bischof *Vagnozzi* den Kardinal Cicognani, noch einen Tag in Washington zu bleiben. Vagnozzi bewog eine prominente Persönlichkeit in der Regierung Kennedy, die zum katholischen Glauben übergetreten war, ein Zusammentreffen zu arrangieren. Schließlich gab das Weiße Haus nach und setzte einen Termin für den Besuch des Staatssekretärs des Heiligen Stuhls unter der Bedingung fest, daß dieser Besuch als Privatbesuch gewertet würde. Kardinal Cicognani traf in Begleitung des Apostolischen Delegaten Vagnozzi, den Instruktionen gemäß, am Hintereingang des Weißen Hauses ein und wurde dort zum Haupteingang geleitet, wo ihn der Präsident formell begrüßte. Während der etwa zwanzig Minuten, die Kennedy mit dem Vertreter des Vatikans verbrachte, durften weder Pressefotografen noch Journalisten anwesend sein.

Während seiner langen Dienstzeit als Apostolischer Delegat in Washington war Cicognani von mehreren amerikanischen Präsidenten protestantischen Glaubens empfangen worden. Der vatikanische Würdenträger hatte daher nicht erwartet, daß ihm ein katholischer Amtsinhaber im Weißen Haus die kalte Schulter zeigen würde. Es sollte aber noch schlimmer kommen. Acht Tage später, als der protestantische Wanderprediger *Billy Graham* Präsident Kennedy einen Höflichkeitsbesuch abstattete, wurde für ihn buchstäblich der rote Teppich am Haupteingang ausgelegt, trotz der Tatsache, daß sich Graham in der Präsidentschaftskampagne des Jahres 1960 für den Vizepräsidenten *Richard M. Nixon* stark gemacht hatte. Bischof Vagnozzi war zunächst erstaunt, daß das Weiße Haus den Fotografen gestattet hatte, zahlreiche Aufnahmen zu machen, war aber über den Präsidenten noch mehr enttäuscht, als dieser sich weigerte, Bundesmittel für Konfessionsschulen zu bewilligen. Angesichts der Tatsache, daß protestantische Präsidenten wie *Hoover*, *Roosevelt*, *Truman* und *Eisenhower* sich gegenüber der katholischen Kirche geneigter gezeigt hatten als Kennedy, hörte man seinen Namen im Vatikan nur noch mit Mißvergnügen.

Die Gattin des Präsidenten, *Jacqueline Kennedy*, der vielleicht nicht klar war, daß man ihren Gatten im Vatikan nicht besonders schätzte, wollte ein Jahr später etwas vom Vatikan, und sie wandte sich unauffällig über verschlungene politische Kanäle an Papst *Johannes XXIII.* mit einer Bitte, die allerdings bedeutete, daß der Papst bestimmte kirchliche Bestimmungen verletzen oder umgehen müßte. Als sie mit ihrem Versuch begann, hatte sie Papst Johannes noch nicht kennengelernt, daher legte sie ihren Fall einflußreichen Freunden vor, die Zugang zum Papst hatten. Sie wollte vom Vatikan die Annullierung der ersten Ehe ihrer Schwester Lee erwirken. Lee wollte ihre Angelegenheiten in Ordnung bringen, da sie den Prinzen Stanislaus Radziwill in einer Ziviltrauung geheiratet hatte. Aufgrund des Rates eines prominenten römischen Anwaltes, Professor Fernando della Rocca, hegte Mrs. Kennedy folgenden Plan. Sie richtete auf Briefpapier des Weißen Hauses ein Schreiben an den damaligen Schweizer Präsidenten *Phillip Etter*, der sich bereit erklärt hatte, diese Bitte dem Papst persönlich vorzutragen. Bei der Fürbitte im Namen der Prinzessin Radziwill ging es um den Glauben dieser Frau und ihre Hoffnung, wieder in der Kirche zugelassen zu werden. Allerdings schlug der Plan fehl, denn der Papst war äußerst ungehalten. Er teilte Etter mit, er könne sich nicht persönlich mit dieser Sache befassen, dies sei eine Angelegenheit der dafür zuständigen Behörde, nämlich der *Sacra Rota.*

Aber Mrs. Kennedy ließ nicht locker. Am 10. März 1962 wurde sie vom Papst Johannes in Sonderaudienz empfangen. Er zeigte sich äußerst liebenswürdig und erzählte der First Lady sogar etwas über ihren Gemahl, das sie selber nicht gewußt hatte: Im Jahr 1939 hatte John F. Kennedy im Alter von zweiundzwanzig Jahren einer Bildhauerin für ein Holzpaneel Modell gestanden, das Teil eines Altars werden sollte, der sich heute im Vatikan befindet. Kennedy stand der aus Polen gebürtigen Künstlerin *Irene Baruch* Modell. Die Künstlerin, die ein Modell für einen Engel benötigte, für eines der zwölf Paneele, die eine lebensgroße Statue der hl. Theresa umgaben, erblickte im jungen Kennedy mit seinem Lockenhaar und der jugendlichen Würde im Ausdruck genau das, was sie für die Darstellung des Engels suchte. Das betreffende Paneel zeigte einen Engel mit Schwingen (Kennedy) über der heiligen Theresa schwebend, während sie ein Buch schreibt; eine Hand ruht auf ihrer Schulter, mit der anderen umfaßt er den Rand des Buches. Ursprünglich hatte die Bildschnitzerin vorgehabt, den Altar einer Kirche in Belgien zu schenken, aber als er endlich fertiggestellt war, herrschte Krieg in Europa, und Belgien war von deutschen Truppen besetzt. Ein Geistlicher riet ihr dann, den Altar dem Vatikan zu schenken. Mrs. Kennedy war von dieser Geschichte sehr angetan, und als sie sich vom Papst verabschiedete, gab er ihr noch eine vage Zusage, daß etwas für ihre Schwester getan werden würde.

Und so war es dann auch: Im November 1962 wurde die erste Ehe ihrer Schwester annulliert, und Lee heiratete Fürst Radziwill nochmals, diesmal am 3. Juli 1963 in einer streng geheim gehaltenen kirchlichen Zeremonie in London. Um Mrs. Kennedy die Annullierung zu ermöglichen, hatte die *Sacra Rota* mehrere hundert Seiten Stellungnahmen in lateinischer Sprache zusammengetragen, die nachwiesen, daß Lee zur Zeit ihrer Eheschließung nicht an deren Unauflöslichkeit geglaubt hatte. Dies war der juristische Ausweg, den die *Sacra Rota* zur Rechtfertigung ihres Urteils gefunden hatte, während sich Papst Johannes als päpstlicher Lobbyist betätigte. Dieses Urteil wurde vom Vatikan nie veröffentlicht, und auch Mrs. Kennedy und ihr Gemahl haben diesen Sachverhalt nie der Presse zugänglich gemacht.

12. KAPITEL

Das dritte Geheimnis von Fatima

Der wohl unglaublichste Grund für eine Flugzeugentführung wurde 1981 von einem ehemaligen Trappistenmönch namens Laurence Downey genannt, der - mit einer Pistole und einer Handgranate bewaffnet - dem Piloten eines irischen Düsenflugzeugs vor dem Anflug auf den Londoner Flughafen Heathrow befahl, nach Frankreich weiterzufliegen und in Paris zu landen. Dort gab er bekannt, daß er alle Fluggäste und die Mannschaft töten würde, wenn sich der Vatikan nicht bereit erklärte, das »dritte Geheimnis von Fatima« zu enthüllen, das der Papst angeblich im Jahr 1960 hätte veröffentlichen sollen. Ohne daß ein Schuß fiel, wurde das Flugzeug von französischen Gendarmen gestürmt, die Downey ergriffen und in eine psychiatrische Anstalt einlieferten. Das sogenannte »Dritte Geheimnis von Fatima« bleibt weiterhin im Vatikan unter Verschluß, dreißig Jahre nachdem es hätte veröffentlicht werden sollen. Es bleibt eines der merkwürdigsten Geschichten des 20. Jahrhunderts. Im Jahr 1960 wartete die Welt mit angehaltenem Atem auf die Enthüllung des bizarren Geheimnisses durch den regierenden Papst *Johannes XXIII.,* aber als er es las, sei er so erschüttert gewesen, daß er den Inhalt nicht preisgeben wollte. Sein *Nein* war eindeutig.

Das alles ist sehr merkwürdig, und wenn man klarer sehen will, muß man zurückgehen bis zum 13. Mai 1917, an dem drei sehr junge Schafhirten - die zehn Jahre alte *Lucia Dos Santos,* ihr neun Jahre alter Cousin *Francisco Marto* und seine ebenfalls neunjährige Schwester *Jacinta* - auf einer hochgelegenen Weide namens Cova da Iria die Erscheinung einer kleinen Frauengestalt in einem äußerst hellen Licht erblickten. Die kleine Frauengestalt sagte, daß sie vom Himmel gekommen sei, und einen Monat später, am 13. Juni, wiederkommen würde, um öffentlich ein Wunder zu vollziehen. Fünfzig Beobachter kamen, um die Erscheinung zu bezeugen. Dabei führte Lucia ein Gespräch mit einer (unsichtbaren) Person; die Zeugen hörten eine Explosion und sahen aus einem Baum eine Wolke aufsteigen. Während der zweiten Erscheinung bat Lucia die Frauengestalt, sie, ihre Cousine und ihren Cousin in den Himmel zu führen. Die Frauengestalt entgegenete, sie werde Francisco und Jacinta »bald« zu sich nehmen, Lucia aber würde auf Erden bleiben, um das Werk des Herrrn zu tun. (Etwa zwei Jahre später fiel Francisco einer weltweiten Grippeepidemie zu Opfer; zwei Monate später starb auch seine Schwester Jacinta.)

Am 13. Juli kehrten die Kinder zur selben Stelle zurück, wo ihnen die kleine Frauengestalt drei Prophezeiungen enthüllte, die dann dem Bischof von Leiria übergeben und später dem Vatikan weitergeleitet wurden. Das erste Geheimnis besagte, der große Krieg würde bald zu Ende gehen, aber ein neuer Krieg würde in dem Jahr kommen, in dem der Papst sterbe (der zweite Weltkrieg begann 1939, und im selben Jahr starb Papst *Pius XI.*). Das zweite Geheimnis besagte, daß Rußland in der ganzen Welt Kriege verursachen würde und daß viele Länder zerstört würden, wenn sich Rußland nicht zum Katholizismus bekehrte. Die letzte Prophezeiung wurde geheim gehalten.

Bei der dritten Erscheinung waren etwa sechzig Dorfbewohner zugegen, aber keiner sah etwas, außer den ekstatischen Antlitzen von Lucia, Jacinta und Francisco. Die Anwesenden hörten, wie Lucia aufgeregt Fragen an ein »Etwas« im Laubwerk einer Eiche stellte, vernahmen aber keine Antwort, obwohl die beiden anderen Kinder erklärten, daß sie alles mithörten.

An dem Tag, an dem die Erscheinung (Nummer vier) wieder auftreten sollte, konnten die drei Kinder nicht zur Cova da Iria gehen, denn sie wurden von einigen Beamten absichtlich zurückgehalten, die ihnen das Geständnis entlocken wollten, daß sie ihre Visionen erfunden hätten. Allerdings ohne Erfolg. Den Kindern wurde ein großer Bottich mit siedendem Öl gezeigt, und es wurde ihnen gedroht, daß man sie hineinwerfen werde, wenn sie kein Geständnis ablegten. Etwa 15.000 Personen begaben sich an diesem Tag zu jener Weide. Trotz ihrer Enttäuschung über die Abwesenheit der beiden Mädchen und des Knaben (man sagte, sie befänden sich im Gefängnis), sahen die

Anwesenden eine weiße Wolke und einen hellen Blitz. Die Behörden, die wegen der durch die Festnahme der Kinder ausgelösten Proteste beunruhigt waren, ließen die Kinder wenige Tage später frei. Am 19. August begaben sich Lucia, Francisco und Jacinta allein auf die besagte Weide, und wieder erschien ihnen die kleine Frauengestalt. Einen Monat später, am 13. September kam es zur fünften Erscheinung, in deren Verlauf die Frauengestalt den Kindern in Gegenwart von 30 000 Menschen mitteilte, daß sie am 13. Oktober »ein Wunder vollbringen würde, damit alle glauben werden«. Dies sollte jedoch ihr letztes Erscheinen sein.

Am Morgen des 13. Oktober erschienen trotz strömenden Regens nach polizeilichen Schätzungen mehr als siebzigtausend Schaulustige und begannen mit dem Aufstieg zur Weide. Viele Menschen waren die ganze Nacht unterwegs gewesen und waren bis auf die Haut durchnäßt. Anwesend waren auch einige Reporter sowie Vertreter der Kirche und des Staates. Der Regen dauerte bis gegen Mittag und ging dann in ein Nieseln über. Wieder erzählten die drei Kinder von der Erscheinung der Frauengestalt, die aus einer tiefhängenden Wolke herabgestiegen und dann wieder aufgestiegen sei. Indessen ereignete sich an diesem Tag etwas sehr Merkwürdiges. Der Morgen war noch naß und grau gewesen, aber plötzlich riß die Wolkendecke auf und enthüllte einen strahlend blauen Himmel. Die Sonne kam zum Vorschein, und dann schien sie mit einem Mal zu beben, zittern, tanzen und sich hin- und herzubewegen. Dann kamen starke Strahlen grünen, roten, blauen und violetten Lichts herabgeschossen und strichen über Bäume, Felsen und Erde. Dieses erstaunliche Schauspiel dauerte zehn Minuten, während die Menge in ehrfurchtsvoller Regungslosigkeit verharrte. Viele Menschen sanken im Schlamm auf die Knie, flehten mit lauter Stimme Gott um ihre Rettung an oder beteten schluchzend zur Jungfrau Maria. Nach diesem solaren Feuerwerk zog sich die Sonne wieder im Zickzack zurück ins Firmament, und dann – als wäre ein Wunder nicht genug – entdeckte die Menge, daß die Kleider, die eben noch naß gewesen waren, jetzt völlig trocken waren, und auch der Boden unter ihren Füßen nicht mehr schlammig und feucht war.

Einer der an diesem Tag anwesenden Journalisten war ein Redakteur der Zeitung *O Seculo* namens *Avelino de Almeida,* der als Freimaurer, antiklerikaler Schriftsteller und extremer Skeptiker hinsichtlich der Erscheinungen von Cova da Iria bekannt war. Nachdem er schon vorher deutlich gemacht hatte, daß er nicht an Wunder glaube, begab er sich dennoch zu dieser Weide, um zu sehen, was dort vor sich gehe, um als Augenzeuge eine Enthüllungsstory über die Ereignisse dieses Tages zu schreiben. Hier der Wortlaut seiner Aussage in der Ausgabe des folgenden Tages:

»Offensichtlich außerhalb jeglicher Naturgesetze kam es zu einem plötzlichen Zittern und zu Bewegungen der Sonne – gleichsam zu einem Tanzen, wie es die Bauern in ihrer typischen Sprache formulierten –, während die erstaunte Menge in Ehrfurcht verharrte. Es bleibt Sachkundigen vorbehalten, diesen makabren Tanz der Sonne zu bewerten, der heute in Fatima den Gläubigen Hosiannarufe entlockte, und natürlich – wie mir glaubwürdige Zeugen versichern – sogar Freidenker und andere, an religiösen Dingen keineswegs interessierte Personen tief beeindruckte. Für den Ungläubigen war es ein einmaliges Schauspiel, das er, wäre er nicht Augenzeuge gewesen, nicht geglaubt hätte. Man sieht eine riesige Menge, die sich der nun von allen Wolken befreiten Sonne zuwendet, und er hört, wie die nächststehenden Zuschauer ›Ein Wunder! Ein Wunder!‹ rufen.«

Nach den Ereignissen des 13. Oktober, worüber alle der etwa 70 000 Anwesenden einhellig dieselben Einzelheiten berichteten, akzeptierte der Bischof von Leiria die Visionen der Kinder als Marienerscheinungen, obwohl ihm klar war, daß die Behörden im Vatikan in bezug auf die Anerkennung von Erscheinungen sehr vorsichtig und mißtrauisch waren. Die Frauengestalt hatte Lucia mitgeteilt, daß sie die Errichtung einer Kapelle in Cova da Iria wünsche. Und so wurde 1929 mit der Errichtung einer Basilika begonnen, die 1944 fertiggestellt und 1953 geweiht wurde. Am 13. Mai 1967 – dem 50. Jahrestag der ersten Erscheinung – zelebrierte Papst Paul VI. im Nationalheiligtum *Unsere Frau vom Rosenkranz von Fatima* eine Messe, und betete im Angesicht von mehr als einer Million Zuschauer für den

Frieden. In diesem Gebiet befinden sich heute mehrere Krankenhäuser, die die zahllosen, auf eine Heilung hoffenden Kranken aufnehmen. Nach offiziellen Angaben sind – aufgrund entsprechender medizinischer Prüfungen – über 800 Fälle von Wunderheilungen verzeichnet und bestätigt worden. Alljährlich pilgern fast eine Million Menschen nach Fatima und konkurrieren damit Lourdes als Anziehungspunkt für die Gläubigen.

(Was Lucia Dos Santos betrifft, so ist zu sagen, daß sie im Jahr 1921 in einer Konfessionsschule in Oporto untergebracht wurde. Fünf Jahre später begann sie ihr Noviziat bei den Schwestern der St. Dorothea und legte im Jahr 1934 ihr Gelübde ab. Heute lebt die über achtzigjährige Schwester Lucia in einem Kloster der Karmeliterinnen im portugiesischen Coimbra, wo sie 1948 eintrat. Sie nahm den Namen Schwester *Maria das Doras* (Maria, die Bekümmerte) an, aber alle nennen sie immer noch Schwester Lucia. Sie hat ein Büchlein mit dem Titel »Fatima« verfaßt, von dem bis heute mehr als eine Million Exemplare verkauft wurden.)

Was das »dritte Geheimnis von Fatima« betrifft, so hat die diesbezügliche Neugierde auch dann nicht nachgelassen, als der Sekretär des Papstes Johannes, Erzbischof Capovilla, bekanntgab, der Papst habe beschlossen, das Dokument weiterhin unter Verschluß zu halten. Sieben Jahre später, im Jahr 1967, als ein neuer Papst auf dem Stuhl Petri saß, verkündete der Vorsitzende des Heiligen Offiziums, Kardinal *Alfredo Ottaviani,* daß der Vatikan das Geheimnis auch weiterhin bewahren werde. Als er diese Erklärung abgab, wurde er gefragt, ob es zutreffe, daß Papst Pius XII. ohnmächtig geworden sei, als er vom Inhalt des Geheimnisses erfuhr. Kardinal Ottaviani wollte das Gerücht weder bestätigen noch dementieren, fügte aber hinzu, daß das Geheimnis ausschließlich für den jeweiligen Papst bestimmt sei. Von wirklicher Bedeutung für die Öffentlichkeit sei vielmehr die *Botschaft* von Fatima.

Höchstwahrscheinlich wird der Vatikan das Geheimnis nie veröffentlichen. Allerdings kann man innerhalb der Leoninischen Mauern eine angebliche »Kopie« des letzten Geheimnisses erhalten, das sozusagen als Vatikanisches Äquivalent der russischen Samisdat-Presse erschienen ist. Es ist vielleicht nicht authentisch, aber manche Vatikanbewohner schwören auf die in ihrem Besitz befindlichen Durchschläge dieses Textes. Dieses Untergrundpapier erwähnt auch die Prophezeiung eines Heiligen aus dem 13. Jahrhundert, der – als Schriftsteller – im Vatikan als *persona non grata* gilt, da er unter anderem folgendes verkündete: »Das Papsttum nähert sich seinem Ende. Nach der Herrschaft von Johannes Paul II wird es nur mehr zwei Päpste geben ...« Diese Aussage ist wohl kaum glaubwürdig, wenn man bedenkt, daß sie vor mehr als siebenhundert Jahren gemacht wurde. Quelle dieser Aussage ist der Heilige Malachias, dessen Schriften eine Reihe erstaunlicher Prophezeiungen über künftige Päpste und die Zukunft der römisch-katholischen Kirche enthalten, die bisher allesamt wahr geworden sind. Diese Prophezeiungen, die Jahrhunderte vor der Zeit gemacht wurden, in der sie sich laut Malachias erfüllen würden, sind vom Vatikan nie akzeptiert worden. Allerdings bemerkt man in kirchlichen Kreisen während und nach jedem Konklave stets eine rege Nachfrage nach Malachias obskurem Buch, und die religiösen Buchhandlungen Roms verzeichnen stark gestiegene Umsätze.

Wer war dieser Malachias und warum wird er siebenhundert Jahre nach seinem Tod vom Vatikan noch immer verabscheut? Zum einen wird Malachias immer dann aktuell, wenn die Wahl eines neuen Papstes ansteht. Die am Konklave teilnehmenden Kardinäle werden in der Zeit zwischen dem Tod eines Papstes und der Wahl seines Nachfolgers, dem Interregnum, von den sich wieder in aller Munde befindlichen äußerst undurchsichtigen Prophezeiungen heimgesucht. Der Umstand, daß seine unheimlichen Voraussagen vor allem die Journalisten beflügeln – und zwar weit über die Bedeutung des Malachias in der Kirchengeschichte hinaus – ärgert den Vatikan immer wieder.

Malachias, dessen vollständiger Name Mael Maedoc Ua Morgair lautet, wurde im Jahr 1094 im irischen Armagh geboren. Er war zunächst Ortspfarrer, brachte es dann in der kirchlichen Hierarchie bis zum Bischof und zum Primas des heute als Nordirland bekannten Gebietes. Er starb im November 1148, nach dem er einige innerkirchliche Intrigen überstanden hatte, die der niedrige Klerus gegen ihn angezettelt hatte, um ihn am Amtsantritt zu hindern. Aufgrund seiner zahlreichen guten Taten wurde er später heiliggesprochen. Im Gegensatz zu vielen anderen Heiligen seiner Zeit ist das Leben des Malachias gut dokumentiert. Ein Zeitgenosse, der Heilige Bernhard von Clairvaux, schrieb ausführlich über Malachias und seine prophetischen Gaben. Eine der Prophezeiungen des Malachias enthielt sogar Tag und Stunde seines Todes.

Die Prophezeiungen des Malachias beginnen mit Papst Cölestin II. (1143) und reichen bis zu einer Zeit, in der »das Ende der Welt« kommt. In dem in lateinischer Sprache und in Form dunkler Hinweise abgefaßten Text wird Cölestin als »Ex castro Tiberias« bezeichnet, was »aus einem Kastell am Tiber« übersetzt wird. Da Cölestins Familienname Guido de Castello lautete, muß sich der Hinweis auf diesen Namen beziehen. Der Hinweis auf den nächsten Papst, *Lucius II.*, lautet »der ausgestoßene Feind«, wieder ein Hinweis auf den Familiennamen. In diesem Fall lautete er Caccianemici: »cacciare« bedeutet »ausgestoßen« und »nemici« ist »der Feind«. In der dritten Prophezeiung lautete der Hinweis »von dem großen Berge«. In diesem Fall enthielt der Familienname des Papstes *Eugen III.* nichts, was auf eine Enthüllung der Prophezeiung hindeutete, aber der Papst kam aus einem italienischen Bergstädtchen namens »Montemagno«, was »großer Berg« heißt.

Da alle drei erwähnten Päpste zu Malachias Lebenszeit ihr Amt antraten, hat man dem Propheten oft »Verfälschung« vorgeworfen. Malachias hielt aber an diesem Punkt nicht inne, sondern gab ebenso verborgene Hinweise auf sämtliche nachfolgenden Päpste, einschließlich des gegenwärtigen. Diese Hinweise haben sich in Bezug auf alle seither gewählten Päpste als erstaunlich zutreffend erwiesen.

So beschrieb beispielsweise Malachias vor über siebenhundert Jahren den Papst *Johannes XXIII.* als »Pastor und Seefahrer«. Johannnes war sowohl Seelsorger als auch Patriarch von Venedig, jener Stadt der Kanäle, die einst die Meere beherrschte. *Paul VI.* wurde als »Blume der Blumen« beschrieben, was, wie sich herausstellen sollte, Malachias Hinweis auf Pauls Waffen war, das ein sich wiederholendes Muster von jeweils drei Blumen aufwies. In bezug auf *Johannes Paul II.* sagte Malachias, er würde durch das »Werk der Sonne« gekennzeichnet sein. Auch das erwies sich als erstaunlich korrekt, da Johannes Pauls Mitra ein golddurchwirktes Muster zeigt, besetzt mit kostbaren Edelsteinen, die wie die Sonne funkeln.

Der nach Johannes Paul II. kommende Papst wird, laut Malachias, durch »die Pracht des Olivenbaums« gekennzeichnet sein, was also noch offenbleibt. Danach soll »Peter, der Römer« kommen, der der letzte Papst sein wird. Malachias drückte dies so aus, daß in der Zeit der letzten Verfolgung der heiligen römischen Kirche in Rom »Peter der Römer« regieren und seine Herde unter vielen Schwierigkeiten ernähren werde. Danach werde die Stadt der sieben Hügel zerstört, und der schreckliche Richter werde das Volk richten.

Die Gelehrten im Vatikan machen sich über Malachias lustig. Nach ihrer Aussage handelt es sich bei den Prophezeiungen um eine im 16. Jahrhundert von einem Mönch zusammengestellte Fälschung, der behauptete, er habe sie bei den persönlichen Habseligkeiten des Heiligen entdeckt. Was die auf die Periode nach dem 16. Jahrhundert bezogenen Prophezeiungen anbelangt, so meinen die Vatikanvertreter abschätzig, daß es sich in jedem einzelnen Fall um reine Zufälle handle. Aber was auch immer katholische Kleriker von Malachias Worten halten mögen, man findet sie jedenfalls nicht in der Vatikanischen Bibliothek - sein Buch ist von dort für alle Zeiten verbannt.

Ebenfalls aus der Vatikanischen Bibliothek verbannt ist ein heutiges Vatikan-Samisdat (verfaßt von einem gewissen »Monsignore Crockett«, offensichtlich ein Pseudonym), der, ausführlich Malachias zitierend, die Spekulation untermauert, wonach das »dritte Geheimnis von Fatima« mit dem Ende des Papsttums oder der katholischen Kirche zu tun haben soll. Sollte das stimmen, dann würde es das Entsetzen des Papstes Johannes XXIII. (und vielleicht auch des Pius' XII.) erklären. Das Samisdat meint, wenn sich die Prophezeiung auf einen weiteren schrecklichen Krieg beziehe, einen Krieg, der die gesamte Menschheit zerstöre (zum Beispiel ein weltweiter nuklearer Holocaust), dann könnten die Kirchenvertreter dies noch akzeptieren. Aber, so fragt das Samisdat weiter, würden sie auch die Zerstörung der katholischen Kirche akzeptieren, wenn die Welt trotzdem weiterbestünde?

»Im übrigen gibt es noch eine letzte Fußnote, die sich auf das «dritte Geheimnis von Fatima» und die Prophezeiungen des Malachias bezieht, und diese findet sich in dem Samisdat: Der Name des letzten Papstes, der bis 1999 regieren wird, lautet Peter. Und das war auch der Name des ersten Papstes.

Diesbezüglich steht das Urteil der Geschichte noch aus...

13. KAPITEL

Das Retortenbaby

An einer stillen Straße in den östlichen Vororten von Moskau, weit entfernt vom Roten Platz und den Zwiebeltürmen des Kreml, steht das Institut für Experimentalbiologie der Akademie der Wissenschaften. Hinter den Mauern an der Baltiskaja-Straße Nr. 8 arbeiten die Biologen an einer Sache, die, so hofften sie, der phantastischste biologische Durchbruch des 20. Jahrhunderts werden würde: Die sowjetischen Forscher versuchten, als erste *ein menschliches Wesen zu produzieren, das die vollen neun Monate seines pränatalen Wachstums in der Retorte verbracht hätte.* Einmal war es ihnen bereits gelungen, einen Fötus außerhalb des Mutterleibs bis sechs Monate lang am Leben zu erhalten. Dies wurde erreicht, indem man ein befruchtetes Ovum einer Frau in einem besonderen Glasgefäß aufbewahrte, das mit Fruchtwasser gefüllt war, jener Flüssigkeit, in der der menschliche Embryo heranwächst. So wie es dem Kreml im Jahr 1957 gelungen war, die Arbeiten am ersten Sputnik als Staatsgeheimnis zu hüten, so wurde auch das Retortenbaby mit einem eisernen Vorhang des Schweigens umgeben.

Dennoch war etwas durchgesickert. Die Quelle war Dr. *Angelo Petrucci*, ein italienischer Arzt, der mit diesem Experiment einige Jahre früher begonnen und sich damit starken Angriffen von seiten des Vatikans ausgesetzt hatte.

In seinem Laboratorium im Bologna, Via Ruini 3, war es dem wohlhabenden Chirurgen gelungen, einen menschlichen Embryo neunundzwanzig Tage lang in einem Glasbehälter am Leben zu erhalten, ehe er sich zum Abbruch entschloß. Als praktizierender Katholik wollte Dr. Petrucci nicht gegen die Lehren seiner Kirche verstoßen, zumal man in Rom Kritik an seinen Experimenten geübt hatte. Nach einer Unterredung mit Vertretern des Vatikans nahm Dr. Petrucci seine Pionierarbeit wieder auf und hielt ein weiteres Versuchsbaby, es war weiblichen Geschlechts, volle neunundfünfzig Tage am Leben. Es starb infolge eines Fehlers. Dr. Petrucci stellte jedoch sein Projekt, die Geburt eines voll entwickelten Babys aus der Retorte, ein, als das halbamtliche Blatt des Vatikans, *L'Osservatore Romano*, seine Arbeit mit folgenden Worten verurteilte: »Gott umgab den Akt der Schaffung eines menschlichen Wesens mit der höchsten Mitwirkung von Liebe, Natur und Gewissen. Eine Verletzung dieser Bedingungen wäre in höchstem Maße ungeheuerlich.«

Dies ereignete sich im Sommer 1961. Im November desselben Jahres beschloß man in der Sowjetunion, angesichts der Kurzsichtigkeit des Vatikans, Petrucci in der Sache auszunützen, bei der ihn der Vatikan dummerweise im Stich gelassen hatte. Er wurde eingeladen, nach Moskau zu kommen und dort mit Biologen über seine Arbeit zu sprechen. Die sowjetischen Wissenschaftler feierten ihn überschwenglich und schickten ihn, mit einer Ehrenmedaille ausgestattet, erst wieder nach Hause, nachdem sie ihn zwei Monate lang für Konferenzen, Diskussionen, Versammlungen, Expertentreffen, Vorlesungen und Laboratoriumsversuche im Institut für Experimentalbiologie eingespannt hatten.

Wie war es Dr. Petrucci gelungen, zwei menschliche Föten neunundzwanzig beziehungsweise neunundfünfzig Tage lang am Leben zu erhalten? Die Antwort war dieselbe, die für die Arbeiten in Moskau galt, die von Dr. *Iwan Nikolajewitsch Maiscki*, dem Direktor des Institutes, geleitet und von Dr. *Pjotr Anokschin* durchgeführt wurde. Die Russen bereiteten für den letzteren, einen glänzenden Biologen aus Leningrad, eine weltweite Propagandakampagne für den Zeitpunkt vor, an dem das von ihm herangezogene neue Wesen - der erste *»Bionaut«* der Welt - zum Menschengeschlecht stoßen sollte.

Der Bionauten-Versuch begann damit, daß Dr. Petrucci einer Frau, die aufgrund einer Krebserkrankung nicht schwanger werden konnte, auf operativem Weg ein Ei entnahm. Er brachte dieses Ei mit dem Samen eines Mannes zusammen, der sich für unfruchtbar gehalten hatte. Die Befruchtung erfolgte in einem besonderen Glasgefäß, gefüllt mit Fruchtwasser, das zu diesem Zweck einer schwangeren Frau entnommen worden war.

Anfangs erlebte Dr. Petrucci mehr als vierzig Fehlschläge. Alle Eier starben wenige Tage nach erfolgter Befruchtung in dem als Mutterleib dienenden Glas. Eines Tages jedoch hatte er eine Idee: Er beschloß, ein Ei zu verwenden, das entsprechend dem Menstruationszyklus für die Befruchtung bereit war. Durch bestimmte chemische und biochemische Tests an einer Patientin gelang es ihm, ein Ei zu extrahieren, das genau an diesem Tag für die Befruchtung bereit war. Dieses wurde dann in das Fruchtwasser eingebracht. Durch Röhrchen wurde Sauerstoff hineingepumpt und dadurch die bestmöglichen Bedingungen für die Vereinigung des männlichen Spermas mit dem weiblichen Ei geschaffen.

Diesmal ging das Ei Dr. Petruccis nicht schon nach wenigen Tagen zugrunde. Als der Kern der Keimzelle sich zu teilen, wieder zu teilen und zu vergrößern begann, war es Dr. Petrucci klar, daß er sich auf dem richtigen Weg befand. Als der Fötus die Form eines Babys im frühesten Stadium aufwies und sich am neunundzwanzigsten Tag die Beine zu entwickeln begannen, tötete Dr. Petrucci es wegen der gegen ihn gerichteten Kritik. Eine italienische Zeitung, die Dr Petruccis Fötus den Spitznamen *»Das Ding«* verliehen hatte, schrieb, er schaffe ein Frankenstein'sches Monstrum. Nachdem sich das Aufsehen gelegt hatte, wiederholte der Doktor die unglaublichen Versuche in aller Stille, und es gelang ihm, einen Fötus neunundfünfzig Tage lang am Leben zu erhalten. Der Fötus hatte bereits Ohren, Augen, Hals, Geschlechtsorgane, das Herz und die Nabelschnur entwickelt. In der siebenten Woche konnte Petrucci am Embryo bereits die Augenentwicklung erkennen. Am neunundfünfzigsten Tag versagte das Herz, und der Embryo starb, weil die besondere Nährflüssigkeit, die Petrucci eingeführt hatte, sich als nicht mehr wirksam erwies. Die Russen setzten dort fort, wo Petrucci aufgehört hatte.

Der bärtige italienische Wissenschaftler und Gewebespezialist ersuchte den Vatikan dringend um die Erlaubnis zur Fortsetzung seiner Experimente. Er versuchte einer Gruppe von Kardinälen klarzumachen, daß es ihm nicht unbedingt um die Schaffung menschlichen Lebens außerhalb eines Mutterleibs als Selbstzweck gehe. Seine Versuche dienten im speziellen dem Aufzüchten menschlicher Gewebe und Drüsen, die nicht nur transplantabel sein sollten, sondern vom Körper eines Menschen, der dies benötigte, auch angenommen würden. Weiter erklärte Petrucci den Kardinälen, seine Versuche hätten bereits Hinweise gegeben, wie das Leben zahlloser ungeborener Kinder gerettet werden könnte. Er war überzeugt, die Beobachtung lebender Zellen in einem Versuchsglas habe bereits einige Ursachen von Fehlgeburten erhellt, und er meinte, seine Experimente würden unter anderem den Nutzen bringen, daß Ärzte Mittel und Wege finden könnten, um Fehlgeburten zu vermeiden.

Kurz bevor Dr. Petrucci im Oktober 1973 im Alter von einundfünfzig Jahren unerwartet an einem Herzanfall starb, erzählte er mir im Verlauf eines Gesprächs: »Eines meiner Ziele ist es, Frauen zu Kindern zu verhelfen, denn ich bin betroffen über die große Zahl von Frauen, die Fehlgeburten erleiden, insbesondere bei der ersten Schwangerschaft. Somit sind meine Forschungen von humanitärem Denken und christlichen Grundsätzen geleitet, die ich seit meiner Kindheit praktiziere. Ich liebe die Menschheit. Wenn eine Frau ein Kind verliert, auf das sie und ihr Mann sich gefreut haben, dann ist dies eine Tragödie. Daß ich wegen meiner Experimente gebranntmarkt werde und der Vatikan sich in meine wissenschaftlichen Forschungen einmischt, ist für mich persönlich ein schwerer Schlag, denn ich bin Wissenschaftler und widme mich als solcher der Aufdeckung jener Geheimnisse der Natur, die Gott uns zu enthüllen bereit ist.«

Der Vatikan war indessen nicht bereit, sich dieser Auffassung anzuschließen. Er war und ist immer noch der Meinung, daß Kinder von Eltern aufgezogen werden sollten und nicht von Wissenschaftlern.

14. KAPITEL

Hinter dem purpurnen Vorhang

Im Herbst des Jahres 1978 kam es zu einem *Konflikt zwischen der Zwergrepublik San Marino und dem Zwergstaat Vatikan.* Die Postbehörden der beiden Staaten waren sich über die Frage in die Haare geraten, wer von ihnen berechtigt sei, Werke des Bildhauers *Pericle Fazzini* auf einer Briefmarke abzubilden. Das fragliche Kunstwerk, das den großen Audienzsaal des Vatikans ziert, war Fazzinis *Auferstehung.* San Marino wollte ihm zu Ehren eine Sondermarke herausbringen, aber der Vatikan funkte dazwischen. Unter Androhung schwerer Vergeltungsmaßnahmen teilten die päpstlichen Instanzen der nahe der nördlichen Adria gelegenen Republik mit, daß sie keinerlei Recht habe, das Bild zu reproduzieren.

Darauf kam es zwischen den beiden Zwergstaaten zu einer Reihe von geheimen diplomatischen Gesprächen, von denen einige buchstäblich »Gipfelgespräche« waren, da sie in einer Burg auf dem Monte Titano in siebenhundert Meter Höhe über dem Meeresspiegel abgehalten wurden. Nach Abschluß der Verhandlungen veröffentlichten San Marino und der Vatikanstaat ein gemeinsames Kommuniqué, wonach sich die beiden souveränen Staaten geeinigt hätten, daß San Marino auf seinen Marken statt der Fazzini-Plastik verschiedener »beliebter Weihnachtssymbole« gedenken würde. Die vatikanischen Beamten hatten wieder mal gesiegt ...

Das vatikanische Postamt geht bis auf das 14. Jahrhundert zurück, als ein System von Pferdestafetten, die päpstliche Botschaften in alle Provinzen Italiens transportierten, eingerichtet wurde. Das vatikanische Hauptpostamt, das sich gleich hinter dem Tor der hl. Anna befindet, befördert alljährlich mehr als sechs Millionen Postkarten und mehr als fünfzehntausend Pakete. Im allgemeinen gilt das vatikanische Postamt als effizient und zuverlässig, und viele Bewohner Roms wissen, daß, wenn sie sich der Mühe unterziehen, ihre Postsachen im Vatikan aufzugeben, die Zustellung schneller und sicherer erfolgt.

Es wirft alljährlich einen Gewinn ab, was hauptsächlich auf den Verkauf von Sondermarken sowie vatikanischer Münzen und Medaillen zurückzuführen ist. Händler, Sammler und Publikum kaufen gewöhnlich diese Marken und Münzen sehr schnell auf. Nur in einem einzigen Fall hat die vatikanische Post mehr Marken gedruckt, als verkauft wurden; das war im Heiligen Jahr 1975, als fast eine Million unverkaufter Marken mit dem Bildnis Paul VI. verbrannt werden mußten. In allen Fällen von Neuausgaben gibt der Vatikan die Auflagenzahl nicht bekannt, doch ist sie meist nicht sehr hoch, um den Marken den künftigen Wert unter den Philatelisten zu sichern.

So wie in jedem anderen Land gibt es auch im Vatikan eine postalische Gerüchtebörse, die die Sammler allerorten aufhorchen läßt. Eine vatikanische Gedenkpostkarte etwa wurde zum »heißen Tip«, als sie im Sommer 1981 herauskam. In Ermangelung eines besseren Titels nennen wir die Geschichte darüber »Das Geheimnis des amputierten päpstlichen Arms«. Das Geheimnis ist bis zum heutigen Tag nicht gelüftet. Gegen Ende Juni 1981 gelangte eine Gedenkpostkarte mit dem Bildnis Papst Johannes Pauls II. zum Preis von einhundertfünfzig beziehungsweise zweihundert Lire in den beiden Postfilialen auf dem Petersplatz zum Verkauf (im Gegensatz zum Hauptpostamt, das der Öffentlichkeit nicht zugänglich ist). Innerhalb einer Stunde mußte der Vatikan die Zweihundert-Lire-Karte zurückziehen, da sich herausstellte, daß dem Papst darauf ein Teil des rechten Arms fehlte, jenes Arms, mit dem er den Segen erteilt. Es sah aus, als sei die rechte Hand Johannes Pauls, offenbar beim Druck überdeckt, etwas oberhalb des Handgelenks abgetrennt worden.

Da alle Briefmarken und Postkarten des Heiligen Stuhls in der italienischen Staatsdruckerei hergestellt werden, gerieten beide Regierungen in höchste Verlegenheit. Bei der sofort angeordneten Untersuchung ergab eine Überprüfung der Druckplatten keinerlei Beschädigung an der Stelle, wo die rechte Hand war. Niemand hatte eine Erklärung, aber es gab einige Vermutungen, unter anderem die, daß die betreffenden Karten vielleicht auf einer anderen Druckpresse gefälscht und mehrere Pakete in die für den Vatikan bestimmten Kartons geschmuggelt worden seien. Mag sein, daß die Fälscher dann den Rest zurückbehielten, um sie später an begierige Sammler in aller Welt zu verkaufen, während in Rom viele Leute danach trachteten, diese Karten für sich zu ergattern. Unter den Einwohnern des Vatikans kursierten die verschiedensten Vermutungen, aber da niemand konkrete Beweise gegen einen Insider hatte, wurde diese Möglichkeit ausgeschlossen.

Der Vatikanstaat hat nicht mehr als *siebenhundertfünfzig Einwohner*, davon sind *fünfundneunzig Prozent Männer*, und *weniger als die Hälfte besitzt die vatikanische Staatsbürgerschaft*. Es gibt keine »geborenen« vatikanischen Staatsbürger, aber alle Kardinäle sind automatisch vatikanische Staatsbürger, auch wenn sie woanders leben. Der Vatikanstaat hat keinen eigentlichen Wohnbezirk. *Mehr als dreitausend Menschen arbeiten im Vatikan*, in dem Privatunternehmen nicht zugelassen sind und in dem es *praktisch kein Privateigentum* gibt. Fünfzig Paläste und Bürogebäude sind über das ganze Areal verstreut. In vielen befinden sich Wohnungen für die Menschen, die sich im Vatikanstaat niedergelassen haben. In diesem Stadtstaat gibt es, im Verhältnis zur Einwohnerzahl, mehr Telefone als in jedem anderen Land oder in jeder anderen Stadt der Welt. Das Wohnen im Vatikan ist kaum als weltstädtisch zu bezeichnen: Die Pforten werden um dreiundzwanzig Uhr geschlossen, und die einzige verfügbare Form der kommerziellen Unterhaltung ist das Fernsehen. Da der Vatikan nicht demokratisch regiert wird (der Papst ist in allen Angelegenheiten die oberste Instanz), gibt es zahlreiche Vorschriften, denen sich die Menschen zu fügen haben (beispielsweise ist es verboten, die Wäsche hinauszuhängen).

Das Hauptgebäude im Vatikan ist der *Apostolische Palast*. Mit seinen *mehr als eintausendvierhundert Räumen* und fast eintausend Treppen und zwanzig Innenhöfen ist der Apostolische Palast eigentlich ein Konglomerat aus verschachtelten Gebäuden, die überwiegend in der Renaissance errichtet wurden. Man hält ihn für den größten Palast der Welt, dem nur der Palast des Dalai Lama in Tibet nahekommt. Der Papst verfügt über eine Suite mit neunzehn Räumen im obersten Stockwerk am Petersplatz (zur rechten Hand, wenn man vor dem Petersdom steht). Sein privater Arbeitsraum ist bequem, und die Vorhänge vor seinen drei Fenstern sind selten zugezogen: Scheint die Sonne zu stark, dann werden innen die Rolläden heruntergezogen. Der päpstliche Arbeitsraum mißt achtzehn mal zwölf Meter, die Wände sind mit hellem Holz getäfelt, der Boden ist mit Teppichen bedeckt. In den unteren Stockwerken befinden sich die Apartments des Kardinalsstaatssekretärs und die Räumlichkeiten des päpstlichen Mitarbeiterstabs.

Einer der merkwürdigsten Räume im Apostolischen Palast ist vielleicht jene Kammer, die vom Boden bis zur hohen Decke mit metallenen Aktenschränken und Regalen ausgekleidet ist. In einer Ecke dieser sonderbaren »Bibliothek« sitzt unter einer elektrischen Lampe ein Geistlicher, der eine der ungewöhnlichsten Tätigkeiten überhaupt ausübt, eine Tätigkeit, von der nur wenige Menschen je gehört haben. Seine Arbeit besteht vor allem darin, kleine Kästchen und Umschläge in alle Teile der Welt zu versenden. Die Laden, Schränke, Regale, Plastikbeutel und großen, dicken Versandtaschen des Raumes sind vollgestopft mit *Reliquien* der Heiligen und Märtyrer; aber auch Knochensplittern, Asche, Stoffresten und anderen geheiligten Dingen, die auf irgendeine Art und Weise mit dem Leben und Leiden Jesu Christi in Verbindung gebracht wurden. Nach kanonischem Recht muß in jedem Altar jeder katholischen Kirche oder Kapelle eine Reliquie eingeschlossen sein. Da aber praktisch ständig irgendwo auf der Welt katholische Kirchen und Kapellen geweiht werden, hat dieser priesterliche Archivar alle Hände voll zu tun, Versandumschläge mit einer Fingerspitze Staub, Asche oder Knochensplittern zu füllen und sie dann per Einschreiben zu versenden.

Die Einstellung des Vatikans zu Reliquien ist eine seltsame – und er zieht es vor, dieses Thema einfach nicht zu diskutieren. Kirchenfunktionäre sind sich dessen *bewußt*, daß die meisten Reliquien *nicht* authentisch sind, doch ist man im Vatikan der festen Überzeugung, daß Reliquien den Gläubigen guttun, da sie sie beim Gebet inspirieren, eine Auffassung, die von sämtlichen Päpsten geteilt wurde, einschließlich des heute regierenden. Den Vatikan stört es wenig, wenn seine eigenen, sorgfältig geführten Akten aufzeigen, daß es in verschiedenen Teilen

Italiens insgesamt vier Ohren des heiligen Prokop oder neun Brüste der heiligen Eulalia gibt. Manche Reliquien sind der Kirche eher peinlich, wie das »heilige Präputium« (Vorhaut) Christi. Es wurde ihm im Alter von acht Wochen bei seiner Beschneidung im Tempel abgetrennt, ist in einem kugelförmigen Kristallreliquiar erhalten und öffentlich in einer Kirche in einem kleinen Dorf, fünfundvierzig Meilen nördlich von Rom ausgestellt. Am Rand sei vermerkt, daß sich ein rivalisierendes Präputium in den Abruzzen befindet, das allerdings nicht allgemein anerkannt wird.

Obwohl viele Reliquien in der Vergangenheit Gegenstand sehr heftiger Auseinandersetzungen zwischen Kardinälen hinsichtlich der Frage waren, ob es Fälschungen seien oder nicht, so erfreuen sie sich dennoch bei Bischöfen, Pfarrern und Theologen kirchlichen Wohlwollens, nicht zu reden davon, daß sie bei den Gläubigen nicht nur Italiens größte Verehrung genießen. Der Vatikan teilt sie ein in Primär-, Sekundär- und Tertiär-Reliquien, und so weiter. Auch wenn eine schlüssige dokumentarische Verifikation heute nicht mehr möglich ist, so hat er im allgemeinen nichts gegen das öffentliche Interesse an Reliquien.

Eine der Reliquien, die viele Andächtige anzieht, ist ein Nagel, der angeblich zur Kreuzigung Christi verwendet wurde. Es gibt einige Hinweise auf seine Echtheit, wenn auch keinen klaren Beweis. Der Nagel, der sich in einem runden, glasgeschützten Silberkästchen befindet und in der Kirche *Santa Croce in Gerusalemme* in Rom zu sehen ist, hat eine Länge von etwa 12,7 Zentimetern und läuft in eine stumpfe Spitze aus. In dieser Kirche werden noch einige andere Reliquien aufbewahrt: drei Holzsplitter vom Heiligen Kreuz (in einem Reliquiar aus Gold und Silber), ein Fragment der bräunlichen, wurmzerfressenen Tafel, die auf Befehl des Pilatus am oberen Ende des Kreuzes befestigt war. Gleich daneben befinden sich in einem Metallrahmen, der wie ein Handspiegel aussieht, zwei Dornen von der Dornenkrone, die auf Christi Haupt gesetzt wurde. Die aschgrauen Dornen sind etwa drei Zentimeter lang. – Kein einziger Papst hat je diese Kirche aufgesucht, obwohl sie ganz in der Nähe des Vatikans steht.

Eine andere römische Reliquie, die von vielen Frommen aufgesucht wird, findet sich in einer kleinen Kirche namens *Quo Vadis* an der Via Appia Antica. Es handelt sich um einen Abguß der Fußabdrücke Christi, und die Legende besagt, daß Petrus nach seiner Flucht aus dem Mamertinischen Gefängnis Rom verließ und unterwegs auf Christus traf, der unterwegs zur Stadt war, und ihn fragte: *»Domine, quo vadis?«* (Wohin gehts Du, Herr?) Der Pflasterstein, auf dem Christus stand, als er Petrus traf, ist der Stein mit den Fußabdrücken.

Wenn der Filmregisseur *Visconti*, dessen Familie seit Jahrhunderten ein Nahverhältnis zum Vatikan hat (er selber stand als kleiner Junge Modell für ein Gemälde, das den Jesusknaben darstellt und das heute in der Nähe von Mailand zu sehen ist), einen Film drehte, dann pflegte er stets in einer Szene eine christliche Reliquie einzubauen, was ihm Glück bringen sollte. So zeigte er beispielsweise in einem Film den in der Kirche von *Santa Prassede* stehenden Teil jener Säule, an der Christus gebunden und ausgepeitscht wurde (der Rest der antiken Säule wurde im Jahr 1223 von Kardinal *Giovanni Colonna* von Jerusalem nach Rom gebracht), und in einem anderen Film zeigte Visconti ein Fragment des Tisches des letzten Abendmahls, das sich über dem Tympanon eines Altars in der Kirche San Giovanni im Lateran in Rom befindet.

Obwohl der Vatikan sehr genaue Aufzeichnungen über seine Reliquien in allen Teilen der Welt führt, ist es unmöglich, sie zu zählen oder auch nur zu schätzen, wie viele es sind, besonders angesichts der Tatsache, daß es *fast zweitausend Heilige* im katholischen Heiligenkalender gibt.

Vor nicht allzu langer Zeit vernichtete der Vatikan die Reliquien eines bestimmten Heiligen, nachdem kirchliche Archäologen entdeckt hatten, daß es sich bei den vor mehr als zweihundert Jahren ausgegrabenen und seither im Vatikan aufbewahrten Rippen um die Knochen eines großen Hundes handelte ...

Angesichts der Tatsache, daß es buchstäblich Hunderte von Dornen aus der Dornenkrone Christi gibt, ist die Vielfalt der überall verstreuten Reliquien ein schwieriges Problem für den Kirchenstaat. Was soll man tun, wenn man weiß, daß es drei

Häupter von Johannes dem Täufer gibt, eines in der Markuskirche in Venedig, ein weiteres in Damaskus und ein drittes in der französischen Stadt Amiens; weiter achtundzwanzig Daumen und Finger des heiligen Dominik, zwei Leiber des heiligen Sylvester (einer in Rom, der andere in der Nähe von Modena), zwei Leiber des heiligen Lukas, in Venedig und in Padua, und mehr als hundertfünfzig Nägel vom heiligen Kreuz?

Indessen gibt es im vatikanischen Reliquienarchiv auch viele Einzelstücke, deren Authentizität durch Dokumente ziemlich gesichert sein soll. Dazu zählen beispielsweise der rechte Arm und das Haupt des heiligen Johannes, das Haupt der heiligen Katharina von Siena, die kompletten Leiber der heiligen Lucia, des heiligen Maximus, des heiligen Urias, der heiligen Jungfrau Felicitas und des heiligen Julian. Der heilige Julian hatte selber eine riesige Menge von Reliquien aus Jerusalem mitgebracht, darunter einen Teil eines Beins vom heiligen Matthäus, einen Zahn des Evangelisten Markus, den Schädel des heiligen Jakob, dem kleineren, den heiligen Schwamm, der Christus an die Lippen gehalten wurde, einige Haare der Heiligen Jungfrau, ein Krug mit Erde von Golgatha (getränkt mit dem Blut Christi) sowie einen Kieferknochen des heiligen Antonius, um nur einige wichtige zu erwähnen. Der Kieferknochen befindet sich in einem mit Edelsteinen geschmückten Behälter in der Basilika des heiligen Antonius. Was vor allem ausländische Besucher außerordentlich erstaunt, ist die Art und Weise, wie sich italienische Andächtige in seiner Gegenwart verhalten: Viele Menschen stoßen und schieben einander, um den Behälter zu küssen, sie reiben ihre Babys daran, streicheln ihn mit den Händen oder reiben Lotterielose daran.

Und das ist noch nichts im Vergleich dazu, was die Gläubigen in dem kleinen Souvenirladen in der *Basilika des heiligen Antonius* treiben. Ziemlich rücksichtslos drängen sie sich in dem supermarktähnlichen Geschäft und kaufen Puppen in Gestalt des heiligen Antonius, Teller mit seinem Bildnis, Briefbeschwerer mit ihm, wie er das Jesukindlein hochhält (wenn man den Briefbeschwerer schüttelt, erhebt sich darinnen ein

Schneegestöber), vom Papst geweihte Kerzen, vom Bischof geweihte Kerzen, Rosenkränze und Postkarten mit dem Bild des Heiligen. Eine derartige Karte im Ausmaß von 7,5 mal 5 Zentimetern zeigt ein berühmtes Ölgemälde des heiligen Antonius, auf dessen Rückseite ein kleines Stück Stoff angeleimt ist, das angeblich von der Zunge des Heiligen berührt wurde.

Dieses Stück wird allerdings teuer angeboten und zeigt, daß Reliquien, abgesehen von der Verehrung, die sie in Italien genießen, in diesem Land auch ein gutes Geschäft sind. Das gilt vor allem auch für die dreißig größeren Pilgerkirchen in Italien, unter denen die des heiligen Antonius die vielleicht bedeutendste ist. Aber auch der Vatikan erfreut sich eines gesunden *Einkommens aus dem Reliquienversand*, denn wenn eine Kirche irgendwo eine Reliquie in Form von Asche oder Gebeinen anfordert, dann wird erwartet, daß sie einen erheblichen Geldbetrag spendet, deren Höhe dem Ermessen des jeweiligen Prälaten oder Bischofs überlassen bleibt. Die Nabelschnur einer bestimmten Heiligen (St. Veneria) ging um die erstaunliche Summe von fast zweihunderttausend Dollar an eine Kirche in Kalabrien.

Die am meisten angeforderte Reliquie ist ein Stück Holz vom Heiligen Kreuz, und man findet diese Späne und Splitter zu Tausenden nicht nur in Italien, sondern auch in anderen Ländern. Ein lieber ungenannt bleibender Geistlicher meinte spöttisch, es gäbe genügend Splitter vom Heiligen Kreuz, um »eine italienische Flotte zu bauen«.

Eine auffällige Reliquie, die alljährlich von Millionen Menschen bestaunt wird, ist der sogenannte *Thron des heiligen Petrus*, den dieser aber in Wirklichkeit niemals benützt haben konnte. Es wurde erst im November 1968 festgestellt, nachdem Papst Paul VI. angeordnet hatte, daß das Holz dieses aus Elfenbein und Holz gefertigten Thronsessels zum Zwecke der Datierung einem Radiokarbontest unterzogen werden sollte. Eine Gruppe von sieben Wissenschaftlern der Universität von Rom untersuchte den Thron, der, in Bronze gefaßt, über dem Altar in der Apsis des Petersdoms angebracht ist. Die zu strengstem Stillschweigen verpflichteten Wissenschaftler legten dem

Papst ihren Bericht vor, in dem festgestellt wurde, daß, laut Ergebnis des Radiokarbontests, das Holz aus einer Zeit mehrere Jahrhunderte nach Christi Geburt stammte (Petrus wurde im Jahre 64 oder 67 in Rom gekreuzigt). Der Vatikan hat in dieser Sache nichts verlauten lassen. Neben dem Thronsessel befinden sich noch drei Reliquien: die Lanze, mit der Christus in die Seite gestochen wurde, Holz vom Heiligen Kreuz und der Schleier, mit dem Veronika Christi Antlitz getrocknet hat.

Der *Petersdom* umfaßt eine Fläche von fast vierzigtausend Quadratmetern, das entspricht etwa einem halben Dutzend Fußballplätzen, und ist damit die *größte Kirche der Christenheit.* Übrigens sind im Marmorboden des Hauptschiffs Bronzekonturen eingelassen, die zeigen, um wieviel kleiner manche anderen der großen Kirchen Europas sind. Im Petersdom befinden sich etwa fünfhundert Säulen, mehr als vierhundertdreißig große Statuen, vierzig Altäre und zehn Kuppeln. Keine andere Kirche wird von so vielen Menschen besucht wie diese Basilika, nämlich von über zehn Millionen im Jahr. Die reinen Unterhaltungskosten für den Petersdom und den Petersplatz belaufen sich auf zweitausend Dollar pro Tag. Darin nicht enthalten sind die nicht vorgesehenen, durch den Massenbesuch verursachten Kosten. Man nehme beispielsweise den Fall der achthundert schwarzen Regenmäntel des Vatikans . . .

An den Pforten des Doms befinden sich zwei auffällig angebrachte Tafeln, die die Gläubigen und Besucher in fünf Sprachen darauf aufmerksam machen, daß sie zur Bewahrung der weihevollen Atmosphäre entsprechend gekleidet sein müssen. Frauen sollen keine Minikleider, kurze Hosen oder ärmellose Kleider tragen, und auch Männer in kurzen Hosen werden nicht eingelassen. Vier Aufsichtspersonen sind für die Durchsetzung der vatikanischen Kleiderordnung verantwortlich, und fast täglich geraten sie mit einigen leicht bekleideten und heftig protestierenden Besuchern aneinander. Ein solcher Aufseher mußte nach einem Faustkampf mit dem Begleiter einer deutschen Dame ins Krankenhaus gebracht werden. Die Verwaltung des Vatikans versuchte es dann mit einer anderen Methode: Sie beschloß, eine Nonne an der Pforte aufzustellen, die die Flut der modernen und leichtgeschürzten Besucher daran hindern sollte, das größte Gotteshaus der katholischen Christenheit zu überrennen. Dies geschah im Sommer 1972, und Schwester Fiorella versah ihren Dienst gewissenhaft. Nachdem sie drei Monate hindurch bemüht gewesen war, schätzungsweise zwanzigtausend Frauen abzuhalten, deren Kleidung als unschicklich angesehen wurde, war die arme Nonne mit den Nerven fertig und mußte sich zurückziehen. Darauf hatte der Vatikan einen neuen Einfall: Achthundert lange, schwarze Regenmäntel aus Plastik, die man bei einer Mailänder Firma für zweitausend Dollar erworben hatte, wurden kostenlos an Frauen in Miniröcken oder kurzen Hosen sowie an Männer in kurzen Hosen verliehen. Der Vatikan dachte, daß er damit das Problem gelöst habe. Leider waren alle achthundert Regenmäntel innerhalb einer Woche verschwunden. Die Besucher hatten sie als Souvenir mitgenommen.

Der Petersdom ist leider aber auch ein Anziehungspunkt für allerlei zweifelhafte Individuen, wie zum Beispiel den verrückten ungarischen Flüchtling, der im Mai 1972 *Michelangelos Pietá* mit einem Hammer attackierte und mehrere Stücke von diesem Meisterwerk abschlug; er beschädigte den Schleier der Madonna und zertrümmerte ihre Hand. Andere zweifelhafte Existenzen, die sich zum Vatikan hingezogen fühlten, mögen andere Beweggründe haben, die auch nicht immer nach dem Geschmack des Vatikans sind, wie beispielsweise *»Pater Guido Sarducci«*, der 1981 dem Vatikan einen Besuch abstattete. In Wirklichkeit war dieser Mann ein amerikanischer Komiker namens *Don Novello*, der in einer amerikanischen Lustspielserie eine satirische Rolle spielte, nämlich eben jenen Pater Guido Sarducci, einen Tratschkolumnisten des *Osservatore Romano*, was aber weder den katholischen Klerus in den Vereinigten Staaten noch den Vatikan besonders erheiterte. Als nun der Schauspieler in den neuen Redaktionsräumen des *Osservatore Romano* erschien, angetan mit einer schwarzen Soutane, einem breitkrempigen Hut, rosa Brille und Cowboystiefeln, rief ein erboster Redakteur die Schweizergarde herein, um diesen Mann samt seinem Fotografen festnehmen zu lassen. Novello wurde beschuldigt, sich als Geistlicher ausgegeben und unerlaubterweise fotografiert zu haben. Nachdem er fast sieben Stunden lang festgehalten worden war, wurde »Pater Guido Sarducci« von vier Schweizergardisten mit gesenkten Hellebarden aus dem Vatikan hinausgeleitet, und man erklärte ihm in unmißverständlichem Latein, daß er *persona non grata* sei. Zwar erregte er damit einiges Aufsehen, was ja der eigentliche Grund für seinen Gag gewesen war, aber sein Kameramann, dessen Ausrüstung beschlagnahmt worden war, konnte leider keine Aufnahmen machen, als der »Pater« von den farbenprächtigen Schweizergardisten des Vatikans hinausgeworfen wurde.

Wahrscheinlich wird die Schweizergarde häufiger in Farben fotografiert als Soldaten irgendwo anders. Indessen steckt hinter den prächtigen Uniformen und dem damit verbundenen Glanz eine ganz andere Geschichte ...

Der einundzwanzigjährige *Kaspar Holzgang* ging wohl in die vatikanische Geschichte als *der erste Soldat ein, der aus der Privatarmee des Papstes desertierte.* Unter Verletzung einer vierhundert Jahre alten Tradition kehrte er in sein Heimatdorf Rotkreuz in der Mittelschweiz zurück und berichtete seinen Verwandten, er sei auf und davon gegangen, weil er das Leben in der Schweizergarde unerträglich gefunden habe. Die Lebensbedingungen seien mittelalterlich, und die Disziplin entspräche jener der preußischen Armee. Wenn man wegen einer geringfügigen Verletzung von Vorschriften eingesperrt wurde, wurde man in »für menschliche Wesen ungeeignete« Zellen gesteckt, klagte Holzgang. Die Zellen seien winzig klein und würden nur durch ein kleines, vergittertes Loch belüftet. Außerdem dürfte man innerhalb von vierundzwanzig Stunden nur dreimal die Toilette aufsuchen.

So wie andere Freiwilligeneinheiten hat auch die berühmte Schweizergarde, deren bunte Uniformen und Schärpen die Touristen erfreuen, Schwierigkeiten bei der Rekrutierung von Nachwuchs. Die jungen Männer, die in die Garde eintreten und einen zweijährigen Dienstvertrag abschließen, melden sich kaum für eine Verlängerung der Dienstzeit. Von Zeit zu Zeit kommt es bei der Schweizergarde zu unerlaubten Entfernungen von der Truppe, aber dann kehren sie wieder zurück und nehmen ihre Strafe entgegen. Aber keiner von ihnen ist vor oder nach 1969 – dem Jahr der Desertion des gemeinen Soldaten Holzgang – tatsächlich davongelaufen. Das Hauptproblem besteht darin, daß alle Gardisten schon vor dem Ende ihrer zweijährigen Dienstzeit hinauswollen, und in der Schweiz hat sich inzwischen die Auffassung herumgesprochen, daß der Dienst des Soldaten in der päpstlichen Privatarmee keineswegs so großartig ist, wie es den Anschein hat. Die Schweizergardisten in Rom halten sich an die Maxime, wenn man sich schon freiwillig gemeldet habe, dann gebe es nur eins: die Sache durchzustehen.

Schuld an diesen Rekrutierungsschwierigkeiten ist sicherlich zum Teil die Tatsache, daß sich die Schweiz seit langem einer florierenden Wirtschaft erfreut. Arbeitsplätze sind verhältnismäßig leicht zu bekommen, die Löhne ziemlich hoch, während der Sold der Schweizergarde eher niedrig, die Arbeit eher langweilig und die Disziplin offenbar die härteste von allen Armeen ist. Ein Privatleben gibt es kaum, da die Dienstzeiten lang sind und die Männer auch an Sonntagen arbeiten müssen. Sie sind genötigt, in ihrer Freizeit Italienisch zu lernen, sie alle müssen technische oder kaufmännische Fortbildungskurse besuchen, um sich auf die Zukunft vorzubereiten. Die Angehörigen der Schweizergarde – die alle mindestens ein Meter achtzig groß und zwischen achtzehn und fünfundzwanzig Jahre alt sein müssen – dürfen nicht heiraten. Sie dürfen auch keine Frauen zu sich in den Vatikan bringen. Es ist daher kaum ein Wunder, daß die Maximalstärke der Garde, nämlich hundert Mann, nie erreicht wird, Jahr für Jahr sind es nur fünfzig bis sechzig Mann.

Die Schweizergarde hat die Aufgabe, die drei Haupteingänge des Vatikans sowie den *Sommersitz des Papstes in Castel Gondolfo* zu bewachen. Ein weiterer Platz, den sie vierundzwanzig Stunden am Tag bewachen, ist der Korridor vor den päpstlichen Gemächern. Der dort wachhabende Gardist muß jedesmal das Knie beugen und salutieren, wenn der Papst herauskommt. Die Soldaten dürfen keine automatischen Waffen führen, sondern müssen ihren Dienst mit einer Hellebarde bewaffnet versehen, einer Kreuzung zwischen einem Speer und einer Streitaxt. Die Gardisten klagen häufig, daß sie mit einer solchen Ausrüstung im Fall eines Terroristenangriffs auf dem Petersplatz oder im Apostolischen Palast nicht viel ausrichten würden.

Die Schweizergarde wurde von Papst *Julius II.*, dem sogenannten »Kriegerpapst«, gegründet, der, als er noch päpstlicher Begleiter war, von den Schweizer Soldaten so beeindruckt war, daß er im Jahr 1478 den damaligen Papst *Sixtus IV.* veranlaßte, ein Bündnis mit den Schweizer Kantonen zu schließen. Als er dann selber Papst wurde, holte er als Julius II. hundertfünfzig Schweizer Soldaten nach Rom, und zwar im Januar 1506, dem Jahr der Grundsteinlegung zum neuen Petersdom. So wurden sie zum ältesten heute noch existierenden militärischen Corps. Die Schweizergarde, die gelobt, das Leben des Papstes unter Einsatz des eigenen Lebens zu schützen, entging nur knapp der völligen Vernichtung auf den Stufen des Petersdoms, als im Mai 1527 bei der Plünderung Roms tausend deutsche und spanische Soldaten den Vatikan stürmten. Sie verlor dabei drei Viertel ihres Bestandes, insgesamt einhundertsiebenundvierzig Mann und den kommandierenden Offizier (die Eindringlinge verloren achthundert Mann), aber den restlichen zweiundvierzig gelang es, Papst *Klemens VII.* und dreizehn seiner Kardinäle auf ihrer Flucht entlang des Walls in die uneinnehmbare *Engelsburg, das Castel Sant'Angelo*, zu schützen. Seit dem Gemetzel von 1527 brauchte die Schweizergarde nie mehr das Leben eines Pontifex zu verteidigen, mußte aber bei mehreren Anlässen auf ausdrücklichen Befehl des Papstes die Waffen niederlegen, damit sie nicht aufgerieben würde. Dies war der Fall, als *Napoleon* in Rom einfiel und den Papst nach Frankreich entführte. Im Zweiten Weltkrieg befahl Papst *Pius XII.* der Garde, ihre Feuerwaffen ins Depot zu geben (Papst *Paul VI.* schaffte sie im Jahr 1970 überhaupt ab), und so patrouillierte sie die Grenze zwischen dem Vatikanstaat und Italien mit ihren Hellebarden und Piken angesichts der aufgefahrenen deutschen Panzerverbände, die es nicht wagten, ohne ausdrücklichen Befehl von Hitler diese Grenze zu überschreiten.

Im Gegensatz zu dem, was Reisehandbücher und Touristenführer den Besuchern über die prächtigen Gewänder der

Schweizergarde erzählen, stimmt es keineswegs, daß die auffallenden Uniformen mit ihren geschlitzten Puffärmeln, gestreiftem Wams und Strümpfen, sämtlich in den Farben Gold, Weiß, Rot und Blau, von Michelangelo oder Raffael entworfen wurden. Nichts wäre der Wahrheit ferner. Diese Uniformen, die erstmals im Jahr 1914 getragen wurden, beruhen auf Entwürfen einer unbekannten vatikanischen Schneiderin, als sie von Papst *Benedikt XV.* ersucht wurde, eine Festuniform für die Soldaten zu entwerfen. Die Puffärmel gehen allerdings bis auf die Mitte des 16. Jahrhunderts zurück und können durchaus auf ein Gemälde von Raffael zurückgehen, der von der damals in Frankreich üblichen Mode angeregt worden sein mag.

Nicht nur die Schweizergardisten, sondern alle im Vatikan arbeitenden Leute sind arg unterbezahlt. Fragt man einen Italiener, der für den Papst arbeitet, dann wird er nicht zögern, den Vatikan als den »geizigsten Arbeitgeber Europas« zu bezeichnen. Ungestört von Gewerkschaften, die im Vatikan nicht zugelassen sind, und auch sonst nicht verschwenderisch, hat der Vatikan den Ruf, äußerst knauserig zu sein. Wie dem auch sei, die Gesamtsumme der päpstlichen Lohngelder, die etwa hundert Millionen Dollar jährlich beträgt, verweist in der Tat auf eine gewisse Neigung zum Geiz.

Obwohl der Vatikan eine karitative Institution ist (sowohl im Nehmen als auch im Geben von Spenden), sind die päpstlichen Tariflöhne nicht auf dem aktuellen Stand. Sogar Kurienkardinäle, immerhin die höchsten regierenden Würdenträger der katholischen Kirche, die jedenfalls die höchsten Saläre unter dem im Vatikan beschäftigten Personal beziehen, halten am Monatsende eher magere Lohntüten in der Hand. Ende 1981 bezog ein Kardinal im engsten Mitarbeiterstab des Papstes ein monatliches Gehalt von etwa eintausendsiebenhundert DM und eine Wohnungszulage von gut zweihundert DM, wenn er außerhalb des Vatikanstaats wohnte. War ein Kardinal gleichzeitig Leiter einer Kongregation (nach vatikanischem Sprachgebrauch die Bezeichnung für ein Ministerium oder ein Ressort), dann erhielt er noch einhundertzwanzig DM zusätzlich. Auf diese Weise konnten manche kirchlichen Würdenträger etwas mehr als zweitausend DM monatlich verdienen. Einige vatikanische Kardinäle verbessern deshalb ihr Einkommen, indem sie diskret ihre Einflußmöglichkeiten gegen Geld denjenigen zur Verfügung stellen, die von einem Würdenträger eine Gefälligkeit erbitten ...

Es ist unglaublich, aber die erste Lohnerhöhung, die die vatikanischen Arbeitnehmer nach dem Krieg erhielten, erfolgte während der Amtszeit von *Johannes XXIII.*, und auch dazu kam es nur aufgrund eines zufälligen Zusammentreffens zwischen dem Pontifex und einigen seiner Gärtner bei einem Nachmittagsspaziergang im Jahre 1959. Als er nach einer beiläufigen Befragung cntdeckte, daß die Gartenreiniger einen Tageslohn von umgerechnet etwa sechs DM erhielten, während man in ganz Italien fast vierzig DM pro Tag verdiente, rief er aus: »Was? Davon kann doch keine Familie mit Kindern leben. Was ist aus der Gerechtigkeit geworden? Aber, nur abwarten ... das wird sich ändern!«

Und so geschah es auch. Nachdem Johannes an seinen Schreibtisch zurückgekehrt war, ließ er sich sofort die Lohnskala seiner Bediensteten bringen. Er ordnete eine allgemeine Überprüfung aller Löhne im Vatikan an – und danach wurde eine allgemeine Lohnerhöhung angeordnet. »Wir können nicht dauernd andere auffordern, die kirchlichen Lehren über soziale Gerechtigkeit zu beachten, wenn wir selber sie auf unserem Gebiet nicht anwenden«, erklärte der Papst vor seinen Verwaltern. »Die Kirche muß sich in Sachen sozialer Gerechtigkeit durch ihr gutes Beispiel an die Spitze stellen.«

Die Lohnerhöhungen für die etwa dreitausend Bediensteten bedeuteten eine jährliche zusätzliche Belastung der Lohnkosten des Vatikans um schätzungsweise zehn Millionen DM. Im Jahr 1963 gewährte Papst *Paul VI.* allen Mitarbeitern eine weitere Lohnerhöhnung von zwanzig Prozent, was eine weitere Ausweitung des jährlichen vatikanischen Lohnbudgets mit sich brachte. Eine andere beispiellose Maßnahme war, daß Papst Paul im Dezember 1965 anordnete, daß allen Bediensteten des Vatikans anläßlich der erfolgreichen Beendigung des Ökumenischen Jahres eine Sondergratifikation auszuzahlen sei. Diese Summe war höher als *»la tredicesima«*, das dreizehnte Gehalt, das laut italienischem Gesetz allen Angestellten von den Arbeitgebern am Jahresende zu bezahlen ist.

Die Päpste haben nie ein besonderes Interesse für ihre Arbeiterschaft entwickelt. Erst Papst Paul VI. schuf immerhin ein geregeltes Gehalts- und Lohnschema, einen Pensionsfonds und die Möglichkeit der Gewährung von Krediten oder Gehaltsvorschüssen. Im Mai 1970 genehmigte er eine allgemeine zehnprozentige Einkommenserhöhung für etwa dreitausend Bedienstete und neunhundert Pensionisten. Wegen der hohen Kosten löste der Papst im September desselben Jahres alle bewaffneten und uniformierten Militäreinheiten auf, mit Ausnahme der Schweizergarde. Diese Umstrukturierung des päpstlichen militärischen Establishments, von der mehr als sechshundert Männer und Offiziere betroffen waren, erfolgte nach einer Periode schwieriger Lohnverhandlungen im Vatikan, die wieder die Folge eines vier Wochen vorher stattgefundenen Protests der blau uniformierten Gendarmen waren, die sich vier Tage lang geweigert hatten, ihr Monatssalär zu kassieren, weil der Vatikan es versäumt hatte, die Gehaltserhöhung vom Mai rückzudatieren.

Jahre später, als die vatikanischen Arbeitnehmer die Möglichkeit der Gründung einer Gewerkschaft mit Papst *Johannes Paul II.* diskutierten, gewährte er ihnen nur das Recht, eine Vereinigung von Laienangestellten zu bilden, die aber keinerlei Recht auf Kollektivverhandlungen mit ihrem Arbeitgeber haben dürfe und auch keine neuen Arbeitsverträge aushandeln könne. Man darf nicht vergessen, daß der Papst innerhalb des Vatikans absoluter Herrscher ist. Es nimmt daher nicht wunder, daß man auf einer Mauer unweit des Vatikans die mit Farbe hingeschmierten Worte lesen kann: *»Arbeitet nicht im Vatikan – es ist ein unguter Platz!«* Diese Parole verblaßt deshalb nie, weil sich immer wieder ein Unzufriedener findet, der sie erneuert . . .

Arbeiter im Vatikan verdienen heute etwa eintausend DM im Monat, dazu kommen noch geringe Zuwendungen für jedes Kind. Was das Einkommen der Priester und Nonnen betrifft – die im übrigen das Armutsgelübde abgelegt haben –,

so liegen sie weit unter jenen der niedrigstbezahlten Arbeiter: Dafür erhalten sie aber Quartier und Verpflegung kostenlos, gleichgültig, ob sie im Vatikan leben oder in einem der kircheneigenen Häuser in Rom. Zusätzlich bezahlt Italien allen Priestern ein Monatsgehalt von gut zweihundert DM, eine Regelung, die auf dem Konkordat von 1929 beruht. Die im Vatikan arbeitenden italienischen Bürger brauchen - laut italienischem Gesetz - keine Lohnsteuer zu zahlen, müssen aber eine Jahressteuer an den Vatikan abführen, die - man glaubt es kaum - wenig mehr als zehn DM pro Person beträgt. Eine Frage, die manche Menschen erheben, lautet: Wenn ein Kardinal auf den Thron Petri gewählt wird, bedeutet das dann eine Erhöhung des Einkommens? Nein! Unglaublich, aber wahr ist, daß der Heilige Vater *nicht einen Pfennig Gehalt* bekommt!
kaum - wenig mehr als zehn DM pro Person beträgt. Eine Frage, die manche Menschen erheben, lautet: Wenn ein Kardinal auf den Thron Petri gewählt wird, bedeutet das dann eine Erhöhung des Einkommens? Nein! Unglaublich, aber wahr ist, daß der Heilige Vater *nicht einen Pfennig Gehalt* bekommt!

15. KAPITEL

Die Spione des Vatikans

Nicht einmal die bestens informierten Journalisten in Washington oder die erfahrensten Auslandskorrespondenten in der Sowjetunion oder anderen Ostblockstaaten wissen, über wie viele Geheimagenten der CIA oder KGB verfügt. Vorsichtige Schätzungen sprechen von mehreren tausend bis zehntausend. Aber wie hoch auch die Zahl der CIA- oder KGB-Agenten sein mag, keiner hat so viele Geheimagenten im Einsatz wie der Vatikan. Ohne Zweifel unterhält der Vatikan den effektivsten Spionageapparat der Welt: Er verfügt über Agenten in praktisch allen Ländern, auf alle Fälle in allen Hauptstädten, auch den kleinsten.

Der Nachrichtenverkehr zwischen Rom und seinen Spionen läuft über die verschiedensten Kanäle, teils brieflich, teils mündlich, über direkte Mitteilung an den Papst oder durch verschlüsselte Funkbotschaften von Radio Vatikan, das im übrigen das größte Sendenetz der Welt unterhält, das noch größer ist als das der BBC und täglich in mehr als dreißig Sprachen sendet. Der päpstliche »James Bond« wurde im Jahr 1910 während der Amtszeit des Papstes Pius XI. geschaffen und gelangte unter den Päpsten *Benedikt XV.* (1914–1922) und *Pius XI.* (1922–1939) zum umfassenden, weltweiten Einsatz. Diese Gruppe der Spionageagenten war den Päpsten als *sodalitium pianum* geläufig und umfaßt alle Priester, Nonnen, Mönche, Fratres und katholische Laienbedienstete in der ganzen Welt. Sie alle wissen sehr wohl, daß, wenn einer oder eine von ihnen irgend etwas sieht oder hört, worüber der Vatikan oder der Papst Bescheid wissen sollte, sie dies dem nächsten Vorgesetzten mitzuteilen haben, der die möglicherweise wichtige Information seinerseits der nächsten Diözese oder Erzdiözese weitergibt, von wo die Nachricht auf schnellstem Weg nach Rom übermittelt wird.

Wie schnell eine Information bis in den Vatikan gelangt, zeigte sich im Fall des amerikanischen Arbeitsministers *James Mitchell*: Er hatte eine Audienz bei Papst *Pius XII.*, und als er später mit einigen Journalisten sprach, erklärte Mitchell, wie erstaunt er darüber gewesen sei, daß der Papst verschiedene Dinge über die Vereinigten Staaten gewußt habe – Geheimnisse des Weißen Hauses –, die eigentlich weder er noch sonst jemand wissen dürfte. »Mein Gott«, rief der verblüffte Arbeitsminister aus, »er war bereits darüber informiert, daß die Rezession in den Vereinigten Staaten, technisch gesehen, beendet ist – und wir haben es selber erst gestern erfahren!«

Den zahlenmäßigen Umfang des päpstlichen weltweiten Spionagenetzes kann man sich ausrechnen, indem man die kirchenamtlichen Statistiken des Jahres 1981 betrachtet. Demnach gibt es fast zweihundertsechzigtausend Diözesanpriester, über hundertzwanzigtausend gewöhnliche Priester und etwa fünfhundertsechzigtausend Seminaristen, über zweihundertzehntausend Mönche und weit über neunhundertfünfzigtausend Nonnen, nicht zu reden von der unübersehbaren Schar der Laienbediensteten, sicherlich weit über 2,5 Millionen. Diese »Berufskatholiken« sind ein Teil der etwa siebenhundert Millionen Christen in allen Teilen der Welt. Da die katholische Kirche die geschlossenste und disziplinierteste aller christlichen Kirchen ist, gekennzeichnet durch eine einheitliche und kontinuierliche Führung, glauben die für die Kirche tätigen Menschen auch an die Institution als solche, stellen sich nicht gegen deren Regeln, sondern halten sich an deren *modus operandi.* In frommer Ergebenheit der geheimnisvollen Welt verbunden, die hinter den schweren Bronzepforten des Vatikans beginnt, sind diese Menschen – von denen die meisten das Gelübde des Gehorsams abgelegt haben, – allesamt Rekruten für den vatikanischen Geheimdienst, »Gottes Untergrundorganisation«, während sie weiter ihren normalen Berufen nachgehen.

Während die vatikanischen Spione überwiegend Menschen mit anderen Berufen sind, die ihre nachrichtendienstliche Tätigkeit bloß nebenbei ausüben, die noch dazu in den meisten Fällen keine besonderen Früchte trägt, beschäftigt der vatikanische Nachrichtendienst sehr wohl Personen, die diese Tätigkeit hauptberuflich ausüben, nämlich *professionelle Agenten.* Einer der besten Geheimagenten des Vatikans in den letzten

Jahren war ein Mann, dessen Name kein einziges Mal in der Zeitung stand, nämlich *Walter M. Ciszek,* ein Priester, der unter dem Namen *Wladimir Lipinski* in der Sowjetunion tätig war, wo er den Moskauer Bären jahrelang an der Nase herumführte, ehe er schließlich »als Spion des Vatikans« zu dreiundzwanzig Jahren Gefängnis verurteilt wurde.

So wie viele andere vatikanische Berufsspione wurde Pater Ciszek für seine Aufgabe in einem dem Vatikan gehörenden Gebäude aus dem 18. Jahrhundert in der Via Carlino Cattaneo in Rom ausgebildet. Dieses Gebäude sieht keineswegs wie ein Agentenzentrum aus, auch gibt es dort weder bewaffnete Wachtposten noch elektrische Stacheldrahtzäune oder elektronische Alarmanlagen. Die dort ansässige Organisation, das *Collegium Russicum,* steht sogar unter ihrer amtlichen offiziellen Bezeichnung im römischen Telefonbuch. Die Männer, die in dieser seltsamen Lehranstalt ausgebildet werden, wissen, daß sie eines Tages zu gefährlichen Einsätzen ins Ausland geschickt werden. In den riesigen Hörsälen und hohen Wandelgängen des *Collegium Russicum* sind die Rekruten - allesamt geweihte Priester - damit beschäftigt, sich soviel Wissen als möglich über die Sowjetunion und/oder die DDR, Polen, Tschechoslowakei, Ungarn, Rumänien und Bulgarien anzueignen. Die dort Studierenden lernen nicht nur die jeweilige Landessprache mitsamt ihren Dialekten, wie Einheimische sie sprechen, sondern befassen sich intensiv mit Geschichte, Wirtschaft und der aktuellen politischen Entwicklung des jeweiligen Landes, für das sie sich spezialisiert haben. Da sich der Vatikan für militärische Informationen kaum interessiert, wird dieser Aspekt nicht besonders behandelt.

Die verständliche Abneigung des Kremls gegen das *Collegium Russicum* zeigte sich in einer Eintragung in der ersten Ausgabe der Großen Sowjetenzyklopädie, Band 17, Seite 352, sowie in den späteren Ausgaben, worin immer die gleichen Anschuldigungen gegen die Jesuiten des *Russicum* vorgebracht werden: »... perfide und bösartige Feinde der ganzen, nach Frieden und Fortschritt strebenden Menschheit ... im Dienst der bösartigsten Kräfte der imperialistischen Reaktion.«

Die Absolventen des Russicums, zumeist russischer, polnischer, tschechischer und ungarischer Abkunft, die hinter dem Eisernen Vorhang ihre Agententätigkeit für den Vatikan betreiben, stehlen keine Dokumente, sabotieren oder zerstören keine Einrichtungen und töten niemanden. Dennoch ist ihre Aufgabe gefährlich, denn es geht um das Zusammentragen von Informationen, die von besonderem Interesse für den Vatikan sind, vor allem Material über die Lage der Kirche in dem jeweiligen Land. Einige Spione des Vatikans wurden in Ausübung ihres Dienstes getötet. Wie aus den Akten des Vatikans hervorgeht, wurde *J. Kellner* in der Ukraine öffentlich gehängt; *Raphael Chomyn* erlitt ein ähnliches Schicksal in Donetzky; *Peter Helwegen* starb in einem Gefangenenlager in der DDR, und *Wendelin Jaworka* verbrachte zuerst zehn Jahre im Gefangenenlager von Workuta, verschwand später in seiner tschechoslowakischen Heimat und wurde dann vom Vatikan offiziell für tot erklärt.

Die meisten vatikanischen Agenten, die hinter dem Eisernen Vorhang tätig sind, bleiben etwa zwei Jahre lang dort, ehe sie wieder heimlich ausreisen. Die priesterlichen Agenten operieren als Einzelgänger, ohne irgendeinen Kontakt mit Rom oder katholischen Würdenträgern anderswo, und sie reisen wieder heimlich aus, wenn sie meinen, bestimmte, äußerst wichtige Informationen zu haben; Dinge, die sie nicht weiterzugeben wagen, solange sie sich noch auf feindlichem Territorium befinden. Eine solche entscheidende Meldung, die der Vatikan während der Herrschaft *Chruschtschows* erhielt, Monate ehe die Vereinigten Staaten oder die westliche Presse davon erfuhren, war die Tatsache, daß die Sowjetunion an Getreidemangel litt, was nicht einmal der Mehrzahl der Sowjetbürger bekannt war. Die westlichen Geheimdienste hatten keine Möglichkeit, Einzelheiten dieser wichtigen Entwicklung zu erkunden, aber ein Spionagepriester, der in den fünfziger Jahren als Landarbeiter getarnt in verschiedenen Teilen der UdSSR arbeitete, konnte die Tatsache ermitteln, und nachdem er entkommen war, kehrte er in den Vatikan zurück und berichtete Papst *Johannes XXIII.* vom zunehmenden Getreidemangel – und dieser ließ es dann den amerikanischen Geheimdienst wissen.

Ein anderer vatikanischer Spion überbrachte Papst *Paul VI.* persönlich die unglaubliche Nachricht, daß russisches Getreide mit fast sechsmal soviel gefährlichem radioaktiven Strontium 90 verseucht worden war als Getreide in anderen Ländern. Der Priesteragent, der als Landarbeiter in verschiedenen Gebieten Rußlands arbeitete, hatte an seinem jeweiligen Arbeitsort Getreideproben eingesammelt. Nach seiner Rückkehr in den Vatikan analysierten Fachleute das Getreide in ihrem Laboratorium und stellten fest, daß das sowjetische Getreide dreiundzwanzig Einheiten Strontium 90 enthielt, im Vergleich zu bloß vier Einheiten Strontium in amerikanischem Getreide. Auch diese Information wurde nach Washington weitergeleitet und lieferte den Beweis, daß die Sowjets damals noch keine »saubere« Atombombe bauen konnten und daß die sowjetische Waffe im Vergleich zu einer amerikanischen Waffe vergleichbarer Größe noch sehr primitiv war.

Ein Spitzenagent im kommunistischen Lager war ein bärenstarker holländischer Priester, der seit 1964 sämtlichen Ostblockstaaten Rätsel aufgegeben hat. Zumindest bis Ende 1981 konnten die roten Häscher seiner nicht habhaft werden, ganz gleich, wie oft er heimlich einreiste, um Tausenden von verfolgten katholischen Priestern und Laien zu helfen, die in diesen Ländern in der Falle sitzen. Obwohl er zu den von den Kommunisten am meisten gesuchten Personen zählt, ist er auch im Westen relativ unbekannt, und da er außerdem ein Mann mit hundert Verkleidungen ist und nie fotografiert wurde, wissen die Kommunisten nicht, wie er wirklich aussieht. Natürlich sorgt der Vatikan dafür, daß er nicht ins Scheinwerferlicht gerät. Sein Name ist Pater *Werenfried von Straaten,* und er ist der äußerst publikumsscheue Leiter der vatikanischen »Hilfsorganisation für die Kirche hinter dem Eisernen Vorhang«. Seine gute persönliche Freundschaft mit dem gegenwärtigen Papst geht zurück auf seine vielen Aufenthalte in Polen, wo er dem Erzbischof von Krakau auf verschiedene Weise behilflich war. Der »Speckpriester«, wie man ihn liebevoll innerhalb der Leoninischen Mauern nennt (mehr zu diesem Namen später), reagiert schnell auf neue Situationen. Vor einigen Jahren, als ein Ostblockland das Angebot machte, alte

Pfarrer um zweitausend Dollar pro Stück an den Vatikan zu »verkaufen«, trat Pater Werenfried sofort in Aktion. Das betreffende Land, dessen Namen Pater Werenfried nicht nennen wollte, benötigte westliche Devisen und war daher bereit, zwanzig eingekerkerte Prälaten gegen Bargeld freizulassen. In kürzester Zeit hatte Pater Werenfried die Mittel zur Verfügung, und ehe es sich das betreffende Land noch überlegen konnte – was es dann doch noch tat –, konnten sieben Geistliche herausgebracht werden.

Pater Werenfrieds Geldmittel stammen aus Spenden, die als Reaktion auf den von ihm redigierten und an seine Kontaktpersonen in aller Welt versandten Informationsrundbrief eingehen und von denen ein guter Teil für die Ausbildung von Priestern und Intellektuellen im kirchlichen Agentendienst verwendet werden. Bei den meisten von ihnen handelt es sich um Männer, die schon früher von Pater Werenfried über die roten Grenzen geschmuggelt worden waren. Da sie von seiner Organisation als Priester ausgebildet wurden und bereits die Sprache jenes Landes sprechen, aus dem sie entkommen waren, kehren sie dann in dieses Land zurück, wenn die Menschen dort geistliche und klerikale Hilfe beim Aufbau neuer Kirchen benötigen. Pater Werenfried hat mehr als dreitausend solcher Männer ausgebildet, von denen bereits an die achthundert heimlich in die Staaten hinter dem Eisernen Vorhang zurückgekehrt sind. In fast allen Fällen werden die neuen Priester von Pater Werenfried, der zahllose Aus-und Einreisewege kennt, persönlich an ihren Einsatzort gebracht.

Hochwürden Werenfrieds Arbeitsweise bei seinen Vorstößen in die kommunistischen Länder würde jeglichem Geheimagenten oder Berufsspion zur Ehre gereichen. Unter falschem Namen und mit ebensolch falschen Papieren fährt er in irgendeiner Verkleidung los, zum Beispiel als Bauer oder als Tourist. Das soll nicht heißen, daß die Tarnung des Paters so gut ist, daß er in allen Fällen der Entdeckung entgeht. Einmal erfuhren die in Westberlin illegal tätigen ostdeutschen Dienste von seiner heimlichen Anwesenheit in Westberlin und versuchten, ihn zu entführen. Er hatte angeordnet, daß ihn ein Auto abholen sollte, aber als das Auto kam, sagte ihm sein

Instinkt, nicht in diesen Wagen zu steigen. Während er noch darüber nachdachte, erschien drei Minuten später das Auto, das ihn in Wirklichkeit abholen sollte.

Sobald sich Pater Werenfried hinter dem Eisernen Vorhang befindet, trifft er die geheimen Priester und Bischöfe, die der Entdeckung durch die Kommunisten dadurch entgingen, daß sie nicht in einer Kirche, sondern in heimlichen, zehn Minuten dauernden Zeremonien geweiht wurden. Viele dieser Zusammentreffen spielen sich in Kellern und entlegenen Bauernhöfen ab. Diese Männer tragen keine Soutanen; sie arbeiten auf den Feldern oder in Fabriken und sind nur in ihrer Freizeit als Priester tätig. Manche von ihnen fallen dem Verrat zum Opfer, aber vielen gelingt es doch, ihre Tätigkeit jahraus, jahrein fortzusetzen. Pater Werenfried hilft diesen Männern so gut er kann, indem er ihnen Geld, Bücher, Nahrungsmittel - Speckseiten (daher sein vatikanischer Spitzname) - zukommen läßt, kurz gesagt, mit allem, was sie für ihre Arbeit benötigen, einschließlich Spielzeug für die Kinder. Der Speckpriester unterhält fünf große Lagerhäuser in verschiedenen westlichen Ländern, angefüllt mit allen möglichen Waren, von Schuhen und Bekleidung bis zu geräucherten Würsten und Fleischkonserven, die zusammen mit hundert anderen Dingen, einschließlich Schreibmaschinen, an etwa siebzigtausend verschiedene Anschriften im Ostblock geliefert werden.

Ein weiteres noch unvollendetes Projekt, dessen sich der holländisch-vatikanische Spion angenommen hat, ist die Lösung des Geheimnisses der 63 654 italienischen Soldaten, die im Zweiten Weltkrieg in Rußland verschwunden sind. Der Vatikan verfügt über ausreichende Beweise, daß mindestens zwanzigtausend von ihnen noch am Leben sind. Obwohl das Schicksal von dreiundzwanzigtausend geklärt ist, da man weiß, daß sie entweder tot oder in verschiedenen Dörfern entlang des Polarkreises angesiedelt sind, ist das Schicksal der restlichen vierzigtausend nie befriedigend geklärt worden. Der Vatikan wurde auf das Geheimnis der verschwundenen italienischen Soldaten durch einige »Botschaften« aufmerksam, die aus den Ländern hinter dem Eisernen Vorhang herausgeschmuggelt und dem Papst überbracht worden sind.

Eine solche Botschaft, die mit Tintenstift auf einem abgeschliffenen Fichtenstamm gekritzelt war, der sich in einer Ladung russischen Holzes befand, die für ein Sägewerk in Conegliano bestimmt war, lautete: »Ich bin seit fünfzehn Jahren in Sibirien. Ich bin ein Alpinisoldat aus der Gegend von Carnia. Bitte, helft mir, Heiliger Vater, bitte!«

Eine ähnliche Notiz wurde am Bein eines schwarzgefiederten Stelzenläufers gefunden, einem Zugvogel, der vom Polarkreis bis nach Afrika fliegt und der von einem Jäger in Sizilien erlegt wurde. Auf einem zwanzig Zentimeter langen Papierstreifen standen folgende Worte auf italienisch: »Wir haben viele Botschaften abgesandt, aber ohne Hoffnung. Wir arbeiten als Sklaven in den Bergwerken. Wir befinden uns am Polarkreis. Wir sind dreihundert italienische Soldaten aus Salara, Friaul, Verona, Padua, Rovigo, Gott ist unsere Hoffnung auf Errettung.

Auf einer Fotografie von einer Moskauer Messe, die eine Menge Leute vor einem Nahrungsmittelstand zeigte und die in mehreren Wochenillustrierten veröffentlicht wurde, erkannten alle Bewohner des italienischen Städtchens Chioggia klar und deutlich das Gesicht des Soldaten *Nello Magnabosco,* eines Lastwagenfahrers der Pasubio-Division, die 1941 an die russische Front abgegangen war. Magnaboscos Bruder versuchte mehrere Jahre lang erfolglos, ein Einreisevisum nach Rußland zu bekommen. Schließlich wandte er sich mit seinem Anliegen an Kardinal *Albino Luciani* von Venedig (dem späteren Papst *Johannes Paul I.,* der nur vierunddreißig Tage amtierte), der es an Papst *Paul VI.* weiterleitete, der die Angelegenheit wiederum an Pater Werenfried übergab.

Weiteres Aufsehen erregte eine Delegation japanischer Funktionäre, die nach ihrer Rückkehr aus der Sowjetunion berichteten, sie hätten in Workuta, Norijsk, Tajschet, Itan und Denigrad mit vielen italienischen Gefangenen gesprochen. Ihre Mitteilungen waren glaubwürdig, da sie ihren Bericht mit Namen und letztem Dienstgrad der Gesprächspartner belegen konnten. Die Japaner übergaben diese Informationen dem päpstlichen Nuntius in Tokio, der sie auf schnellstem Wege an den vatikanischen Staatssekretär weiterleitete.

Als Teil seiner ostpolitischen Verhandlungen hält der Vatikan die Frage der vermißten italienischen Soldaten ständig im Auge, aber Moskau leugnet das Vorhandensein italienischer Kriegsgefangener und spottet über die Behauptung, daß viele dieser Männer in Zwangsarbeitslagern lebten. Bisher haben vier Päpste den Kreml offiziell um Auskunft darüber ersucht, warum die Sowjets darauf beharren, diese Männer nach fünfunddreißig Jahren immer noch festzuhalten, während die Kriegsgefangenen aus allen anderen Ländern längst nach Hause geschickt worden seien. Bisher haben die Päpste keine Antwort erhalten.

Werenfried van Straaten wurde im Jahr 1913 in den Niederlanden geboren und studierte später alte Sprachen an der Universität von Utrecht. Er trat in das Prämonstratenserkloster von Tongerlo in Belgien ein und wurde 1940 zum Priester geweiht. Vierundzwanzig Jahre später gründete er die *Hilfsorganisation für die Kirche hinter dem Eisernen Vorhang.* Obwohl »Gottes Partisanen« hinter dem Eisernen Vorhang durch Pater Werenfrieds Hilfe nicht reicher oder sicherer geworden sind, sind die Bischöfe, Priester und Seminaristen, die in diesen Ländern arbeiten, auf jedes Opfer vorbereitet und entschlossen, bis zum bitteren Ende durchzuhalten. Der holländische Priester hat anläßlich seiner Besuche bei diesen verfolgten christlichen Glaubensbrüdern feststellen können, wieviel moralische Unterstützung und Trost sie durch die vatikanische Hilfsorganisation für die Kirche hinter dem Eisernen Vorhang gewannen. Was er im Zug seines ersten heimlichen Besuchs sah, reichte aus, um ihn für alle Zukunft anzuspornen. Er berichtete mir: »Ich traf meinen ersten Bischof beim Besuch einer Kathedrale in Jugoslawien. Sein Anzug war abgeschabt, an manchen Stellen zu weit, an anderen zu eng. Seine Hosen waren geflickt. Er war zwar Bischof, aber er trug weder einen Bischofsring noch ein Brustkreuz. In seiner Diözese befanden sich zahlreiche entvölkerte Dörfer mit ausgebrannten Häusern und halbzerstörten Kirchen.«

Dieser Bischof lud Pater Werenfried ein, mit ihm auf dem Rücksitz seines uralten Motorrads einige Kirchen aufzusuchen. Wenige Minuten später waren sie unterwegs, aber nun trug der Bischof andere Kleidung. Er trug gelbbraune Schnürlsamthosen, breite schwarze Soldatenstiefel, einen Pullover, einen einfachen Priesterkragen und einen dunkelgrauen Überzieher - aber nichts Purpurnes. Sie fuhren auf unglaublich schlechten Straßen und gelangten zur ersten Kirche. Sie bestand nur mehr aus vier Mauern ohne Dach und wies schwarze Brandspuren auf. An Sonntagen wurde hier unter freiem Himmel die Messe zelebriert.

Es gibt in Jugoslawien eine Verordnung, wonach eine Kirche nicht abgerissen werden darf, wenn sie noch im Gebrauch ist. Viele Jahre lang hatte sich dieser Priester um eine Erlaubnis zum Bau eines neuen Daches bemüht. Nach seinem Besuch beschloß Pater Werenfried wegen des Daches etwas zu unternehmen. Zusammen mit einer Gruppe von Arbeitern schlich er zurück nach Jugoslawien, wo dann das Dach in einem fieberhaften Wettlauf mit der Zeit in der Nacht bei Kerzenlicht neu gebaut wurde. Später, als Pater Werenfried wieder zurück im Vatikan war, erfuhr er über das geheime vatikanische Nachrichtennetz, daß die Vertreter der jugoslawischen Obrigkeit über die nächtliche Restaurierung des Daches so wütend waren, daß sie als Vergeltung das einzige Bett des Sprengelpfarrers beschlagnahmten. Der Vatikan kümmerte sich auch um diesen Notfall. Innerhalb weniger Tage hatte der holländische Priester dem Pfarrer ein neues Bett zukommen lassen und ein Dutzend Speckseiten als Draufgabe.

Vor Pater Werenfrieds Nachkriegstätigkeit nützte dem Vatikan seine Unabhängigkeit gegenüber den kriegführenden Parteien insofern, als sie es dem Spionageapparat ermöglichte, kriegsgefangene Soldaten und Zivilisten in allen Ländern auszuforschen. Im September 1939 wurden diese Tätigkeiten im *Vatikanischen Informationsamt* organisatorisch zusammengefaßt. Mit einem Stab von fast neunhundert Mitarbeitern konnte diese Organisation in sieben Jahren mehr als zehn Millionen Anfragen wegen vermißter Personen bearbeiten. Der Heilige Stuhl war in der Lage, die Mehrzahl der Anfragen über den Aufenthalt vermißter Familien oder Familienangehörigen, Soldaten und Zivilisten zu beantworten. Die Informationen über vermißte Personen wurden von den päpstlichen Nuntien und Apostolischen Delegaten und ihren Mitarbeitern in allen am Krieg beteiligten Ländern gesammelt – sogar im fernen Japan und in Australien; die einzige Quelle waren oft gefangene Geistliche, die in der Lage waren, Nachrichten aus den Internierungslagern hinauszuschmuggeln oder nach ihrer Freilassung mitzubringen. Ferner beschaffte sich der Vatikan Informationen durch äußerst heikle Verhandlungen mit den kriegführenden Staaten, einschließlich der Sowjetunion, die sich damals sehr kooperativ zeigte. Nur Deutschland verweigerte die Mitwirkung: Als der Papst zu Weihnachten 1939 in Berlin um eine offizielle Liste der polnischen Kriegsgefangenen nachsuchte, erfolgte keine Antwort. Von diesem Zeitpunkt an versuchte der Vatikan nie wieder, von den Nazis Informationen über Kriegsgefangene zu erhalten, sondern beschaffte sie sich über andere Kontakte, zumeist von gutplazierten Spionen innerhalb der Nazihierarchie und von katholischen Priestern in den verschiedenen deutschen Städten.

Man weiß heute nur sehr wenig über diese besondere Aktion des Vatikans, die den Heiligen Stuhl viele Millionen Dollar kostete. Das Vatikanische Informationsamt hatte unter schwierigen Bedingungen ausgezeichnete Arbeit geleistet, die eine entsprechende Würdigung verdient hätte. Es hatte nur einen einzigen Fehlschlag erlitten, als es nämlich Papst Pius XII. im Jahre 1940 nicht gelang, einen Austausch sämtlicher Kriegsgefangenen zu vermitteln.

16. KAPITEL

»Hier spricht Radio Vatikan!«

In Rom erzählt man immer noch folgende Anekdote: Eines Tages kommt ein Mitarbeiter Breschnews, mit Nadel und Zwirn ausgerüstet, in dessen Arbeitszimmer, um, wie er sagt, den fehlenden Knopf an seiner Hose anzunähen. Als ihn Breschnew fragte, woher er wisse, daß der Knopf fehle, entgegnete der Mann: *»Ich hab's eben über Radio Vatikan gehört.«*

Diese Anekdote verdeutlicht den weltweiten Ruf, den sich Radio Vatikan im Lauf seiner etwa fünfzigjährigen Tätigkeit erworben hat. *Radio Vatikan sendet wöchentlich zweihundertfünfundzwanzig Stunden lang in dreiunddreißig Sprachen in hundert Ländern, auf UKW, Kurzwelle und Mittelwelle.* (Ohne Radio Vatikan würde das päpstliche Spionagenetz wahrscheinlich nicht so gut funktionieren.) Radio Vatikan wird *von etwa achtzig Millionen Menschen gehört.* Unter ihnen befinden sich auch die Abhörspezialisten und Vatikanologen im Kreml und in anderen Teilen der Sowjetunion, in Sibirien, Swerdlowsk, Nowosibirsk, Samarkand und Karaganda, wo Abhörstationen eingerichtet wurden. Von Zeit zu Zeit beschließt Moskau, die Sendungen von Radio Vatikan zu stören, insbesondere dann, wenn es Nachrichten verbreitet, die vom Kreml unterdrückt wurden. Ein geschickter Trick von Radio Vatikan, den die Kommunisten allerdings inzwischen erkannt haben, ist es, eine besonders heikle Nachricht in nur eine einzige fremdsprachige Sendung für Rußland einzuschieben und sie in allen anderen Nachrichtensendungen dieses Tages nicht zu erwähnen, um auf diese Weise die Zensur zu überlisten und den Einsatz der Störsender zu vermeiden. Heute funktioniert das nur noch gelegentlich, aber in der Vergangenheit funktionierte es fast immer.

Außerdem hört die Sowjetunion Tag für Tag sämtliche Sendungen von Radio Vatikan ab, die für osteuropäische Länder mit überwiegend katholischer Bevölkerung bestimmt sind, vor allem Polen, wo, wie man im Vatikan weiß, mehr Menschen zuhören als in irgendeinem anderen kommunistischen Staat. Weder die tschechische noch die polnische Regierung verfügt über Störsender, vielmehr sind beide Länder hier von »Dienstleistungen« Moskaus abhängig.

Der Rundfunk des Vatikans, der mit modernsten Einrichtungen, darunter der größten Rotationsantenne der Welt und einem Fünfhundert-kW-Sender ausgestattet ist und von Jesuiten betrieben wird, strahlte seine erste Sendung im Jahr 1931 aus, und zwar mit Geräten, die von *Guglielmo Marconi*, dem Erfinder des drahtlosen Rundfunks, gebaut wurden. Marconi selber war es, der die ersten Worte sprach, die je über Radio Vatikan ausgestrahlt wurden, als er nämlich am 12. Februar 1931 Papst *Pius XI.* vorstellte, der dann zu seinen wenigen hundert Hörern sagte: »Mit Hilfe der wunderbaren Erfindung des Marconi können Wir zu allen Geschöpfen sprechen und zu allen Menschen, die der Worte der Heiligen Schrift bedürfen. Menschen in der Ferne, leiht Uns euer Ohr . . .« Marconi stellte noch mehrere Jahre lang sein Wissen zur Verfügung und verbesserte die Sendeeinrichtungen von Radio Vatikan, das damals innerhalb der Mauern des Vatikans stand. Heute steht das Hauptsendezentrum etwa achtzehn Kilometer nördlich von Rom auf einem Areal, das zehnmal so groß ist wie der Vatikanstaat, eine Sendeantenne aber befindet sich weiterhin auf dem Boden des Vatikans. Seit Marconi den Sender in Betrieb gesetzt hat, ist er nur ein einziges Mal verstummt, am 10. Dezember 1979, als er infolge eines Blitzschlags achtzehn Stunden außer Betrieb war.

Was die meisten Hörer nicht wissen, ist die Tatsache, daß das Büro des vatikanischen Staatssekretariats an jedem Wochentag, früh am Morgen, Mitteilungen ausstrahlt, darunter viele verschlüsselt, die für Priester, Nuntien, Apostolische Delegaten und Kardinäle in aller Welt bestimmt sind. Jeder kirchliche Würdenträger weiß genau, um welche Zeit er die für ihn oder sein Gebiet bestimmten Mitteilungen abhören kann. Außerdem erhält er verschlüsselte Signale vom Vatikan, die ihn erinnern, zu welchem Zeitpunkt er seinen Empfänger benützen soll. Im Gegensatz zu anderen Rundfunkstationen strahlt Radio Vatikan häufig vertrauliche Mitteilungen aus, die niemand verstehen kann, außer dem päpstlichen Vertreter, für den sie bestimmt sind. So kann man, beispielsweise, etwa folgendes hören: »Pater Tizio, mit Bezug auf die Information in Ihrem Schreiben vom 8. September über die Bäuerin, die Erscheinungen der Heiligen Jungfrau hat, haben wir Ihre Vorschläge beraten, schlagen jedoch vor, daß *ad captandum vulgus* ...«

Mit einem Mitarbeiterstab von über dreihundert Männern und Frauen, darunter vielen mehrsprachigen Nichtitalienern, strahlt Radio Vatikan fast fünfhundert Rundfunkprogramme pro Woche aus. Sie reichen von päpstlichen Ansprachen und Segenswünschen bis zu internationalen Nachrichtensendungen und von Jazz bis zu heiligen Messen. Die vom französischen Komponisten *Charles Gounod* geschriebene vatikanische Hymne wird mindestens einmal wöchentlich gesendet. Die Zahl der theologischen Gespräche wird auf einem Minimum gehalten, denn die Verantwortlichen von Radio Vatikan meinen, daß diese nicht sehr leicht verständlich wären und die meisten Hörer langweilen würden. Aus den etwa fünfzigtausend Hörerbriefen, die alljährlich aus allen Teilen der Welt einlangen, kann Radio Vatikan die Hörerwünsche ablesen und sein Programm entsprechend gestalten.

Eine ganz besondere Sendung, die Radio Vatikan im September 1979 ausstrahlte, hatte eine Lawine von Hörerpost zur Folge, die größte in seiner Geschichte. In dieser Sendung wurde ein fiktives Interview mit der Jungfrau Maria ausgestrahlt, in dessen Verlauf sie nach ihrer Meinung über die emanzipierten Frauen von heute, die Selbstmorde von *Marilyn Monroe* und *Jean Seberg*, die weltweite Umweltverschmutzung, den Atomkrieg, den Holocaust an sechs Millionen Juden sowie den Kampf der Palästinenser um eine eigene Heimat gefragt wurde. Jede der Antworten Marias stammte aus den Evangelien. Hier ein Auszug aus dem Manuskript, das auf italienisch, spanisch, polnisch, englisch, deutsch, französisch, portugiesisch und esperanto ausgestrahlt wurde:

Frage: Was hältst du vom tragischen Tod der Filmschauspielerin Jean Seberg, die Selbstmord begangen hat, so wie Marilyn Monroe?

Antwort: Meine Tochter, warum hast du uns so behandelt? Siehe, dein Vater und ich haben voll Angst nach dir gesucht. (Aus dem Lukas-Evangelium)

Frage: Wir sind voller Angst. Der drohende Atomkrieg, die Verschmutzung der Umwelt, die Erschöpfung der Energiequellen, Terrorismus, Verbrechen, Korruption, Folter . . . Glaubst du, der Herr wird weiterhin Geduld haben mit dieser armen, irregeleiteten Welt?

Antwort: Seine Gnade ruht auf jenen, die ihn von Geschlecht zu Geschlecht fürchten. (Aus dem Lukas-Evangelium)

Frage: Hättest du je an einen Holocaust an jenem Volk gedacht, das dich geboren hat?

Antwort: Er hat die Stolzen in der Einbildung ihrer Herzen zerstreut. Er hat die Mächtigen von ihren Thronen gestoßen und die Niedrigen erhoben. (Aus dem Johannes-Evangelium)

Frage: Wo warst du in jenen tragischen Augenblicken der Weltgeschichte, die leider immer wieder vorkommen, wie wir es heute am Beispiel der Leiden der Palästinenser, der Indochinaflüchtlinge und anderer sehen?

Antwort: Neben dem Kreuz Jesu stand seine Mutter. (Aus dem Johannes-Evangelium)

Obwohl die Antworten in diesem fiktiven Interview notgedrungen vage und eher kryptisch waren, waren die Hörer allerorten von dieser Sendung fasziniert.

So wie bei allen anderen Kommunikationsmedien auch, stehen neben Erfolgen dieser Art schwierige Augenblicke, ja geradezu katastrophale Situationen. Dies ereignete sich beispielsweise beinahe im Radio Vatikan, als die ganze Welt auf die Osterbotschaft des Papstes *Pius XII.* wartete. Fünf Minuten bevor er im Studio von Radio Vatikan ins Mikrofon sprechen sollte, bekam er plötzlich einen Anfall von Schluckauf. (Pius litt lebenslang an Schluckauf-Anfällen, was aber lange Zeit vor der Öffentlichkeit geheimgehalten wurde.) Zahlreiche ausländische Sender waren angeschlossen, Millionen von Menschen warteten auf die Worte des Heiligen Vaters, aber der war anscheinend nicht imstande, den Schluckauf loszuwerden. Während der Sekundenzeiger der Studiouhr unaufhaltsam dem Beginn der Sendung zustrebte, versuchten die

Mitarbeiter mit allen möglichen Tricks, den Schluckauf des Papstes zu stoppen – sie drehten ihn neunmal nach rechts um die eigene Achse, sie stülpten ihm eine Papiertüte über den Kopf, ließen ihn den Atem anhalten und versuchten ihn sogar durch eine plötzliche Bewegung zu »erschrecken«, ein anderer schlug vor, man solle seine Zunge mittels Daumen und Zeigefinger herausziehen. Aber nur wenige Sekunden vor Sendebeginn verschwand der Schluckauf ebenso plötzlich, wie er gekommen war, und der Papst konnte seine Botschaft ohne jegliche Schwierigkeit verkünden.

So wie jedes größere Nachrichtenunternehmen hat auch Radio Vatikan bereits Programme und Tonbänder für den Fall des Todes Papst *Johannes Pauls II.* vorbereitet. Sie tragen die Codebezeichnung *Tag X* und wären im Mai 1981 verwendet worden, wenn das Attentat auf ihn nicht fehlgeschlagen wäre. Das Programm für den Tag X umfaßt eine Reihe von Sendungen in allen dreiunddreißig Sprachen, die mehrere Tage dauern können und die auch öffentliche Reden und Erklärungen des Papstes enthalten.

Ein geographischer Bereich, in dem man Radio Vatikan verhältnismäßig schwach hört, ist Nordamerika. Wenn man in den Vereinigten Staaten oder Kanada wohnt, ist es nicht leicht, die englischsprachigen Programme des Vatikans zu empfangen, da die Strategie des Vatikans darauf ausgerichtet ist, bevorzugt in die atheistischen Länder hineinzuwirken, wie etwa in die kommunistischen Staaten Europas. Sogar auf dem chinesischen Festland haben die Menschen einen besseren Empfang und auch mehr Programme, nicht nur in englischer Sprache, sondern auch in Mandarin und Esperanto.

Der Vatikan ist der Meinung, daß seine Sendungen in Esperanto wertvoller sind als in jeder anderen Sprache, mit Ausnahme des Englischen; die päpstlichen Behörden sind zur Auffassung gelangt, daß Englisch zur wichtigsten internationalen Sprache geworden ist sowie in fast allen Ländern zur zweitwichtigsten Sprache, nachdem es als die meistbenützte Diplomatensprache an die Stelle des Französischen getreten ist. Es gibt immer noch zahlreiche französischsprachige Sendungen für Nordafrika und den Nahen Osten sowie auch Sendungen auf spanisch, das sich dadurch auszeichnet, daß es in mehr Ländern gesprochen wird als jede andere Sprache. Obwohl Latein die Amtssprache des Heiligen Stuhls ist, gibt es kaum Sendungen in dieser Sprache.

Generaldirektor von Radio Vatikan ist Hochwürden *Roberto Tucci*, der in ständigem Kontakt mit dem vatikanischen Kardinalstaatssekretär *Agostino Casaroli* steht. Der letztere überwacht Radio Vatikan sehr genau, läßt aber Pater Tucci dennoch viel Spielraum. Zwar konferiert Hochwürden Tucci von Zeit zu Zeit mit Johannes Paul II., aber er verläßt sich darauf, daß Kardinal Casaroli ihn auf äußerst heikle Sachverhalte aufmerksam macht, damit keine der Sendungen einen kirchlichen Würdenträger, der irgendwo unter politischem oder sozialem Druck steht, in Schwierigkeiten bringt.

Pater Tucci gab zu, daß sein Jahresbudget von fast 4,5 Millionen Dollar eigentlich zu gering sei, um die zu leistende Arbeit so gründlich und professionell zu bewältigen, wie er es sich wünschte. Radio Vatikan stellt trotz seiner begrenzten Mittel eine erfolgreiche Mischung aus professioneller und amateurhafter Arbeit dar. Manche ständigen Sprecher – darunter viele Geistliche und Nonnen – sammeln ihre Erfahrungen während der Arbeit; gerade deshalb, weil sie einer gemeinsamen Aufgabe verpflichtet sind, der Verbreitung des Glaubens über die ganze Welt, sind sie eine starkmotivierte Gruppe, die schnell lernt und ausgezeichnet funktioniert. Obwohl sie erheblich weniger Geld verdienen als bei privaten Rundfunkanstalten (in einigen Fällen erhalten die Geistlichen und Nonnen überhaupt keine Bezahlung), sind die Mitarbeiter und das leitende Personal sehr stolz darauf, daß Papst Johannes Paul II., als er zum fünfzigsten Jahrestag des Bestehens von Radio Vatikan dessen Studios besuchte, den Versammelten erzählte, daß er während seiner seelsorgerischen Tätigkeit in Krakau, erst als einfacher Geistlicher, dann als Erzbischof und Kardinal, nur selten eine polnische Sendung von Radio Vatikan versäumte.

17. KAPITEL

Osservatore Romano, die Tageszeitung des Vatikans

Vor nicht allzu langer Zeit entdeckte Johannes Paul II., daß das halbamtliche Vatikanblatt *Osservatore Romano* einige der stilistischen Perlen aus seinen päpstlichen Ansprachen eliminiert hatte. Der Papst war sehr aufgebracht und ließ die Redakteure des Blattes wissen, daß er ab sofort die Druckfahnen seiner Reden vor ihrem Erscheinen in der Zeitung sehr genau überprüfen würde. 1981 ging er noch weiter und begann, sich in die Gestaltung der Schlagzeilen auf der ersten Seite einzumischen, indem er sie umschrieb, nachdem sie bereits gesetzt waren. Johannes Paul hat vor allem untersagt, daß Abdrucke seiner Reden mit Sätzen eingeleitet werden wie: »Wir bringen hiermit folgende Rede unseres erhabenen und erlauchten obersten Pontifex, des Heiligen Vaters, so wie wir sie von seinen hehren Lippen abgelesen haben.« Auch hat der Papst einigen Freunden anvertraut, er halte den *Osservatore Romano* für eine langweilige Zeitung, deren Farblosigkeit geändert gehörte, sozusagen »dem Himmel nähergebracht werden sollte, wo es mehr Licht und weniger Grau gebe«.

Der Papst steht mit seiner Meinung nicht allein, denn praktisch alle Journalisten und Redakteure Italiens meinen, daß die »Zeitung des Papstes«, vom professionellen Standpunkt betrachtet, wohl eine der langweiligsten Zeitungen aller Zeiten sei. Sie enthält keine Sportberichte, keine Berichte über Verbrechen, keine Finanznachrichten, kaum Anzeigen, keine Buchbesprechungen, keine Comic strips, keine Leserzuschriften, keine regelmäßigen Kolumnen, keine Skandale und fast nie Fotografien (es sei denn vom Papst). Dazu kommt noch, daß das Blatt häufig weltbewegende Nachrichten auf einer Innenseite bringt, während alle anderen Zeitungen der Welt sie, mit Recht, mit Schlagzeilen auf der ersten Seite gebracht haben. Ein Beispiel dafür ist das Ende des Vietnamkriegs, das auf Seite vier mitgeteilt wurde. Im übrigen ist es sogar vorgekommen, daß der *Osservatore Romano* eine Sensationsmeldung erst einige Tage nach dem Ereignis abgedruckt hat (beispielsweise den Rücktritt Präsident Nixons, der erst zwei Tage später gemeldet wurde). Überdies scheint es dem Sprachrohr des Vatikans nichts auszumachen, einen Artikel in lateinischer oder einer anderen von dreiunddreißig verschiedenen Sprachen, einschließlich Sanskrit, abzudrucken - und zwar ohne Übersetzung.

In dem dreißig Personen umfassenden Redaktionsstab befinden sich nur zwei Geistliche (einer davon, *Virgilio Levi*, ist geschäftsführender Chefredakteur und steht somit an zweiter Stelle). Das technische Personal umfaßt sechzig Beschäftigte. Die Redaktionsräume des exzentrischen *Osservatore* befinden sich in einem zweigeschossigen Gebäude an der Innenseite der vatikanischen Mauern, nahe dem Tor der heiligen Anna. Da die meisten Artikel mit der Feder geschrieben werden, ist das Klappern von Schreibmaschinen in der klösterlichen Stille der Redaktion nur selten zu hören. Stille herrscht auch in den vielen Einzelbüros (es gibt dort keinen großen Redaktionsraum wie in fast allen Zeitungsredaktionen) mit ihren altmodischen Möbeln, hohen Decken und Wänden, die mit religiösen Gemälden und Kruzifixen geschmückt sind. Dasselbe gilt für die dunklen Korridore zwischen den Büros, von denen viele nicht einmal mit einem Telefon ausgestattet sind.

Der *Osservatore* ist ein großformatiges, acht Seiten umfassendes Abendblatt, das an fünf Tagen in der Woche erscheint, aber das Datum des nächsten Tages aufweist (an Montagen erscheint das Blatt nicht). Seit dem 4. April 1963 publiziert der Vatikan auch eine Wochenzeitung mit Reportagen und päpstlichen Ansprachen, die auf italienisch, englisch, französisch, spanisch, portugiesisch und deutsch erscheint. Obwohl der Vatikan die Auflagenziffern geheimhält, ließ ein vatikanischer Druckereibediensteter durchblicken, daß von der Sonntagsausgabe etwa hunderttausend Exemplare verkauft werden. Die meisten davon sind abonniert, nur wenige Einzelstücke werden an den römischen Zeitungsständen vertrieben, obwohl jeder Kiosk täglich um etwa achtzehn Uhr zwei oder drei Exemplare zugestellt bekommt.

Der *Osservatore* hat ein jährliches Defizit von zwei Millionen Dollar. Dennoch wird die in über hundert Ländern vertriebene Zeitung äußerst genau gelesen, und ihr Einfluß ist angesichts der verhältnismäßig kleinen Wochentagsauflage von sechzigtausend Exemplaren sehr groß. In der UdSSR ist sie verboten, dennoch bezieht der Kreml sieben Exemplare täglich (das erste Abonnement wurde von *Josef Stalin* abgeschlossen), und mehrere Exemplare werden in der Moskauer Leninbibliothek archiviert. Weitere Exemplare gehen täglich an die Staatschefs in Peking, Washington, Senegal, London, Bonn, Paris und fast allen anderen Hauptstädten der Welt, nicht zu reden von der Insel Hvar, der Republik San Marino, Tibet, Alaska und Andorra. Der *Osservatore* ist wahrscheinlich auch das meistzitierte Blatt der Welt und wird nicht nur von den in Rom ansässigen Auslandsjournalisten sorgfältig nach brauchbarem Material durchgesehen; die darin geäußerten Ansichten werden häufig von anderen Zeitungen wiedergegeben. So veröffentlichte der *Osservatore* beispielsweise einmal einen Gastkommentar über den Boxsport, in dem der Verfasser diese Sportart etwas abschätzig als »gefährliche Prügelei« bezeichnete. Obwohl der Feuilletonist ausschließlich seine persönliche Auffassung wiedergab, übernahmen viele Publikationen und Nachrichtendienste die Geschichte und berichteten, der Vatikan sei gegen das Boxen. Später meinte der Chefredakteur zutiefst verärgert: »Wir wissen nicht, ob es überhaupt eine offizielle Meinung des Vatikans über das Boxen gibt. Niemand hat uns diesbezüglich etwas mitgeteilt.«

Der *Osservatore* wurde im Jahr 1861 gegründet, »um alle Schmähungen gegen Rom und dessen Pontifex zu verurteilen und zu widerlegen«, und ist sicherlich die ungewöhnlichste Zeitung der Welt, die *mehr dafür bekannt ist, was sie nicht meldet, als für das, was sie veröffentlicht.* Ihr täglicher Inhalt ist hauptsächlich eine Mischung aus päpstlichen Reden, vatikanischen Dokumenten, Kulturberichten, religiösen (vor allem katholischen) Nachrichten aus aller Welt, Nachrufen und aktuellen Artikeln, die die unmenschliche Behandlung des katholischen Klerus durch totalitäre Regierungen aufzeigen. Das liest sich beispielsweise so:

»Die Nachrichtenagentur ANSA zitiert Berichte der tschechischen Nachrichtenagentur ČTK, wonach erstmals öffentlich eingestanden wurde, daß katholische Priester in der Stalinzeit ungerecht verurteilt wurden. Die Tageszeitung *Lidova Demokracie*, das Organ der tschechischen Volkspartei, zitierte heute diesbezügliche Äußerungen von Vertretern des Sekretariats für religiöse Angelegenheiten. Die Funktionäre erklärten, man könne nicht mehr feststellen, wie viele Geistliche in den Jahren des Stalinismus vor Gericht gestellt und verurteilt worden seien; jedoch, so fügten sie hinzu, sei einigen eine Amnestie gewährt worden. Den freigelassenen Priestern sei aufgetragen worden, sich mit ›produktiver Arbeit‹ zu beschäftigen«.

Der *Osservatore*, der auch vor scharfen Worten nicht zurückscheut, wenn er den Kommunismus angreift (»die gefühllose Allmacht des materialistischen Staats, ohne jegliches über diese Welt hinausweisende Ideal, ohne Religion und ohne Gott«), zögerte auch nicht, sich mit totalitären Riesen anderer Couleur anzulegen. So erlebte beispielsweise der *Osservatore* durch seinen Streit mit Benito Mussolini nicht nur seine vielleicht stolzeste Stunde, sondern konnte seine Tagesauflage im Zweiten Weltkrieg auf über vierhundertvierzigtausend Exemplare steigern, denn er war zur Zeit der Diktatur Mussolinis die einzige Zeitung in Italien, die Nachrichten aus dem Lager der Alliierten abdrucken konnte. Mussolini ärgerte sich ganz besonders darüber, daß Chefredakteur Graf *Giuseppe Dalla Torre* (der das Blatt über vierzig Jahre lang bis zu seiner Pensionierung im Jahr 1961 leitete) sich beständig weigerte, Mussolini mit seinem Lieblingstitel *Il Duce* zu bezeichnen.

Dalla Torre, ein offener und geradliniger Mann, der fast alle scharfen Leitartikel selber verfaßte, zeigte seine Verachtung für Hitler, als dieser im Mai 1938 nach Rom kam, um Mussolini zu treffen, ein damals aufsehenerregendes Ereignis, über das die gesamte Weltpresse in großer Aufmachung berichtete. Statt Nachrichten über die Hitler-Mussolini-Gipfelkonferenz in Rom zu bringen, benutzte Dalla Torre die Leitartikelspalte seiner Zeitung, um die beiden Faschistenführer zu ärgern: Er wies darauf hin, daß Papst Pius XII. Rom verlassen habe, um sich in seinen Sommersitz in Castel Gandolfo zu begeben, da

»Seine Heiligkeit die Luft in den Hügeln besser findet als die in Rom«.

Mussolini betrachtete dies als einen Affront höchsten Grades. Er befahl die Verhaftung Dalla Torres. Während eines Spaziergangs über den Petersplatz überquerte der kämpferische Graf eines Tages die weiße Linie auf dem Pflaster, die die Grenze zwischen dem souveränen Vatikanstaat und Italien markierte. Sofort wurde er von zwei faschistischen Beamten in Zivil angehalten und »eingeladen«, ihnen zur *Questura*, der Zentrale der römischen Polizei, zu folgen, da er verhaftet sei. Dalla Torre nickte zustimmend und ging mit den Männern mit, wobei er harmlose Konversation machte und über die Einladung witzelte, um die beiden Polizisten abzulenken. Plötzlich riß sich Dalla Torre los, und ehe ihn die Polizisten aufhalten konnten, gelang es ihm, wieder die weiße Grenzlinie zum Vatikanstaat zu überqueren. Wenige Zentimeter hinter der Linie blieb er stehen, drehte sich um und fauchte die beiden Beamten an: »Sagen Sie Ihrem Chef, er weiß sehr wohl, wo mein Büro ist, und wenn er mich etwas fragen will, dann soll er bei meinem Sekretär einen Termin anmelden – vielleicht werde ich Zeit finden, ihn zu empfangen!«

Diese Art von widersetzlichem Verhalten war nicht das, was Mussolini in einem Land gewohnt war, das er mit eiserner Faust regierte. Das Großmaul befahl die Ermordung Dalla Torres und setzte zwei seiner Schwarzhemden auf den kämpferischen Chefredakteur an. Ein im Büro Mussolinis sitzender Spion des Vatikans meldete dies schnellstens dem Papst, der seinem Chefredakteur befahl, vatikanischen Boden vor Kriegsende nicht mehr zu verlassen. Dementsprechend ging Dalla Torre nur mehr von seiner Redaktion zu seiner Einzimmerwohnung innerhalb des Vatikans, wobei er jeden Tag einen anderen Weg wählte, um nicht irgendeinem, die internationalen Grenzen nicht beachtenden Schützen zum Opfer zu fallen. Dalla Torre überlebte. Und so mutet es doch seltsam an, daß Dalla Torre, als die Alliierten im April 1944 Rom befreiten und die Nazitruppen, die die Ewige Stadt besetzt hatten, nordwärts flohen, dieses bedeutende Ereignis nicht herausstellte. Statt dessen brachte er auf der ersten Seite eine acht Spalten umfassende Titelgeschichte, die mit der Befreiung überhaupt nichts zu tun hatte, sondern von einer wichtigen kirchlichen Entscheidung handelte, die von Papst Pius XII. ratifiziert worden war. Die Befreiung Roms wurde in wenigen Zeilen auf der letzten Seite gemeldet. Diese Ausgabe ist heute ein begehrtes Sammlerstück.

Eine andere Ausgabe, die heute als ähnlich beliebtes Sammlerobjekt gilt und für die auf dem Markt über hundert Dollar bezahlt werden, ist jene, auf deren Titelseite die am 26. August 1978 erfolgte Wahl des Kardinals *Luciani* von Venedig zum Papst *Johannes Paul I.* in lateinischer Sprache gemeldet wurde. Diese Ausgabe wurde in nur vierundzwanzig Minuten fertiggestellt. Die Redakteure des *Osservatore* und die Übersetzer des Vatikans hatten in ihrem Eifer jedoch übersehen, daß die Schlagzeile: HABEAMUS PAPAM ALBINUM LUCIANI QUI SIBI NOMINEM IMPOSUIT IOANNEM PAULUM I ein nicht existierendes lateinisches Wort enthielt. Der Fehler wurde, was lustig genug ist, vom schulpflichtigen Sohn eines Redakteurs entdeckt, der eben sein erstes Jahr Lateinunterricht hinter sich hatte. Er sei zwar kein Lateinexperte, meinte er entschuldigend zu seinem Vater, aber das Wort *nominem* gäbe es im Lateinischen überhaupt nicht, es hätte vielmehr das Wort *nomen* (das Name bedeutet) benützt werden müssen.

Der derzeitige Chefredakteur ist *Valerio Volpini*, Nachfolger von *Raimondo Manzini*, der seinerzeit der Nachfolger Dalla Torres gewesen war. Volpini widerfuhr die »Auszeichnung«, der bisher einzige von neun Chefredakteuren des *Osservatore* zu sein, der wegen Verleumdung angeklagt wurde. Ein italienisches Gericht fand ihn 1979 für schuldig, den Redakteur einer katholischen vierzehntägig erscheinenden Publikation in einem Leitartikel als »Säer von Unzufriedenheit« und der »Ermutigung von Spaltungstendenzen innerhalb der Kirche« bezichtigt zu haben. Volpini wurde zu einer Geldstrafe von zweihundertneunundneunzig Dollar verurteilt, allerdings bedingt, da er nicht vorbestraft war. Papst Paul VI. gab Volpini bei seinem Prozeß keine Unterstützung, da er den Leitartikel vor der Drucklegung nicht gesehen hatte und ihn, nachdem er ihn gelesen hatte, als geschmacklos empfand.

Dies führt zur Frage, *wie offiziell* das im *Osservatore* Gedruckte eigentlich ist und in welchem Maß die Leitartikel die Meinung des Vatikans oder des Papstes zu einem gegebenen Thema widerspiegeln. Reporter, die das Blatt nach Hinweisen oder Andeutungen durchforschen, begehen manchmal den Fehler, ihre Leser dadurch irrezuführen, daß sie den *Osservatore* nicht als »halbamtliches Blatt des Vatikans« bezeichnen und die Leser nicht darauf aufmerksam machen, daß die dort zum Ausdruck kommenden Meinungen, wenn sie nicht direkt dem Papst oder einem offiziellen Sprecher zugeschrieben sind, der offiziellen Auffassung entsprechen *können*, aber *nicht müssen.* Trotzdem lesen die staatlichen Funktionäre, die in über hundert Ländern dieses Blatt beziehen, jeden Artikel sehr genau, in der Hoffnung, etwas zwischen den Zeilen herauslesen zu können und aus dessen Äußerungen über Moral, Religion, Politik und internationale Entwicklungen etwas über die künftige Politik des Vatikans in dieser oder jener Sache herauslesen zu können.

Gleichsam als diene dies einem besonderen mysteriösen Zweck, gestattet der Vatikan nicht, daß seine eigene Tageszeitung als offizielles Organ bezeichnet wird, obwohl es allgemein als Sprachrohr des Vatikans betrachtet wird, was es in vielfacher Hinsicht auch ist. Das einzige *offizielle Periodikum* des Vatikans, die *Acta Apostolicae Sedis*, erscheint viermal jährlich und veröffentlicht kirchliche Dokumente, vatikanische Gesetze und amtliche Verlautbarungen in lateinischer Sprache. Das Blatt mit seiner weltweiten Verbreitung (meist durch Luftpost) ist ein ziemlich verläßliches Sprachrohr des Papstes, dient als sichtbares Schwert gegen die Feinde der katholischen Kirche und hat einen im Verhältnis zu seiner geringen Auflage großen Einfluß.

Bevor die *Acta* erstmals veröffentlicht wurde, hatte der Vatikan tatsächlich ein offizielles Blatt, namens *Diario di Roma*, das im Februar 1829 zum ersten Mal gedruckt wurde. Es war nur eine Spalte breit und war mit seinem Format von 6,9 mal 10,9 Zentimetern die *kleinste je gedruckte Zeitung*. In ihrem Kopf trug sie den Hinweis, daß sie mit päpstlicher Genehmigung (*con privilegio pontifico*) veröffentlicht wurde. Das einzige erhaltene Exemplar dieser Minizeitung befindet sich heute in Deutschland, im Zeitungsmuseum von Aachen.

Indessen ist das, was im *Osservatore* nicht gemeldet wird, manchmal bedeutsamer, als das, was darin stand, wie mancher Vatikanologe entdecken mußte. Anläßlich der Verkündung von Papst Pauls Enzyklika *Humanae Vitae*, die die Verwendung artifizieller Geburtenregelungsmethoden verbot und als Todsünde bezeichnete, fanden sich im Blatt weder Meldungen noch Kommentare über den Proteststurm, die diese Enzyklika unter den Katholiken der Welt, insbesondere in den Vereinigten Staaten, ausglöst hatte.

Der Herausgeber – mit anderen Worten, der Vatikan –, der sehr wohl weiß, wie genau der *Osservatore* gelesen wird, ist häufig sehr penibel in bezug auf das, was in Druck geht. Sogar die wenigen Anzeigen werden von vatikanischen Administratoren genau geprüft. Die meisten Werbeanzeigen werden über eine Werbeagentur plaziert und umfassen Anzeigen für Banken, Bestattungsunternehmen, Bücher oder ähnliche Dinge. Alles andere wird als unpassend erachtet. Von Zeit zu Zeit werden Inserenten, die etwas in diesem Blatt unterbringen, plötzlich ersucht, ihre Werbung anderswo unterzubringen. So hat beispielsweise vor einigen Jahren die Firma Johnson's Wax an zwei verschiedenen Tagen ganzseitige Anzeigen plaziert: Die Werbeanzeige auf der letzten Seite zeigte eine Nahaufnahme der Fassade des Petersdoms mit den Worten: »Wahrhaft glänzend – die Basilika des Heiligen Petrus wurde kürzlich gereinigt – mit Johnson's Wax Products.« Obwohl der Petersdom tatsächlich mit Johnson's Wax gewachst worden war, fand der Vatikan die Anzeige geschmacklos, weil darauf der Petersdom abgebildet war und der Vatikan für das Wachs ja bezahlt hatte. Der Vatikan ließ die Wachsfirma wissen, er könne nicht verhindern, daß die Menschen glaubten, er habe das Wachs kostenlos bekommen und befürworte im Effekt dieses Produkt.

18. KAPITEL

WAS TREIBEN DIE ASTRONOMEN DES VATIKANS?

Aus Ärger darüber, daß der sogenannte *Julianische Kalender*, der im Jahr 45 v. Chr. geschaffen wurde, um elf Tage nicht mehr stimmte (und auf diese Weise die Frühjahrssonnenwende um zwei Wochen früher eintreten ließ), entschied Papst *Gregor XIII.* (1572–1585), daß es jetzt damit genug sei. Er befahl die Einrichtung eines vatikanischen Observatoriums zum Zweck der Sonnenbeobachtung. Der Papst meinte, es wäre eine gute Idee, einen neuen Kalender, im Einklang mit den Jahreszeiten, zu schaffen. Er stellte den Turm der Winde mehreren Jesuiten zur Verfügung, die ausgebildete Astronomen waren und sich alsbald ans Werk machten. Wahrhaft ironisch an dieser Entwicklung ist die Tatsache, daß, lange Zeit bevor *Galilei* wegen seiner Theorie, wonach sich die Erde um die Sonne drehe, im Jahr 1632 angeklagt wurde, der Vatikan selber mit dem Zusammentragen wissenschaftlicher Daten entsprechend den Lehren des *Kopernikus* begann.

Ein Spalt wurde in die Wand des damaligen sogenannten Meridian-Raums geschlagen und auf diese Weise der Jahresumlauf des Lichtes gemessen, das durch diesen Spalt drang: Zur Mittagszeit kam der Sonnenstrahl genau entlang dem nordsüdlichen Meridian herein, und wenn er also im Inneren des Gebäudes den nördlichsten Punkt erreichte, dann war es der längste Tag des Jahres, die Sommersonnenwende. Aufgrund dieser Beobachtungen schufen die vatikanischen Astronomen einen neuen Kalender für den Papst und benannten ihn auch nach ihm.

Obwohl die frommen päpstlichen Astronomen reinen Herzens glaubten, daß sich die Sonne um die Erde drehe (das Teleskop war damals noch nicht erfunden), waren ihre Berechnungen erstaunlich genau. Der *Gregorianische Kalender*, der 1583 eingeführt wurde und heute praktisch auf der ganzen

Erde in Gebrauch ist, hat eine Abweichung von nur einem Tag in dreitausenddreihundertdreiundzwanzig Jahren, ein Fehler, mit dem man sehr gut leben kann!

Seither genießt die Tätigkeit der vatikanischen Astronomen volle päpstliche Unterstützung, und das Interesse des Vatikans an diesem Gebiet ist unvermindert groß. Fast hätte die päpstliche Astronomie einen tödlichen Schlag erhalten, als der päpstliche Staat 1870 während des Kampfes um Italiens Einigung unter weltliche Kontrolle geriet; die neue italienische Regierung übernahm das vatikanische Observatorium. Aber zehn Jahre später rief Papst *Leo XIII.* ein neues astronomisches Forschungsprogramm ins Leben und ließ ein neues Observatorium errichten. Nach der Jahrhundertwende wurde das Observatorium in die päpstliche Sommerresidenz Castel Gandolfo verlegt, wo die Beobachtungen nicht wie in Rom durch die städtische Beleuchtung beeinträchtigt werden.

Heute beschäftigt der Vatikan sieben hauptberufliche Astronomen und vier Techniker, die nicht den Himmel, wohl aber das Firmament mit Geräten beobachten, die vielleicht nicht dem neuesten Stand entsprechen, aber durchaus noch brauchbar sind. Im Lauf der Jahrhunderte ist das astronomische Forschungsprogramm von keinem Papst mißbilligt worden, höchstens, daß der eine oder andere Budgetbeschränkungen verordnete, die die Forschungen etwas hemmten. Johannes Paul II. hingegen hat keine Kürzungen der Geldmittel verordnet, da er sich selber für die Gestirne sehr interessiert.

Der wichtigste Forschungsgegenstand des Vatikans ist der Aufbau der Milchstraße; ein Sonderprojekt befaßt sich mit den Spektren von Sternen, deren Licht, durch Prismen gebrochen, den Wissenschaftlern Auskunft über die chemische Zusammensetzung der Himmelskörper gibt. Andere Forschungsvorhaben befassen sich mit der Veränderung der Helligkeit von Sternen. Mit Hilfe eines vatikanischen Computers wird berechnet, wieviel Licht auf dem Weg durch die Erdatmosphäre verlorengeht. Die vatikanischen Astronomen benützen ein Schmidt-Teleskop mit einem Sechsundneunzig-Zentimeter-Spiegel und einer Dreiundsechzig-Zentimeter-Linse für Spektralaufnahmen der Sterne.

Ein langfristiges Projekt, an dem der Vatikan gemeinsam mit anderen Staaten mitwirkte, reichte von den neunziger Jahren des 19. Jahrhunderts bis in die zwanziger Jahre des 20. Jahrhunderts. Es war das weltweite Projekt zur Erstellung von Sternkarten, und der Vatikan, dem die kartographische Bearbeitung eines bestimmten Himmelssegments zugewiesen worden war, lokalisierte mehr als fünfhunderttausend Sterne. Die Fotos, nach denen die Karten angefertigt wurden, werden heute zum Vergleich mit neuesten Fotografien herangezogen, um die Veränderungen der Positionen der Sterne in den letzten fünfzig Jahren festzustellen. Das Observatorium des Vatikans pflegt heute noch einen Informationsaustausch mit vielen anderen Staaten, einschließlich einiger kommunistischer Länder. So unterhält es gute Kontakte mit China. Aber der wissenschaftliche Datenaustausch mit der Sowjetunion fand im Jahr 1980 ein Ende. Nachdem Papst Johannes Paul II. den Stuhl Petri bestiegen hatte, beschloß der Kreml, den Austausch astronomischer Informationen mit einem Papst einzustellen, der seiner Ideologie feindlich gegenübersteht. Als in Rom bekannt wurde, daß die Sowjets die Zusammenarbeit eingestellt hatten, waren die vatikanischen Astronomen und Techniker sehr enttäuscht. Indessen beruhigte Papst Johannes Paul die Gemüter, indem er anläßlich einer Zusammenkunft mit den Wissenschaftlern seine Lieblingsanekdote über das sowjetische Raumfahrtprogramm erzählte: »Moskau wird von Ansuchen sowjetischer Bürger überschwemmt, die sich am Raumfahrtprogramm beteiligen und Kosmonauten werden wollen – da dies der einzige Weg ist, aus Rußland hinauszugelangen.«

19. KAPITEL

DER EXORZIST IM VATIKAN

Eeine zweiundzwanzig Jahre alte Frau aus Rom, sie war etwa ein Meter und siebzig Zentimeter groß und wog nicht mehr als dreiundfünfzig Kilogramm, brach eines Tages mitten im Petersdom zusammen und begann mit einer Baritonstimme keuchende Laute sowie komplette Sätze und Wendungen in fließendem Latein von sich zu geben. Als sie schließlich bewußtlos zusammensackte, kamen ihr fünf Schweizergardisten zu Hilfe, und alle fünf waren nötig, um ihren regungslosen Körper überhaupt hochzuheben. Die erstaunten Soldaten konnten nicht begreifen, wieso eine so zerbrechlich wirkende Person so schwer sein konnte, und sie meinten, ein Auto zu heben wäre weniger mühsam gewesen.

Man rief Monsignore *Corrado Balducci* aus seinen Arbeitsräumen im zweiten Stockwerk des Apostolischen Palastes herbei, und er sprach mit *»Marcella«* - unter diesem Namen ist ihr Fall in den vatikanischen Archiven bekannt -, aber er mußte dies in der einzigen Sprache tun, in der sie sich verständlich machen konnte, nämlich im Lateinischen, das sie so gut sprach, daß sie den Geistlichen häufig unterbrach, um ihn auf grammatikalische Fehler aufmerksam zu machen. Monsignore Balducci war vor allem über ihre Kenntnisse der Feinheiten der lateinischen Grammatik erstaunt. Er sollte aber noch viel mehr staunen, als er erfahren mußte, daß Marcella nie Latein gelernt, ja nicht einmal die Volksschule beendet hatte. Anstatt die Frau in ärztliche Behandlung zu geben, beauftragte der Vatikan Balducci mit dem Fall, da er einer der beiden Geistlichen war, die vom Heiligen Vater persönlich zur Durchführung des *Exorzismusrituals* autorisiert worden waren. Marcella war nämlich nach Ansicht des Vatikans ein Opfer dämonischer Besessenheit, und nur ein Exorzist konnte ihr die Hilfe geben, die sie benötigte.

Balducci meint, daß der Fall Marcella einer der schwierigsten in seiner fündundzwanzigjährigen Tätigkeit als vatikanischer Exorzist gewesen ist, denn er benötigte acht Monate, um *»zehn Dämonen aus ihrem Körper zu vertreiben«*.

Die Aufzeichnungen des Vatikans beschreiben Marcella als einen herzlichen Menschen mit einer hellen und zarten Stimme. Aber wenn sie von ihrer Besessenheit ergriffen wurde, klang die Stimme guttural, und sie konnte sich nur in Latein ausdrücken, trotz der Tatsache, daß sie im Normalzustand ausschließlich Italienisch, und auch dies nur im römischen Dialekt, sprach. Wie auch die Schweizergardisten entdecken mußten, wurde ihr Körper in den Phasen der Besessenheit unerklärlich schwer – mehr als fünfhundert Kilogramm! Ein weiterer unglaublicher Aspekt war die unheimliche Fähigkeit, zu wissen, was hinter ihrem Rücken vor sich ging. Einmal, als Marcella in den Petersdom gebracht wurde, hatte Monsignore Balducci ohne ihr Wissen vorher sieben Priester hinter den großen Säulen mit dem Auftrag postiert, das Ritual gleichzeitig mit ihm zu lesen. Marcella hatte von der Anwesenheit der Hilfsexorzisten unmöglich wissen können, aber als diese mit leiser Stimme den Exorzismus zu lesen begannen, schrie Marcella »Nein! Nein!« und rannte zu jedem der hinter den Säulen verborgenen Geistlichen hin und schlug ihnen die Heilige Schrift aus der Hand.

Am Ende des achtmonatigen Exorzismus war es Monsignore Balducci gelungen, die Frau von allen Dämonen zu befreien, außer einem einzigen; sie erklärte, dieser Dämon nenne sich *Luzifer,* und nichts könne ihn je dazu zwingen, ihren Körper zu verlassen. In seiner Verzweiflung veranlaßte Balducci Papst *Pius XII.* dazu, persönlich vor sie hinzutreten, während die Exorzismusgebete gesprochen wurden. Als der Heilige Vater, wie verabredet, auf Zehenspitzen in den Raum kam, schrie sie auf und schlug um sich. Da sie mit dem Rücken zu ihm stand, hatte sie ihn nicht sehen können, als er hereinkam. Dann wurde sie plötzlich still, als hätte man sie auf den Kopf geschlagen. In diesem Augenblick war Marcella völlig befreit. Heute ist diese Frau verheiratet, hat mehrere Kinder und führt ein friedliches, ruhiges Leben.

Ein weiterer schwieriger Exorzismus, den Balducci 1977 durchführte, war der schreckliche Fall einer fünfundvierzigjährigen Nonne, die im Vatikan tätig war; man entdeckte sie in einer der Kapellen im Petersdom, wo sie schreiend große Glasstücke und verschiedene Arten von Nägeln erbrach. Balducci wurde von Papst *Paul VI.* angewiesen, den Exorzismus durchzuführen. Dieser Vorfall ist als der *»Fall der levitierenden Nonne«* in die Archive eingegangen. Während sie rücklings auf dem Bett lag, bewegte es sich gelegentlich unter ihr fort, und sie blieb in der Luft schweben. Nach einem zehn Tage währenden Exorzismusritual wurde die Nonne wieder in den Normalzustand zurückgebracht.

Ein dritter, schwieriger Fall, der in den offiziellen Exorzismusakten des Vatikan erscheint, ist der eines fünfunddreißigjährigen Mannes, der von sieben Dämonen besessen war; jeder dieser Dämonen behauptete, den Mann seit zehn Jahren zu quälen. Immer wenn einer dieser Dämonen sprach, benötigte Pater Balducci vier Mann, um seinen »Patienten« zu bändigen – der, medizinisch gesehen, keineswegs krank war. Die Dämonen zwangen ihn, das Gesicht so zu verzerren, daß es bestimmten Tieren ähnlich wurde, und veränderten seine Stimme, so daß er die Laute des betreffenden Tieres ausstieß. Wenn sich sein Gesicht nach vorne verlängerte und einem Schwein ähnelte, kamen aus seinem Mund auch die Grunzlaute eines Schweins. Der Mann konnte miauen wie eine Katze, wiehern wie ein Esel, und in allen diesen Fällen nahm sein Gesicht die Form des betreffenden Tieres an. Bei anderen Gelegenheiten wand er sich am Boden wie eine Schlange und zischte. Pater Balduccis Exorzismusritual dauerte etwa achtundfünfzig Stunden, und am Ende fuhren alle sieben Dämonen gleichzeitig aus dem Körper des Besessenen. Die Akten über diesen Mann zeigen, daß er im Normalzustand nicht in der Lage war, Tiere zu imitieren, mit Ausnahme einer Katze; auch konnte er sein Gesicht keineswegs so verziehen, daß er damit das Aussehen eines Tieres glaubhaft imitiert hätte. Überdies war ihm selber überhaupt nicht bewußt, daß er fast perfekte Tierimitationen produziert hatte.

Zu Pater Balduccis rätselhaften Fällen zählte auch eine dreiundzwanzigjährige römische Bankangestellte. Die junge Frau zeigte übernatürliche Fähigkeiten und wußte Dinge, die sie eigentlich nicht wissen konnte. Sie pflegte Heiligenbilder anzubrüllen und anzuspucken, sich auf dem Boden zusammenzukrümmen und die Heiligen zu verfluchen. Jedesmal, wenn der Monsignore hinter ihrem Rücken das Segenszeichen machte, sprang sie sofort in die Höhe, und zwar höher, als es ein Mensch normalerweise vermag. Ein andermal näherte sich Pater Balducci mit einer Reliquie in den Armen von hinten; sie konnte ihn weder sehen noch hören, dennoch sprang sie unwillkürlich in die Höhe. Das Exorzismusritual begann am dritten Tag zu wirken, als die Uhr die Mittagsstunde schlug. Sie stieß ein entsetzliches, furchteinflößendes Geheul aus und brach dann wie tot zusammen. *»Dieses Geheul war das Ausfahren des Teufels«,* heißt es in den Protokollen dieses Falls.

Das vatikanische Archiv der dokumentarisch bestens belegten Exorzismusfälle enthält auch Einzelheiten über einen vierzehn Jahre alten Jungen in Washington, D. C., auf dem der Bestseller von *William Peter Blatty,* »Der Exorzist«, beruht. Der Fall des Jungen, der von einem jungen Jesuiten von der Universität von Saint Louis behandelt wurde, war kein Fall von dämonischer Besessenheit, sondern ein einfaches Poltergeistphänomen. Der Priester blieb zweieinhalb Monate bei dem Besessenen; in dieser Zeit führte der Jesuit, entsprechend der katholischen Lehre, das sogenannte *»schwarze Fasten«* durch (bei Wasser, Brot und Gebet) und verlor dabei fünfundzwanzig Kilogramm Gewicht. Im Mai 1949 brachte dieses Ritual dann den erhofften Erfolg. So wie auch bei anderen in den vatikanischen Archiven aufgezeichneten Fällen sprach das Opfer während seiner Sonderzustände in schnellem Tempo Latein, eine Sprache, die er nie gelernt hatte, und von der er im Normalzustand keine Ahnung hatte. Der Jesuit erstattete Rom einen ausführlichen Bericht über die mehr als dreißig Sitzungen, die erforderlich gewesen waren, um den Jungen auf Dauer von dem bösen Geist zu befreien. Der Vatikan meint jedoch, der wohlmeinende Jesuit, der über keinerlei einschlägige Erfahrung verfügte, habe den Fall nicht richtig behandelt, da er den Exorzismus auf eigene Faust, ohne sachliche Unterstützung aus Rom, durchgeführte habe.

Sowohl Monsignore *Balducci* als auch Pater *Venture* erklärten, das Exorzismusritual beinhalte im wesentlichen einen Befehl Gottes an einen bösen Geist (in den meisten Fällen den Teufel), den Körper eines Menschen zu verlassen. Das *Exorzismusritual,* wie es noch heute in der katholischen Kirche praktiziert wird, wurde im Jahr 1614 von Papst *Paul V.* in Form eines Dokuments mit der Bezeichnung *Rituale Romanum* herausgegeben, um bestimmte Riten zu formalisieren, sie sich seit den Tagen des Frühchristentums entwickelt hatten. Im Lauf der Jahrhunderte hat das *Rituale Romanum* seine Grundstruktur beibehalten. Es legt besonderes Gewicht auf die Identifizierung der diabolischen Besessenheit, die Auswahl des Exorzisten und den Inhalt sowie die Umstände der Verlesung des Rituals. Die einzige 1952 erfolgte Änderung dieses Dokuments betont, daß der Exorzist über ein profundes theoretisches und praktisches Wissen vom Exorzismus verfügen müsse und daß im Fall eines größeren Exorzismus ein älterer und weiser Geistlicher mit dieser Aufgabe betraut werden soll.

Das im *Rituale Romanum* festgelegte Exorzismusritual umfaßt dreiundzwanzig Druckseiten und beginnt mit einer Reihe von Gebeten, der Lesung von Psalmen und einem ersten Befehl an den »unreinen Geist«. Abschnitte aus den Evangelien über Besessenheit werden verlesen; der Priester legt seine Stola und seine rechte Hand auf das besessene Individuum, macht mehrfach das Kreuzzeichen auf Stirn und Brust der betreffenden Person und spricht dabei die spezifischen Worte des Exorzismus. Hier der Wortlaut einer solchen Passage:

»Ich beschwöre dich, du alte Schlange, im Namen des Richters der Lebenden und der Toten, im Namen deines und der Welt Schöpfer, im Namen dessen, der die Macht hat, dich zur Hölle zu schicken, fahre schnell heraus aus diesem Diener Gottes (Name der betreffenden Person), der, voll Pein und Angst vor deinem Schrecken, heimkehrt an den Busen der Kirche. Ich beschwöre dich nochmals, nicht in meiner Schwäche, sondern kraft des Heiligen Geistes, daß du ausfahren mögest aus diesem Diener Gottes (Name des Betreffenden), den der allmächtige Gott nach seinem Ebenbild geschaffen hat. Weiche also, weiche, nicht vor mir, sondern vor dem geistigen Amt Christi. Denn seine Macht zwingt dich; er, der sich seinem

Kreuz unterwirft. Zittere vor seinem Arm, vor ihm, der die Seelen zum Licht führte, nachdem die Klagen der Hölle bezwungen waren. Mag der Leib des Menschen dir schrecklich sein, mag dir das Antlitz Gottes schrecklich sein; widerstehe nicht und zögere nicht, aus diesem Mann (dieser Frau) zu weichen, da es Christus gefällt, in seinem (ihrem) Leibe Aufenthalt zu nehmen. Und auch wenn du mich als Sünder erkennst, so sei ich dir nicht verächtlich. Denn Gott ist es, der dir befiehlt. Die Herrlichkeit Christi ist es, die dir befiehlt. Gott Vater ist es, der dir befiehlt. Gott Sohn ist es, der dir befiehlt. Gott, der Heilige Geist, ist es, der dir befiehlt. Das geheiligte Kreuz ist es, das dir befiehlt. Der Glaube der heiligen Apostel Peter und Paul und aller Heiligen ist es, der dir befiehlt.«

Das Ritual rät dem Exorzisten, noch verschiedene Gebete hinzuzufügen, wie das Vaterunser, das Ave Maria und das Glaubensbekenntnis der Apostel, die so oft als möglich wiederholt werden sollten, solange das Ringen es zuläßt. Da die Besessenen ihre Äußerungen zumeist in lateinischer Sprache hervorstoßen (unabhängig davon, ob sie diese Sprache gelernt haben), soll der Exorzist stets das Lateinische benützen, entsprechend der Annahme, daß der böse Geist diese Sprache versteht, da ja das Opfer zum Gebrauch dieser Sprache gezwungen wird.

Vatikanische Exorzismusexperten haben weder einst noch heute eine endgültige Theorie darüber entwickelt, *wieso* eine Person von einer dämonischen Kraft ergriffen werden kann. Nach Auffassung des Vatikans handelt es sich bei der Besessenheit um einen inneren psychomotorischen Anfall sowie um eine Veränderung der eigenen Persönlichkeit, wodurch der Eindruck entsteht, daß eine andere, mit Bewußtsein ausgestattete Wesenheit (der Teufel oder ein unsauberer Geist) anwesend wäre. Als dämonisch wird die Wesenheit bezeichnet, wenn sie ausgesprochen bösartig ist oder krankhaft aggressiv oder destruktive Züge aufweist.

In den dreihundertfünfzig Jahren, seit der Vatikan den Exorzismus praktiziert, hat er niemals dafür eine Gebühr eingehoben. Soweit bekannt ist, ist kein Exorzismus je vor Publikum oder einem unbeteiligten Zuschauer durchgeführt worden;

nicht einmal der Papst darf zusehen. In dem Film *Der Exorzist* verletzte der Priester mehrere Regeln und Vorschriften; indessen verurteilt der Vatikan den Film nicht, da er einem breiten Publikum nahebrachte, daß Gottes Macht stark genug ist, um den Einfluß des Teufels zu überwinden. Obwohl der Film sachlich ungenau war, besitzt der Vatikan eine Kopie, die er als Lehrmaterial verwendet.

Eines der ersten Dinge, die der neue polnische Papst unternahm, war, daß er sich diesen Film zweimal hintereinander ansah.

20. KAPITEL

Pornographie in der vatikanischen Bibliothek?

Immer wenn dieses Thema zur Sprache kommt, dementiert der Vatikan offiziell, daß sich in seiner Bibliothek eine Pornographiesammlung befindet. Als der Sexualforscher *Alfred Kinsey* seine zwei brisanten Berichte über das *Sexualleben des Mannes* und das *Sexualleben der Frau* zusammenstellte und seine Mitarbeiter in dieser Zeit die, wie sie glaubten, größte Sammlung von Erotika zusammentrugen, meinte er gegenüber einem Interviewer, er sei sich ziemlich sicher, daß der Vatikan eine ebenso gute Sammlung besitze.

Zwar zählte die vatikanische Bibliothek nicht zu den größten, dennoch ist sie von beispielloser Bedeutung, da in ihren Regalen und Lagerräumen Werke über die Kirche stehen, die sonst nirgends zu finden sind. Die vatikanische Bibliothek steht mit ihren mehr als einer Millionen Bänden, über hunderttausend Landkarten und fast hunderttausend Handschriften nur Wissenschaftlern offen, die vorher auf besonderen Formularen eintragen müssen, wonach sie forschen und welche Bücher und Handschriften sie dafür benötigen. Die meisten hier zugelassenen Gelehrten sind Priester oder Seminaristen, aber auch Laien können unter bestimmten Bedingungen Zugang erhalten.

Obwohl der eigentliche Begründer der vatikanischen Bibliothek Papst *Nikolaus V.* (1447–1455) war, der den Auftrag erteilte, die an verschiedenen Stellen verstreute Handschriftensammlung des Vatikans an einer Stelle zusammenzufassen, geht die Bibliothek bis auf Papst *Martin V.* (1417–1431) und die Zeit seiner Rückkehr aus Avignon nach Rom zurück. Als er die päpstliche Kurialverwaltung wieder nach Rom überführte, brachte er auch die alte Bibliothek mit sowie die von ihm in Frankreich erworbenen Stücke. Viele der nach Rom gebrachten Hanschriften waren in Wirklichkeit Kopien von Büchern, die von Geistlichen abgeschrieben worden waren; diese Geistlichen wurden *scriptores* genannt, eine Bezeichnung, die die geistlichen Bibliothekare des Vatikans heute noch benützen.

Der Haupteingang zur vatikanischen Bibliothek ist im Belvedere-Hof, dem größten der vielen Höfe im Vatikan. Gleich hinter der Eingangstür steht eine weiße Marmorstatue des heiligen Hippolytus, die Arbeit eines unbekannten Bildhauers aus dem dritten Jahrhundert. Hippolytus war einer der ersten christlichen Gelehrten, der einen Katalog des Kanons der Heiligen Schriften anfertigte. Die dem Eingang nächstliegende Abteilung beherbergt die Einkaufsabteilung, die nicht nur Bücher ankauft, sondern auch etwa tausendfünfhundert Zeitschriften, überwiegend wissenschaftliche Journale. Jede Neuerwerbung wird auf den Seiten 1 und 41 mit dem Stempel der vatikanischen Bibliothek versehen.

Da Papst *Pius XI.* selber Bibliothekar gewesen war, wurden während seines Pontifikats umfangreiche Verbesserungen vorgenommen, die eine Modernisierung der vatikanischen Bibliothek nach amerikanischem Vorbild zur Folge hatte. Nach seinem Amtsantritt erhielt die vatikanische Bibliothek ein Karteisystem mit Duplikaten der Katalogskarten der Kongreßbibliothek in Washington, eine neue Klimaanlage aus den Vereinigten Staaten, damit die Bucheinbände nicht modrig werden könnten, eine moderne Beleuchtungsanlage aus New York und Stahlregale mit einer Gesamtlänge von sieben Meilen aus Pennsylvania.

Das waren allesamt Einrichtungen, die Pius hatte installieren wollen, als er noch Kardinal *Achille Ratti*, Präfekt der vatikanischen Bibliothek, gewesen war, für die er aber von den Kurialbeamten keine Geldmittel bekommen konnte.

Pius XI. ist einmal in der vatikanischen Bibliothek knapp dem Tod entronnen, nämlich am 22. Dezember 1931. Zehn Minuten nachdem er ein Vorhaben in der Bibliothek erledigt hatte, stürzte die Decke des Raums, in dem er sich eine halbe Stunde lang aufgehalten hatte, herunter, durchschlug den Boden und fiel bis in den Keller. Der Geistliche, mit dem der Papst noch gesprochen hatte, kam dabei ums Leben, aber von den Büchern und Handschriften wurden nur wenige beschädigt.

Die Hauptsammlung der Bibliothek befindet sich in fünf Stockwerken voller Lagerräume. Ganze Blocks der Hauptlagerräume sind mit schweren Drahtgittern verschlossen, die den größten Schatz der Bibliothek schützen, die etwa fünftausend vor dem Jahr 1500 gedruckten Werke, die sogenannten *Inkunabeln.* Die etwa hunderttausend Stücke umfassende Handschriftensammlung, zumeist in Latein, Altgriechisch und Altsyrisch abgefaßt, wird ebenfalls in dieser Abteilung aufbewahrt. Die kostbarste Handschrift in der vatikanischen Bibliothek ist *Ciceros* Schrift *De re publica*, auf Pergament geschrieben, die als verschollen galt, bis sie im Jahr 1822 von einem Bibliotheksangestellten entdeckt wurde. Es ist die älteste bekannte Handschrift in lateinischer Sprache.

Zwar benötigt man eine besondere Genehmigung, um in eine dieser Handschriften Einsicht nehmen zu können, aber sobald man einmal in den Handschriftensaal Einlaß gefunden hat, wird man nicht mehr weiter beaufsichtigt. Der Leseraum ist ein langer und hoher Saal, dessen Wände mit dunklen Eichenregalen ausgekleidet und mit Büsten und Porträts früherer Päpste geschmückt sind. Jeder Leseplatz ist mit einer Nummer bezeichnet, und der an diesem Platz Arbeitende erhält eine Schachtel mit Karten mit derselben Nummer darauf. Wenn er ein Buch aus einem Regal nimmt, dann steckt er seine Nummernkarte an die betreffende Stelle; wenn also ein anderer Gelehrter denselben Band sucht und dessen Platz im Regal leer findet, kann er dadurch sofort feststellen, wer im Augenblick dieses Buch benützt. Dieses von Pius XI. eingeführte System wird von einem Bibliotheksangestellten überwacht, der an einem Tisch auf einem Podium sitzt. Er sieht nicht nur auf Ordnung, sondern beantwortet auch Fragen und ist bei der Suche nach einem Buch behilflich.

Neben dem Lesesaal befindet sich der Katalograum, eine lange und schmale Kammer. Zusätzlich zum Katalog der eigenen Bestände findet man dort auch die Katalogkarten zur Kategorie »Kirchliches« aus den Katalogen der amerikanischen Kongreßbibliothek, des Britischen Museums, der französischen Nationalbibliothek und des deutschen Gesamtkataloges. Die vatikanische Bibliothek umfaßt ferner eine Reihe kleinerer Säle, in denen sich die Bibliotheken großer europäischer Familien befinden, die sie der vatikanischen Bibliothek mit der Auflage vermacht haben, daß sie intakt erhalten werden sollen.

Die vatikanische Bibliothek verfügt auch über einen Mikrofilmdienst. Das Fernziel dieser Abteilung ist die Ablichtung aller kostbaren Handschriften der Bibliothek, Seite um Seite, und dort ist man ständig mit dem Fotografieren und Entwickeln dieser Filme beschäftigt. Eine andere endlos scheinende Arbeit ist die Restaurierung alter Bücher. Diese Arbeit wird mit einer aus jahrelanger Erfahrung gewonnenen Sachkenntnis ausgeführt und mit Hilfe von Verfahren, die im Vatikan erfunden worden sind. Die Pergamentseiten des jeweiligen Buches oder der Handschrift werden voneinander getrennt, die ausgefransten Ränder abgeschnitten. Jede einzelne Seite wird wie ein Wäschestück gewaschen, getrocknet und geplättet. Jeden Tag kann man Handschriftenseiten an quer durch den Raum gespannten Drähten aufgehängt sehen, wie die Wochenwäsche. Weist eine Seite Löcher auf, dann werden neue Pergamentstückchen mit mikroskopischer Präzision so eingefügt, daß die Dicke der ursprünglichen Seite erhalten bleibt. Die restaurierte Seite wird dann mit einer reinen, fast unsichtbaren Seidengaze untrennbar überzogen, so daß die restaurierte Seite fester ist als die alte. Handschriften aus Papier werden mit Reispapier so geschickt ausgebessert, daß man die betreffenden Stellen, abgesehen, von einer leichten Farbabweichung, nicht mehr erkennen kann. Besonders stolz ist das vatikanische »Handschriften-Spital« auf die Restaurierung von sechsundfünfzig koptischen Handschriften, die in Oberägypten aus dem Sand ausgegraben wurden. Volle zehn Jahre mußten aufgewendet werden, um die verblichenen Seiten wieder in vollem Glanz erstrahlen zu lassen.

Die vatikanische Bibliothek verfügt auch über einen Katalog sämtlicher viertausend Bücher, die einst im vatikanischen Index der verbotenen Bücher, dem *Index Librorum Prohibitorum,* verzeichnet waren, der 1966 aufgehoben wurde. Der letzte Index mit fünfhundertacht Seiten erschien im Jahr 1948, ein kurzer Nachtrag noch 1964, mit vierzehn neuen Namen, darunter *Alberto Moravia, Jean-Paul Sartre, André Gide, Simone de Beauvoir* und *Curzio Malaparte.* Diese Bücher standen auf dem Index, weil sie als häretisch, moralisch verwerflich und als Beleidigung der Frommen galten. Die letzte Liste umfaßt auch noch die Namen von *Hobbes, Hume, Locke, Kant, Montaigne, Montesquieu, Schopenhauer, Spinoza* und *Voltaire;* nicht darin enthalten waren Autoren wie *Karl Marx, Boccaccio, Friedrich Georg Hegel* oder *Friedrich Nietzsche.* Hingegen fand sich darin der Name eines längst vergessenen Satirikers aus dem 17. Jahrhundert namens *Gregorio Letti,* der wohl einen Rekord innehatte, da er in fünfunddreißig Jahren immerhin siebzehn Verurteilungen einheimste.

Eine ganze Reihe von Indexeintragungen verblüfften sogar manchen Kirchenmann seit jeher, wie beispielsweise *Das Leben der Bienen* von *Maurice Maeterlinck, Der Graf von Monte Christo* und *Die drei Musketiere* von *Alexandre Dumas* (beide hatte Papst Johannes XXIII. der vatikanischen Bibliothek entliehen und mit großem Vergnügen gelesen), *Oliver Goldsmiths Geschichte Englands, Laurence Sternes Sentimentale Reise durch Frankreich und Italien* sowie *Edward Gibbons Niedergang und Ende des römischen Reiches.* Da für die anonym erfolgten Verbote nie eine Begründung gegeben wurde, kann man sich bloß wundern, warum der Index auch solche Werke anführte, wie einen 1664 erschienenen *Traktat über Brandsalben,* einen *Schweizer Almanach aus dem Jahr 1844* oder eine *Flugschrift über die Museen Italiens.* Eine der geheimnisvollen Eintragungen ist eine 1701 erschienene Schrift eines gewissen *John Wilkins* mit dem unwahrscheinlichen Titel: *It is Probable There May be Another Habitable World in the Moon With a Discourse Concerning the Possiblitiy of Passage Thither.* (Wahrscheinlich gibt's noch eine bewohnbare Welt auf dem Mond, mitsamt einem Diskurs über die Möglichkeit, dorthin zu gelangen.)

Der Index wurde im Jahr 1557 im Auftrag des Papstes *Paul IV.* geschaffen, dessen Herrschaft besonders mit der Inquisition verbunden war. Er reagierte damit auf den Umstand, daß immer mehr Gläubige nach der Erfindung der beweglichen Lettern im Jahr 1452 des Lesens und Schreibens kundig wurden.

Die vatikanische Bibliothek besitzt tatsächlich viele Bücher, die als erotisch und manche, die als pornographisch bezeichnet werden können. Sie sind über die ganze Bibliothek verstreut, so wie man sie auch in einer öffentlichen Bibliothek finden könnte. Beim Herumstöbern entdeckte ich drei Titel, die offenbar keinen besonderen Platz auf den Regalen hatten und vielleicht nur nach dem Alphabet eingeordnet waren: eine *Obszöne Anthologie,* einen *Bericht über Schlechtigkeiten und Grausamkeiten, wie sie im 19. Jahrhundert in Rom praktiziert wurden,* und den *Pervertierten Bauern.* Bei keinem dieser Bücher war der Autor angegeben.

In der vatikanischen Bibliothek untergebracht ist auch eine kleine Handschriftenkollektion mit Illustrationen eines Mannes und einer Frau mit »entblößten Körperteilen«. Welche pornographischen oder erotischen Werke in der vatikanischen Bibliothek auch vorhanden sein mögen, jedenfalls sind sie nicht als solche katalogisiert; sie sind weder in einem besonderen Raum untergebracht noch unter Verschluß. Jeder Gelehrte, der in die Bibliothek gelangt, hat Zugang zu allen Werken auf den offenen Regalen, einschließlich der erotischen – falls er sie entdeckt.

Aber vielleicht wesentlich interessanter als irgendwelche kaum zu findenden pornographischen Bücher ist die in der Bibliothek aufbewahrte riesige *Sammlung von Briefen* vieler historisch bedeutsamer Persönlichkeiten. Zweihundertsechsunddreißig dieser Briefe sind seit 1981 als Dauerausstellung im Vatikanischen Museum zu besichtigen. Der vielleicht bemerkenswerteste unter diesen Schätzen ist das Scheidungsbegehren König *Heinrichs VIII.* von England, der, nachdem er sich in Anna Boleyn verliebt hatte und von ihr einen Erben wünschte, seine Frau Katharina von Aragon loswerden wollte. Die »fünfundsiebzig Petenten« sandten ein 61 mal 29 Zentimeter messendes Pergament an Papst Klemens VII., behängt mit fünfundsiebzig Bändern und fünfundsiebzig roten Wachssiegeln. Dieses Dokument kann man unter den verschiedenen Briefschaften besichtigen, darunter von *Kopernikus, Galilei, Erasmus, Napoleon, Voltaire, Rossini,* der Königin *Christina* von Schweden, der Königin *Maria* von Schottland, vom Enkel und

Erben des *Dschingis Khan* sowie einen Brief Papst *Julius' III.* an Michelangelo, in dem er ihm das Privileg der kostenlosen Benützung der Fähre über den Po auf Lebenszeit gewährte. Es gibt dort auch eine reizende Korrespondenz zwischen Königin *Viktoria* und Papst *Pius IX.*, in der sie durchblicken läßt, was sie von den zahlreichen, dem Papst zustehenden Titeln hielt. Königin Viktoria, die offenbar keinen der päpstlichen Titel anerkennen wollte, begann ihre Schreiben mit »Erhabener Herr«.

Der Papst, der sich offenbar über den darin zum Ausdruck kommenden Mangel an Respekt ärgerte, begann sein Antwortschreiben an Königin Viktoria mit den Worten: »Durchlauchteste und mächtige Viktoria, Königin des Vereinigten Königreiches von Großbritannien und Irland und anderer Regionen, erlauchte Kaiserin von Indien«.

Die Ausstellung stellt jedoch nur einen Bruchteil der vatikanischen Kostbarkeiten dar, denn in seinen Archiven befinden sich Millionen von Briefen wichtiger Persönlichkeiten. Dies ist auch heute die größte unvollendete Aufgabe der vatikanischen Bibliothekare. Um all diese Korrespondenzen zu katalogisieren und mit Querverweisen zu versehen, müßte der kleine Mitarbeiterstab der vatikanischen Bibliothek noch einige Jahrhunderte arbeiten, auch wenn die Arbeit von mehr als dreihundert Jahren bereits getan worden ist. Die Archivare berichten, einer ihrer verehrten Heroen, aber gleichzeitig auch der bekannteste Schurke, war Kardinal *Josephus Garampi*, dem es während seiner Tätigkeit in der Bibliothek im späten 18. Jahrhundert gelang, die eindrucksvolle Zahl von eineinhalb Millionen Briefen zu katalogisieren, die er in hundertfünfundzwanzig großen Folianten unterbrachte. Der erlauchte Kardinal beging allerdings einen kleinen Fehler, er arrangierte sämtliche Briefe in alphabetischer Reihenfolge – nach ihrem Herkunftsort.

»Das bedeutet bei allem Respekt für den würdigen Kardinal«, seufzte ein geduldiger vatikanischer Bibliothekar, der lieber ungenannt bleiben wollte, »schlicht und einfach, daß wir, um die entsprechenden Querverweise zu erhalten, jeden einzelnen dieser anderthalb Millionen Briefe wieder durchsehen müssen!«

21. KAPITEL

Eines Autors Probleme mit dem Vatikan

Nach der Veröffentlichung meines Buches *The Vatican Empire* organisierte der Pressebetreuer des Verlags Simon & Schuster, New York, mein Auftreten in etwa vierzig Fernseh- und Rundfunksendungen in den USA, wo ich vom jeweiligen Moderator und anderen Gesprächsteilnehmern (zumeist Jesuiten oder hochrangige Vertreter der nächstgelegenen Erzdiözese) und von Zuschauern oder Hörern, die das Buch gelesen hatten, eingehend befragt wurde. Diese Diskussionssendungen, von denen einige landesweit ausgestrahlt wurden, und die zur gleichen Zeit erschienenen Zeitungsrezensionen, Reportagen und Nachrichten über das Buch trugen dazu bei, daß das Buch auf mehrere amerikanische Bestsellerlisten kam, darunter die der hochangesehenen *New York Times.* Zusätzlich zu den sieben Auflagen und dem Aufsehen, das dieses Buch in den Vereinigten Staaten und Kanada erregte, wollten die Werbeleute von Simon & Schuster unbedingt den Vatikan dazu bewegen, eine öffentliche Stellungnahme (pro oder kontra) zu diesem Buch abzugeben, das immerhin das erste war, das sich mit dem tabuisierten Thema der vatikanischen Finanzen befaßte. Ich erinnere mich noch genau, wie die Werbeleiterin des Verlages meinte: »Nino, wenn du es irgendwie schaffst, daß der Vatikan oder der Papst dein Buch erwähnen, egal ob positiv oder negativ, dann, mein Junge, werden wir eine Million verkaufen!« Das war leichter gesagt als getan. Sosehr ich es auch versuchte, ich konnte sie nicht überzeugen, daß der Vatikan für seine Klugheit in solchen Dingen bekannt war und es ihm nicht im Traum einfallen würde, durch öffentliche Stellungnahmen den Verkauf eines Buches zu fördern, das ihm nicht gefallen konnte. Erwartungsgemäß hüllte sich der Vatikan in Schweigen.

Inzwischen hatte ich von meinen Gewährsleuten innerhalb der Leoninischen Mauern erfahren, daß *The Vatican Empire* dort ziemliches Aufsehen erregt hatte. Etwa ein Dutzend Exemplare gingen heimlich von Hand zu Hand und stießen auf mehr Interesse, als ein Autor zu träumen wagt. Es hieß auch, Papst *Paul VI.* habe das Buch gelesen. Von einem Kardinal, den ich einmal anläßlich einer Pressekonferenz traf, hörte ich erfreuliche Worte: »Es ist gut, daß dieses Buch geschrieben wurde, denn wohl wissen wir um diese Dinge, aber wir, die wir zur Kirche gehören, können nicht so offen sprechen und den Menschen sagen, was sie eigentlich wissen sollten. Es ist gut, daß Sie als Laie und Katholik dies tun können.«

Im Juli 1970, etwa achtzehn Monate nach dem Erscheinen des Buches, tat der *Osservatore Romano* etwas, das er in seiner einhundertfünfzehnjährigen Geschichte noch nie getan hatte: Er widmete anderhalb Spalten auf der ersten Seite (und eine weitere halbe Spalte auf der zweiten Seite) den vatikanischen Finanzen und erklärte, *The Vatican Empire* sei eine *»phantastische Übertreibung«*. In einer beißenden Erwiderung im Umfang von etwa tausendachthundert Worten erklärte der Vatikan, er erachte es als notwendig, einige der darin aufgestellten Behauptungen zu klären. Die Zeitung rezensierte einen Artikel, der in der Schweizer Tageszeitung *La Tribune de Lausanne* erschienen war, die auch eine Besprechung meines Buches enthielt. Der Rezensent hatte darin aber auch einige selber zusammengetragene Daten veröffentlicht, und da es sich dabei um manche Details handelte, die einer Überprüfung nicht standhielten, zitierte der Vatikan genau diese in der Widerlegung und ließ damit die Öffentlichkeit und die Presse (die den *Osservatore*-Artikel weltweit publizierte) im Glauben, daß ich diese Informationen veröffentlicht hätte. Diese Schlußfolgerung umfaßte die Behauptungen, der Vatikan habe in DM spekuliert, der Vatikan besitze Aktien der Autofirma Lancia und verfüge über ein Arbeitskapital von fast dreizehn Milliarden Dollar.

Nichts dergleichen war in *The Vatican Empire* erwähnt worden. Anstatt sich also mit den im Buch reichlich angeführten Zahlen zu befassen, konstruierte der *Osservatore* mit dem abgestandenen Propagandatrick der implizierten Folgerung und der falschen Zitate einen Fall gegen mich. Der Vatikan hatte einige Dinge kommentiert, die in meinem Buch nicht enthalten waren, aber *nichts von dem widerlegt, das darin stand.*

Von Journalisten aus allen Teilen Europas belagert, die mich in Wien anriefen, gab ich eine schriftliche Erklärung für die Presse heraus, die folgendermaßen lautete: »Bis zu dem Zeitpunkt, an dem der Vatikan die Gesamtheit seiner Finanzen und seiner Investitionen in einem amtlichen, vom Heiligen Vater unterzeichneten Jahresbericht veröffentlicht, stehe ich zu jeder einzelnen in meinem Buch erwähnten Tatsache, insbesondere, da ich diese Informationen im Verlauf meiner zehnjährigen unauffälligen Recherchen der weitgespannten Finanztransaktionen des Vatikans zusammengetragen habe, die bis dahin vom Schleier des Geheimnisses verhüllt gewesen waren. Mit dem Gewicht meiner Reputation als Universitätsprofessor, der sechs Jahre in den Vereinigten Staaten unterrichtet hat, und als Journalist mit achtundzwanzig Jahren Berufserfahrung (davon dreizehn Jahre in Europa als Korrespondent, insbesondere für Wirtschaftsfragen) erkläre ich, daß mein Buch keine «phantastischen Übertreibungen» enthält, sondern nur eindeutige Tatsachen bringt. Statt daß der *Osservatore* sich in herabsetzenden Worten ergeht, soll der Vatikan vielmehr meine Informationen widerlegen, und zwar mit seinen eigenen Fakten, worauf die Welt seit Jahrhunderten des päpstlichen Schweigens wartet.«

Die *New York Times* kommentierte das ungewöhnliche Dementi der Kurie, das in fast allen Zeitungen der westlichen Welt gebracht worden war, und erklärte, der *Osservatore* habe mehr Fragen aufgeworfen als beantwortet. Das Blatt fügte hinzu, das Sprachrohr des Vatikans habe, indem es die Argumente auf bloße Semantik reduzierte, kaum zur Klärung der eigentlichen Frage beigetragen. Die *Times* meinte in ihrem Leitartikel abschließend, der Artikel des *Osservatore* zeige, daß – wie reich oder arm der Vatikan auch sein mag –, »*sehr vieles darauf hinweist, daß seine geschickten Geschäftsleute ihr Bestes tun, um ihn noch reicher zu machen*«. Auf alle Erklärungen und Feststellungen, die führende Zeitungen und ich machten, reagierte der Vatikan mit keinem weiteren Wort mehr, weder zur Verteidung noch zur Widerlegung. Das gilt bis heute . . .

Einigermaßen verärgert, daß ich vom *Osservatore Romano* verleumdet worden war, und zwar aufgrund eines Fehlers, den ein Schweizer Reporter in einem Artikel über mich gemacht hatte, und von dem Wunsch beseelt, dies in einem namentlich gezeichneten Artikel oder Leserbrief im *Osservatore* selbst aufklären zu dürfen, wandte ich mich an den leitenden Redakteur der Zeitung, der mir dann auch eine Audienz in seinem Büro gewährte. Er behandelte mich freundlich und ließ auf väterliche Weise durchblicken, daß ich vielleicht gesündigt habe, indem ich mein von Gott gegebenes Talent als Schriftsteller und Journalist auf eine höchst unschickliche Art benützte. Als ich ihn um Erlaubnis ersuchte, einen Artikel (oder Brief) im Umfang von etwa tausend Worten für sein Blatt ausarbeiten zu dürfen, sagte er, dies würde nie möglich sein, da ich im Vatikan zur *persona non grata* geworden sei.

22. KAPITEL

Das lohnende Geschäft mit der Empfängnisverhütung

Zu einem anderen Zusammenstoß mit der vatikanischen Bürokratie kam es, als ich für *The Vatican Empire* recherchierte. Als ich das fertiggestellte Manuskript meinem Lektor übergab, befand sich darin ein Kapitel - ein wirklich heißes Eisen - über eine *im vatikanischen Besitz befindliche pharmazeutische Firma, die orale Kontrazeptiva produzierte und vertrieb.* Dieses Kapitel wurde herausgenommen. Diese Entscheidung wurde gegen Ende 1968 getroffen, kurze Zeit nachdem Papst *Paul VI.* in seiner historischen Enzyklika *Humanae Vitae* die Benützung von Kontrazeptiva verurteilt hatte - ein Dokument, das viele Katholiken in aller Welt in Verwirrung und Kontroversen stürzte. Eine Enthüllung, wonach eine päpstliche pharmazeutische Firma orale Kontrazeptiva verkaufte, wäre zum damaligen Zeitpunkt, milde ausgedrückt, hochaktuell gewesen. Der »Stein des Anstoßes« war in diesem Falle also eine Pille!

Als mein zweites Buch, *Vatican, USA,* herauskam, gestattete mein Verlag jedoch, daß zwei Absätze zu diesem Thema in einem Kapitel untergebracht würden - nicht aber als eigenes Kapitel. Im Zuge der Werbekampagne, die mich im Verlauf von zwei Monaten quer durch die USA führte und bei der ich in etwa fündundsiebzig Rundfunk- und Fernsehdiskussionen auftrat, wurde ich von vielen über diese Enthüllung verblüfften Moderatoren und anrufenden Hörern und Zuschauern nach Einzelheiten über die kontrazeptive Pille des Vatikans gefragt.

In jeder italienischen Apotheke kann man die *orale Antibabypille* (wie die Italiener sie nennen) des Vatikans in einer kleinen harmlos aussehenden Schachtel unter dem Namen *Luteolas* kaufen. Hergestellt und vertrieben wurde sie vom *Istituto Farmacologico Serono;* Aufsichtsratsvorsitzender dieser Firma war *Giulio Pacelli,* der wieder ein Neffe des Papstes Pius XII. war, der, ehe er Pontifex wurde, Eugenio Pacelli hieß.

Nach italienischem Gesetz ist der Vertrieb von Kontrazeptivpillen verboten, dennoch sind sie in jeder italienischen Apotheke frei erhältlich. Normalerweise wird die Pille nur dann abgegeben, wenn die Kundin ein ärztliches Rezept vorweist, aber in wahrscheinlich mehr als der Hälfte der italienischen Apotheken kann man die Pille auch ohne ärztliche Verschreibung erhalten. Die Art und Weise, mit der die vatikaneigene pharmazeutische Firma und weitere acht Firmen das Gesetz umgingen, war besonders raffiniert: Die Packungen aller Marken, einschließlich des vatikanischen Erzeugnisses, verrieten weder vorne noch hinten, noch auf den Seiten, was darin enthalten war. Auch wurde auf den Packungen nicht erläutert, welche Wirkungen die darin enthaltenen Pillen auf die Frauen haben würden, die sie einnähmen. In jeder Packung war jedoch ein Zettel mit wissenschaftlichen Angaben, die aber für die meisten Italiener unverständlich waren. Wenn man den Text in die Alltagssprache übersetzte, hieß es bloß, daß die Kapseln von Patienten einzunehmen waren, deren Menstruationszyklus geregelt werden mußte. Weiter wurde betont, (allerdings in einer höchst komplizierten, vielsilbigen Terminologie, die sowohl den Erzeuger als auch den Händler schützen sollte, falls es zu rechtlichen Schritten käme), daß der Inhalt der Packung nicht zur Verhinderung von Schwangerschaften benützt werden dürfe.

Da der Verkauf solcher Produkte nach italienischem Gesetz illegal war, hielt sich die Firma *Serono* streng an das Gesetz. Sie ließ die chemische Zusammensetzung der Pille beim Gesundheitsministerium registrieren – fügte aber der Kapsel eine Substanz bei, die harmlos war und keinerlei Auswirkung auf die anderen Bestandteile hatte. Auf diese Weise waren die Kapseln, juristisch gesehen, ein anderes Medikament - und nicht die Pille. Folgendes Rezept wurde angemeldet: *3-beta, 17-beta diacetossi-17-alfa etinil-4-estrene mg 1 17-alfa etinil-estradiolo – 3metil etere mg 0.1 Eccipiente (amido lattosio, stearato di magnesio) q. b. a meg 100.* Fast alle, die das lesen, werden nichts davon verstehen, aber ein ausgebildeter Apotheker wird sofort erkennen, daß es sich bei jenem Teil des Rezeptes, der *amido lattosio, stearato di magnesio* lautet, um eine Füllsubstanz handelt, die überhaupt nichts mit den chemischen Wirkstoffen zu tun hat, die die Frau unfruchtbar halten.

Was die *Serono* anbelangt, so wußten die meisten Italiener nicht, daß vatikanisches Geld daran beteiligt war. Papst Paul wußte es nicht - oder, was wahrscheinlicher ist, er hatte sich keine Gedanken darüber gemacht. Es gibt einen bestimmten Hinweis, an dem ein recherchierender Journalist erkennen kann, ob eine bestimmte Firma ganz oder teilweise Eigentum des Vatikans ist: Wenn der Vatikan größere Kapitalien in irgendein kommerzielles Unternehmen investiert, dann entsendet er entsprechend seinen Vorschriften einen Vertreter entweder in den Aufsichtsrat oder in die höheren Ränge des Managements. Diese »Vertrauensleute« kommen aus Familien, die entweder mit hochgestellten vatikanischen Persönlichkeiten der Vergangenheit verwandt sind - häufig sogar mit einem Papst - oder aus Familien, die auf eine lange und enge Verbindung mit der Kurie zurückblicken können. In diesen Familien gibt es zumeist Persönlichkeiten, die einen Titel tragen, der ihnen vom Vatikan verliehen wurde, wie Fürst, Herzog, Graf oder Baron, die aber keine echte Blutsverwandtschaft mit früheren italienischen Königen oder Königinnen aufweisen. Es gibt an die fünfundzwanzig sogenannte *»Vatikanfamilien«,* deren Namen ziemlich bekannt sind.

Das war auch beim *Istituto Farmacologico Serono* der Fall; der Vertrauensmann des Vatikans war Fürst *Giulio Pacelli,* den ich interviewte, als ich Auftragsartikel über die italienische Wirtschaft für die *New York Herald Tribune* und ihren Pariser Ableger, die *International Herald Tribune,* verfaßte. Bevor ich Fürst Giulio aufsuchte, wollte ich mich absolut vergewissern, daß die *Serono* tatsächlich ein vatikanisches Unternehmen war, auch wenn die Rolle des Fürsten Giulio in der Firma schon genügend besagte. Es wurde nie geklärt, wer hinter der Firma steckte, obwohl es schien, daß viele Leute es trotzdem wußten. Ich wollte es aber selber von Mitarbeitern hören.

Also bezog ich eines Tages höchstpersönlich Posten auf der Straße gegenüber dem Seronowerk, das sich an Roms belebter Via Casilina 125, Ecke Via del Pigneto, befand, und wartete auf die Pause, in der Dutzende Firmenmitarbeiter in die Kaffeebar strömten. Als die Arbeiter hereinkamen und ihren Espresso oder Cappucino bestellten, saß ich bereits an der Bar. In kürzester Zeit hatte ich mehr als genügend Leute um mich, die ich ausfragen konnte. Meine Frage lautete natürlich nicht: »Ist das da drüben eine vatikanische Firma?«, denn das hätte sicherlich Mißtrauen erweckt. Als ich den Eindruck hatte, daß sie mich akzeptiert hatten, fragte ich: »Wie gefällt es euch, für den Papst zu arbeiten? Diese Art der Frage, so meinte ich, würde kein Mißtrauen erwecken. Jedenfalls bekam ich meine Antwort, denn mehrere andere Italiener mischten sich gleich ins Gespräch: Sie erklärten mir in unzweideutigen Worten, daß für den Papst zu arbeiten, nicht profitabel sei, da er ein Geizhals sei und seine Arbeiter nicht gut bezahle. Die Männer klagten alle, wenn sie eine Anstellung in einer anderen, nicht dem Vatikan gehörenden Firma bekämen, würden sie das sofort annehmen, da sie ihre Familien ernähren müßten und es ihnen im von Inflation heimgesuchten Italien immer schwerer würde, mit ihrer mageren päpstlichen Löhnung ihre Auslagen zu finanzieren. Himmlischer Lohn reicht nicht immer . . .

Das nächste Ziel war Fürst Giulio Pacelli persönlich, der »Vertrauensmann der Kurie«. Unter dem Vorwand, daß ich für die *Herald Tribune* einen Artikel über die italienische pharmazeutische Industrie zu schreiben hätte, mit lobenden Bemerkungen über die Firma *Serono* (dieser Artikel ist auch wirklich unter meinem Namen veröffentlicht worden), wollte ich zunächst einen guten Kontakt mit dem Fürsten herstellen, alle aktuellen Angaben über die *Serono* und ihre Geschichte von ihm erfahren, und ihn schließlich offen fragen, was es mit der Geburtenregelungspille auf sich habe, angesichts Papst Pauls Enzyklika, die die Benützung von künstlichen Kontrazeptiva für Katholiken verbiete.

Der Aufsichtsratsvorsitzende empfing mich in seinem vornehmen Büro, gab mir im Verlauf von etwa einer Stunde einen Überblick über die mehreren hundert Produkte seines Unternehmens, darunter ironischerweise auch ein Produkt namens Pergonal – zur Steigerung der Fruchtbarkeit. Wie er mir mitteilte, hatte die Firma zweihundertfünfzig Beschäftigte, die in einem modernen, automatisierten Werk mit einer Fläche von achttausendfünfhundertfünfzig Quadratmetern arbeiteten, verfügte über ein Kapital von 1,4 Milliarden Dollar, hatte im Vorjahr einen Nettogewinn in der Höhe von hundertzweiundsiebzigtausend Dollar erzielt und beschäftigte im Laboratorium eine Anzahl von Wissenschaftlern mit pharmazeutischen Forschungsprojekten.

Als das Interview offiziell beendet war, legte ich meine Unterlagen zusammen, tat sie in meine Mappe und machte mich zum Gehen fertig, obwohl ich meine dramatische Frage noch nicht gestellt hatte. Der Fürst begleitete mich in seiner äußerst charmanten Art zur Tür, und während ich bereits die Hand am Türknauf hatte und ihm für die aufgewandte Zeit und Mühe dankte, sagte ich: »Ach, Sir, gerade fällt mir noch etwas ein – ich möchte Ihnen, wenn Sie gestatten, noch eine Frage stellen.« Er nickte zuvorkommend und wartete. Wie könne er rechtfertigen, daß ein dem Vatikan gehörendes Unternehmen eine kontrazeptive Pille namens *Luteolas* auf den Markt bringe, wenn sich der Papst persönlich gegen derartige Produkte ausgesprochen habe?

Er erbleichte und war sichtlich erschrocken, aber er faßte sich sehr schnell wieder. Er bat mich nochmals in sein Büro und schloß die Tür. Über meine Indiskretion offensichtlich verärgert, aber dennoch mit einem gefrorenen Lächeln, erklärte Pacelli, *Luteolas* sei keine Geburtenregelungspille. Mit den kompliziertesten Worten, die ihm zur Verfügung standen, und mit einer Flut von Tautologien erklärte er, die Kapsel sei ein Erzeugnis zur Unterstützung des Mediziners bei seinen Bemühungen, Frauen zu helfen, die gynäkologische Probleme hätten und aus diesem Grund eine wirksame Steuerung ihres Menstruationszyklus benötigten, um selber in gesunder Regelmäßigkeit zu bleiben. Es gäbe, sagte er, weder einen statistischen noch irgendeinen anderen Beweis dafür, daß es sich bei *Luteolas* um eine Geburtenregelungskapsel handle. Allerdings fügte er dann ein wenig nervös hinzu: »Das werden Sie doch wohl hoffentlich nicht in der *Herald Tribune* veröffentlichen?«, – was ich auch nicht tat, aber ich habe ihm nie versprochen, daß es nicht in einem Buch erscheinen würde.

Ich sagte dem Fürsten auch nicht, daß ich vor unserer Unterredung in zwölf Apotheken in verschiedenen Bezirken Roms gewesen war, um mich über *Luteolas* zu informieren. Meine Vorgangsweise war die, daß ich eine Schachtel dieser Pillen vorzeigte und fragte, aus welchen Gründen die Kunden dieses Produkt kauften. Die Antworten, die ich von allen zwölf Apothekern erhielt, lauteten: »Weil sie nicht schwanger werden möchten« oder: »Sie möchte kein Kind bekommen« oder »Sie muß unfruchtbar sein«. Ein Apothekergehilfe ging sogar soweit, daß er erklärte, daß die Pillen, einmal täglich genommen, in neunundneunzig Prozent der Fälle eine Schwangerschaft verhinderten: er machte sich die Mühe, mir zu zeigen, daß auf dem Beipackzettel eine Menstruationstabelle abgedruckt war, mit deren Hilfe die Frauen über ihre sogenannten fruchtbaren Tage aufgeklärt wurden. Auch wenn ich *Luteolas* nicht in einem Laboratorium hatte untersuchen lassen, war ich doch gewiß, daß sie, im Gegensatz zu Fürst Giulio Pacellis Erklärung, eine Antibabypille war.

23. KAPITEL

Hans Küng - mehr als nur ein Ärgernis

Einige Anekdoten über Papst *Johannes XXIII.* werden heute, Jahre nach seinem Tod, immer noch gerne erzählt, wie zum Beispiel diese: Bald nach seiner Krönung im Jahr 1958 kamen seine Verwandten, um ihn zum ersten Mal im Apostolischen Palast zu besuchen. Eine päpstliche Audienz macht auf fast jeden Menschen großen Eindruck, und die Verwandten des Johannes machten da keine Ausnahme. Nachdem sie schüchtern durch die goldstrotzenden Säle und vorbei an den allgegenwärtigen Schweizergardisten gegangen waren, fielen sie auf die Knie und beugten die Häupter, als sie Johannes in seinen prächtigen päpstlichen weißen Gewändern erblickten. Doch dieser nahm ihnen alle Scheu: »Beachtet das alles nicht!« sagte er. »Wovor fürchtet ihr euch? Ich bin es doch nur!«

Dieser Papst war eine »weiche und gute Seele«, und seine rustikale und väterliche Art bezauberte die Menschen. Ich erinnere mich noch an jenen Tag, an dem er zum ersten Mal in der Geschichte des Vatikans die Mitglieder des Auslandspresseklubs in Rom mit ihren Frauen zu einem Presseempfang in seine Räume geladen hatte. Auch wenn Auslandsjournalisten oft Zyniker sind, war Johannes an diesem Tag so charmant, daß wir uns seiner äußerst menschlichen und sympathischen Art nicht entziehen konnten. Ich erinnere mich noch deutlich, wie mein Kollege, Irving R. Levine, damals Rom-Korrespondent für die amerikanische Rundfunkstation NBC, mir mit verlegenem Lächeln zuflüsterte: »Nino, du weißt, daß ich Jude bin, aber *das* ist ein Kerl, der mich zum Wechsel meiner Religion veranlassen könnte!«

Auch wenn ein Papst von den Gläubigen in aller Welt verehrt und sogar angebetet wird, so wird er *innerhalb* der Kurie doch mehr als Mensch, denn als »Heiliger« betrachtet. Seine Tiara kann sehr wohl gleichzeitig eine Dornenkrone sein, denn hinter den großen Bronzepforten ist das Papstamt nicht ohne Feinde, die täglich um den Pontifex sind. Dieser Mann trägt die *offiziellen* Titel *Bischof von Rom, Nachfolger der Apostelfürsten, höchster Pontifex der universalen Kirche, Diener der Diener Gottes, Patriarch des Westens, Primas von Italien, Erzbischof und Metropolit der römischen Provinz* und *Souverän des Staates der Vatikanstadt* sowie die *inoffiziellen* Titel *Rektor der irdischen Welt, Stellvertreter Christi auf Erden, Vater der Fürsten und Könige* und *Pontifex Maximus*, aber innerhalb der Kurie wird er einfach *Il Papa* genannt, ein Titel, der sich vom lateinischen *pater patrum* herleitet und *»Vater des Vaters«* bedeutet. Die Italiener hingegen, ob innerhalb oder außerhalb des Vatikans, nennen den Papst gewöhnlich bei seinem Familiennamen - Pius XII. war *Papa Pacelli*, Johannes XXIII. *Papa Roncalli*, Paul VI. *Papa Montini* und Johannes Paul II. *Papa Wojtyla.*

Wohl kein Papst der neueren Zeit hat sich, außerhalb seiner Heimat, als so anziehend erwiesen wie der Pole, der heute auf dem Thron Petri sitzt. Sein öffentliches Auftreten zu Hause und im Ausland hat die größten Menschenmengen in der Geschichte des Papsttums, Katholiken und Nichtkatholiken, zusammenströmen lassen. Seine charismatische Wirkung auch auf Millionen von Menschen, die ihm keine geistige Gefolgschaft schulden, ließ viele Reporter nach neuen Adjektiven suchen, die ihm gerecht wären.

Als *Johannes Paul II.* zum Papst gewählt wurde und sich sofort einen bedeutenden Ruf erwarb, mußte er aber auch einiges aufgeben: seinen ursprünglichen Namen, die meisten persönlichen Beziehungen, die ihn mit seinem Geburtsland verbanden, und vor allem seine Freiheit (Pius X. zeigte einmal auf einen Wache haltenden Schweizergardisten und flüsterte einem alten Freund zu: »Das sind meine Kerkermeister!«). So wie alle anderen Päpste vor ihm, mußte auch Johannes Paul feststellen, daß sein Tagesablauf, oft bis in die kleinsten Einzelheiten, durch Traditionen geregelt ist und daß die ihn umgebenden Kurienkardinäle das Heft in der Hand haben, auch wenn sie in der Öffentlichkeit vor ihm niederknien und das Haupt beugen. Während er dem Urteil der Öffentlichkeit ausgesetzt ist und er selber Gott als Quelle seiner Autorität ansieht, nimmt Johannes Paul bei der Durchführung seiner komplexen Aufgaben die Anweisungen seiner Kollegen in der Kurie entgegen. Zwar ist er einer der wenigen absoluten Herrscher dieser Welt, aber doch, andererseits, ein absoluter Herrscher, der seinerseits beherrscht wird. Als Papst darf er niemals vergessen, daß seine Taten schwerwiegende Folgen für ihn selber und für seine Herde haben können.

Überdies befindet sich der jetzige Papst in der heiklen Lage, daß er unter den Mächtigen in der vatikanischen Zentralverwaltung persönlich nicht besonders beliebt ist. Vor allem ist die alte Kurienoligarchie nicht sehr froh über Papst Wojtylas besondere Betonung polnischer Fragen und seine Schar polnischer Mitarbeiter. Die konservativen Kardinäle sehen mit wenig Begeisterung Papa Wojtylas Vorliebe für Audienzen mit polnischen Pilgern, sein ständiges Reden über Polen und polnische Probleme und den Umstand, daß er sich offenbar in erster Linie immer noch als Pole fühlt.

Da im Mittelpunkt von Johannes Pauls Administration die Kurie steht und da ihre mächtigen italienischen Fraktionen unnachgiebig an der Verteidigung ihrer uralten Bastionen festhalten, sieht sich der Papst gezwungen, sich an jene kirchlichen Institutionen anzupassen, deren formelles Oberhaupt er ja selber ist. Das bedeutet, daß Johannes Paul, soweit es entscheidende kircheninterne Angelegenheiten betrifft, genötigt ist, den Katholizismus entsprechend den konservativen Vorstellungen zu steuern und daher manchmal auch gewisse inquisitorische Maßnahmen zu ergreifen. Es ist nicht mehr die Frage, ob Johannes Paul als Papst ein Garant für Freiheit und Aufgeschlossenheit in der römisch-katholischen Kirche ist. Diese Frage ist entschieden: Er geht streng gegen alle säkulären Bestrebungen im Klerus vor – insbesondere bei den Jesuiten. Während Paul VI. noch über fünfundneunzig Prozent der dreiunddreißigtausend Ansuchen von Priestern zur Versetzung in den Laienstand positiv entschied, hat Johannes Paul II. bis Ende 1981 keinen einzigen Priester von seinem Gelübde entbunden.

Seit seinem Amtsantritt befindet sich Johannes Paul auf konsequentem Kollisionskurs mit bestimmten Gelehrten und

Theologen in Holland, den Vereinigten Staaten und Deutschland. Der hervorragendste unter ihnen ist *Hans Küng*, dem die Lehrbefugnis zur Ausbildung von katholischen Seminaristen an der Universität von Tübingen nach einer Reihe von Befragungen entzogen wurde, die seine Anhänger als »inquisitionsähnliche Maßnahmen« des Papstes bezeichneten. Johannes Paul erklärte Küng gegenüber, er spräche nicht im Namen der katholischen Kirche.

Der schwergeprüfte progressive Schweizer Theologe, Verfasser zahlreicher Werke über die Frage der päpstlichen Unfehlbarkeit, den Zölibat, die Struktur der Kirche, die Jungfräulichkeit Mariens, historische Aspekte von Jesus Christus und die Geistesfreiheit in den Reihen der katholischen Kirche, erklärte vor mehreren tausend Anhängern, daß er sich für seine Kirche zutiefst schäme. Professor Küng gelobte, gegen die Entscheidung des Heiligen Stuhls zu kämpfen, und stellte die Frage, ob *»der Liebling der Massen und Superstar der Medien wirklich frei sei von engstirnigem Autoritätsdenken, wie es vom größten Versager der Kirche, Pius XII., exemplifiziert wurde«*. Er kritisierte Papa Wojtyla wegen seiner Billigung der *»inquisitorischen Maßnahmen gegen andere Strömungen in der zeitgenössischen katholischen Theologie – und dies angesichts seines Eintretens für die Menschenrechte außerhalb der Kirche«*. Küng erklärte, er bezweifle ernstlich, ob dieser Papst aus einem Land mit einer totalitären Regierung je Demokratie in die katholische Kirche bringen könnte, trotz der Tatsache, daß der erste polnische Pontifex in der Geschichte ein geschworener, aktiver Feind des Kommunismus und anderer totalitärer Regierungen sei.

Im Mittelpunkt der Erklärungen Hans Küngs steht die Anschuldigung, die Kirche habe nicht die Reformen durchgeführt, die im Jahr 1965 mit der Verkündung der Dekrete des *Zweiten Vatikanischen Konzils* durch Paul VI. autorisiert worden seien. Die Schuld dafür weist Küng eindeutig der Kurie zu. Seine Kenntnisse über die Politik des Vatikans sind so umfassend wie sein Wissen von der katholischen Dogmatik, denn er hat mehrere Jahre im Vatikan gelebt (im *Collegium Germanicum*, wo er 1954 zum Priester geweiht wurde; anschließend studierte er noch in London, Amsterdam, Berlin, Madrid und an der Sorbonne in Paris, wo er im Alter von neunundzwanzig Jahren zum Doktor promovierte).

Der Grund, warum die »Falken« im Vatikan einen Mann wie Küng fürchten, ist vielleicht der Umstand, daß seinc Bücher in einer verständlichen Alltagssprache geschrieben sind. Der Vatikan ist besorgt, daß die Menschen verstehen könnten, worauf er abzielt – und daß, in diesem Fall, seine spitze Feder und seine gewandte Zunge den sogenannten »Fall Küng« zu einer Massenbewegung anschwellen lassen könnte. Was er anstrebt, ist, einfach ausgedrückt, daß die kirchlichen Anliegen vor jenen Millionen von Menschen offen dargelegt werden sollten, die dieser Religion anhängen; und Küng hat den Mut und die Fähigkeit, sich auf ein Ringen mit den *»Absolutisten in der Kirche – der Kurie«* einzulassen, die er als die schlimmste Bürokratie auf diesem Planeten bezeichnete.

Der außerordentliche wissenschaftliche Rang, den dieser Rebell seit 1960 in den Hörsälen bewiesen hat, und der Umstand, daß er fließend Deutsch, Italienisch, Französisch, Englisch, Spanisch, Holländisch, Latein, Griechisch und Hebräisch spricht, macht diesen polemischen Professor zum intellektuellen Riesen, einem beachtlichen Gegner, dessen Name im Vatikan tabu ist. Es ist bekannt, daß unter all den Bonmots des Paters Küng eine bestimmte rebellische Äußerung war, die Johannes Paul in Rage versetzte: »Die Lösung für das Problem der Kirche wäre natürlich«, meinte Küng sarkastisch, »daß wir einen neuen Papst kriegen könnten. Wir hatten einmal drei in einem Jahr . . .«

Der »Fall Küng« ist kein Einzelfall. Ein anderer offenherziger Gelehrter, der der Häresie verdächtigt wurde und den man wegen seiner Gedanken zur unbefleckten Empfängnis, der Göttlichkeit Jesu, der Unfehlbarkeit des Papstes und der organisatorischen Grundlage der Kirche verhörte, ist Pater *Edward Schillebeeckx*, dessen Buch *Jesus, ein christologischer Versuch*, wie man weiß, Johannes Paul wütend gemacht hat. Pater Schillebeeckx, Theologieprofessor an der katholischen Universität von Nijmegen in Holland, wurde nach Rom beordert, um sich wegen neun angeblicher Abweichungen vom kirchlichen Dogma zu rechtfertigen. Aber Schillebeeckx stellte offiziell fest, er bleibe »im Rahmen des katholischen Dogmas und Glaubens«, doch gebe es unterschiedliche Interpretationen zwischen ihm und seinen konservativen Kritikern. Schillebeeckx' ebenso komplexe wie gründlich ausgeführte These (die exakt nachweist, was im frühen Christentum unter dem Bekenntnis *»Jesus, Menschensohn und von Gott, dem Herrn«* verstanden wurde) kann schon aus Raumgründen hier nicht besprochen werden.

Obwohl es in verschiedenen Teilen der Welt rebellische Priester gibt, die dem Vatikan mit ihren aufrührerischen Ideen das Leben schwermachen, sind es in den Vereinigten Staaten doch eine ungewöhnlich große Zahl von Dissidenten, die Papst Johannes Paul zusetzen, selbst in höchsten Positionen. Sie umfassen das ganze Spektrum von gelehrten Jesuiten bis zu einfachen Nonnen in Klöstern, die, obwohl übertönt von den ohrenbetäubenden Ovationen für den ersten nichtitalienischen Pontifex in moderner Zeit, dennoch Fragen über das Papsttum von heute erheben und den polnischen Amtsinhaber despektierlich angehen, wie Pfiffe auf der US-Reise des Papstes und die engagierten Beschlüsse der nordamerikanischen Bischofskonferenz zur atomaren Rüstung belegen.

All dies hat Besorgnis in den Seiten des *Osservatore* ausgelöst, einer Zeitung, die Hans Küng mit der *Prawda* verglichen hat. Die lautstarken Liberalen sind unter anderem einhellig der Auffassung, daß Priester und Laien die Möglichkeit erhalten sollten, an der Auswahl von Bischöfen mitzuwirken, und damit die Chance zur Mitwirkung in der Kirche. Weiter meinen sie, es sei eine Sache, wenn Papst Johannes Paul die Herzen und die Phantasie der Welt mit seinem persönlichen Charisma gewinne, aber eine andere, wenn repressive Maßnahmen gegen die besten Geister der Kirche und die eloquentesten Vordenker des Katholizismus verhängt werden – insbesondere, da keiner der erwähnten Personen ihr Priesteramt aufgeben wollte.

Als Professor Küng seinen »theologischen Kreuzzug« im Jahr 1963 mit einer Vortragsreise durch die Vereinigten Staaten fortsetzte, wurde er von vatikanischen Spürhunden von Stadt zu Stadt verfolgt; man verbot ihm, in der *Catholic University of America* zu sprechen; er durfte seinen Fuß nicht in die Erzdiözese von Los Angeles setzen; er wurde in einige andere amerikanische Institutionen, sowohl katholische als auch säkuläre, nicht eingelassen, und zwar aufgrund von Befehlen aus Rom an die örtlichen Bischöfe, die ihrerseits städtische oder akademische Funktionäre unter Druck setzten, Küng nicht zu Wort kommen zu lassen. Pater Küng gelang es schließlich, vor Theologen in der *Georgetown University* in Washington, D. C., einen Vortrag zu halten.

Auf einer weiteren, vor nicht allzu langer Zeit stattgefundenen Reise in die Vereinigten Staaten äußerte Küng vor atemlos lauschenden Hörern einen seiner profundesten Gedanken. Der tadellos gekleidete, überzeugende Redner – allzeit bereit, die Hierarchie der Kirche aufzuscheuchen – erklärte: »Die Kurie würde mich am liebsten als Häretiker auf dem Scheiterhaufen verbrennen, aber das zwanzigste Jahrhundert hat mir einen Aufschub der Hinrichtung verschafft. *Der Herr hat nie seine Zustimmung zu jener Art von Kirchenleitung gegeben, die wir seit dem dritten Jahrhundert haben, als unsere Kirche den Händen Jesu Christi entglitt.*«

22. KAPITEL

Die Frau des Priesters

Während der Dreharbeiten für *Die Frau des Priesters* im Jahr 1970, eines umstrittenen Films, der sich mit dem *Zölibat* in der Kirche befaßte und in dem *Sophia Loren* und *Marcello Mastroianni* mitwirkten, war Regisseur *Dino Risi* nicht imstande, die Genehmigung des Vatikans zur Aufnahme einer Szene in irgendeiner Kirche in Norditalien zu erhalten. Risi begab sich daher in die Hügel in der Nähe von Padua, wo er einen Dorfpfarrer zu finden hoffte, der von diesem Film noch nicht gehört hatte. Risi, ehemaliger Arzt und Psychiater, fand genau die passende Kirche in einem entlegenen Dorf, das noch im sechzehnten Jahrhundert zu leben schien. Zumindest dachte er dies.

Risi kalkulierte, er würde den Ortspfarrer mit einer großzügigen Spende für den kärglichen Erhaltungsfonds der Kirche erweichen, dann die vorgesehene Szene aufnehmen und den Ort so schnell als möglich verlassen, ehe ihm der Vatikan auf die Schliche käme. Für die Aufnahme benötigte Risi die Erlaubnis des Pfarrers, da der Küster dazu nicht ermächtigt war. Indessen war der Pfarrer nirgends zu finden. Er war abgereist – *um zu heiraten!*

In der *Frau des Priesters* wurde das Thema des Zölibats auf deftig-satirische Art behandelt. Mastroianni, der die Rolle eines katholischen Klerikers spielt, verliebt sich in eine leichtgeschürzte Popsängerin (Loren), während er ihr nach einem Selbstmordversuch Trost und Rat spendet. Da der Priester selber zutiefst religiös ist, kann er sich weder zum Austritt aus der Kirche entschließen noch will er eine Lüge leben.

Sowohl die Loren als auch Mastroianni gaben damals Interviews für die Presse, in denen sie öffentlich dafür eintraten, daß Priester nicht zum Zölibat gezwungen werden dürften. Sophia Loren meinte, ein Priester sollte heiraten dürfen, »denn nur als Verheirateter, mit eigener Familie, kann er die Probleme anderer Menschen verstehen«. Mastroianni, dem es gleichgültig war, ob er sich wegen der Mitwirkung an diesem Film der Gefahr der Exkommunikation aussetzte, meinte, wenn Priester heiraten wollen, dann sicherlich nicht aus sexuellen Gründen, »denn sie haben doch alle heimlich Freundinnen«.

Um die Herstellung und später den Verleih des Films zu stoppen, fuhr der Vatikan mit schwerem Geschütz auf. *Carlo Ponti*, Produzent des Films und Ehemann der Loren, ohnehin erfahren in der Herstellung von Filmen, die den Vatikan irritierten, war jedoch auf derartige Attacken vorbereitet. Bald nachdem die Filmleute in Padua mit der Arbeit begonnen hatten, erhielt Risi unerwarteten Besuch von Vertretern des Vatikans, die in Begleitung des Polizeichefs von Padua und zwei Carabinieris waren. Sie versuchten nicht, die Filmaufnahmen zu stoppen, und so offensichtlich es auch war, daß sie mit diesem Besuch Pontis Filmteam einschüchtern wollten, erklärte der Sprecher der Gruppe, sie wollten »nur ein wenig zusehen, wie Filme gemacht würden«. Risi fand diese Geschichte nicht besonders glaubwürdig und beschloß, seinen unangemeldeten Besuchern eine Nasenlänge voraus zu sein und möglichen rechtlichen Maßnahmen des Vatikans zuvorzukommen.

In einer Szene sollte im Hintergrund eine Kirche sichtbar sein, und Risi hatte eine Umarmungs- und Kußszene zwischen Mastroianni (mit einer Soutane bekleidet) und Loren (im Minirock und engem, ausgeschnittenem Pullover) vorgesehen. Es war nicht jene Art von Szene, die konservative Kleriker mit besonderer Begeisterung erfüllt. Aber Risi meisterte dieses Problem mühelos. Ohne daß es seine ehrwürdigen Besucher merkten, hatte er eine weitere Kamera an der Seite der Kirche aufgestellt, wo er die Loren postierte (die ebenfalls nicht sichtbar war). Die Geistlichen sahen mit unbewegten Mienen zu, wie »Pater« Mastroianni nach der Messe aus der Kirche herausgelaufen kam und entlang der Seite des Gebäudes dahintrottete. An dieser Szene war nichts Ungehöriges, gegen das man hätte Einwendungen erheben können – und diese Szene wurde den Beobachtern sechsmal vorgespielt, Einstellung auf Einstellung. Allerdings huschte Mastroianni nach einer Aufnahme unauffällig um die Ecke, wo die zweite Kamera und die appetitliche Neapolitanerin, außer Sichtweite, bereitstanden. Die beiden fielen sich in die Arme, der in seiner Soutane steckende »Priester« gab ihr einen meisterlichen Liebeskuß und legte ihr dabei beide Hände auf das Gesäß. Der Trick funktionierte bestens, und die Kleriker gingen wieder fort, ohne etwas gemerkt zu haben.

Bei der Herstellung dieses Films konnte Produzent Ponti es sich nicht verkneifen, Papst *Paul VI.* zu reizen, indem er ihn auf persönlicher Ebene ärgerte. Ponti engagierte *Armando Carzanita*, den ehemaligen Koch Pauls, als dieser noch Kardinal Montini in Mailand war. Als der Papst erfuhr, daß sein ehemaliger Koch in diesem Film die Rolle eines Kochs spielte, zeigte er sich »traurig und erstaunt«. Er zweifelte nicht daran, daß Ponti und Loren, die nach ihrer Ferntrauung in Mexiko (während Ponti nach Auffassung der Kirche noch mit einer anderen Frau verheiratet war) vom Vatikan offiziell als Sünder gebrandmarkt worden waren und die französische Staatsbürgerschaft angenommen hatten, diesen Film aus Rache drehten. Der Produzent und der mit ihm verheiratete Superstar hingegen erklärten, daß sie diesen Film als gesellschaftlich relevantes Dokument betrachteten, das ihrer Auffassung nach einen Einfluß auf die öffentliche Meinung und die Frage des Zölibats haben würde.

Die *Frau des Priesters* erwies sich aber letztlich als Fehlschlag und brachte nur geringe Einspielergebnisse. Er hatte keinerlei Einfluß auf die Zölibatsdebatte, die im Vatikan immer noch ein vorrangiges Problem darstellt. Ob römisch-katholischen Priestern die Ehe gestattet werden sollte oder nicht, ist ein Dilemma, das ein im April 1970 im Vatikan geheim zusammengetragener Kardinalsausschuß zur Debatte stellte. Aber welche Unstimmigkeiten diesbezüglich unter den Kirchenfürsten bestanden haben mögen, es genügt festzustellen, daß Papst Paul VI. bald darauf den Standpunkt der Kirche eindeutig klarmachte, als er öffentlich erklärte: »Dort, wo die Vorbereitung auf das Priesteramt von einer Atmosphäre des Gebets, der Nächstenliebe und der Demut erfüllt ist, tritt das Problem des Zölibats überhaupt nicht auf. Junge Männer finden es mehr als natürlich, sich Christus voll und ganz zu weihen.« Die Lösung läge, laut Papst Paul, nicht in einer Milderung des Zölibatsgebotes im lateinischen Ritus. Der derzeitige Papst teilt diese Auffassung und verfolgt in bezug auf die tausendsechshundert Jahre alte Zölibatsdisziplin eher einen härteren Kurs. In der Tat hat Johannes Paul II. in der Frage, ob Priester heiraten dürften, seine ganze päpstliche Autorität in die Waagschale geworfen.

In der Kurie weiß man sehr genau, daß etwa *eine halbe Million Geistlicher*, einschließlich Mitglieder religiöser Männerorden, *mehrheitlich der Auffassung sind, daß sie das Recht der Eheschließung erhalten sollten.* Laut einer verläßlichen Zahl aus den Vereinigten Staaten, die kürzlich auf den Schreibtisch des Papstes gelangte, sind mehr als sechzig Prozent der amerikanischen Priester der Meinung, daß Priestern die Eheschließung erlaubt werden sollte und daß, falls diese Genehmigung erteilt werde, bis zu einunddreißig Prozent tatsächlich heiraten würden. Der Bericht wies überdies darauf hin, daß praktisch alle in der Umfrage erfaßten Geistlichen im Priesterstand bleiben wollten. Eine andere Untersuchung unter holländischen Priestern über den Zölibat ergab, daß mehr als fünfundneunzig Prozent den obligatorischen Zölibat ablehnten, während einundachtzig Prozent sehr deutlich die Auffassung bekundeten, daß auch vereiratete Männer Zugang zum Priesteramt haben sollten. Interessanterweise äußerten sich zweiundsechzig Prozent der Antwortenden dergestalt, daß der Zölibat für sie persönlich außerordentlich nutzbringend gewesen sei.

Der Bericht der holländischen katholischen Kirche erinnerte die Kurie daran, daß es *in den ersten Jahrhunderten der Kirche öfter verheiratete Bischöfe gegeben habe* und der heilige *Paulus* im ersten Epistel empfahl, daß ein Bischof »der Ehegatte einer Frau« sein sollte. Besonders interessant ist der Umstand, daß der Zölibat, der *keinerlei biblische Rechtfertigung* hat, sich in den ersten tausend Jahren nach Christi in der katholischen Kirche nicht allgemein durchgesetzt hatte.

Im übrigen soll man das Gelübde des *Zölibats* nicht mit dem Gelübde der *Keuschheit* verwechseln. Laut kanonischem Recht bedeutet das erstere Ehelosigkeit und das zweite die Enthaltsamkeit vom geschlechtlichen Verkehr. Nach kanonischem Recht gilt das Gelübde des Zölibats nicht als gebrochen, wenn ein Priester, Mönch oder eine Nonne geschlechtlichen Verkehr ausübt. Vom Standpunkt der Kirche aus besteht der Unterschied zwischen den beiden darin, daß die Vergebung für geschlechtlichen Verkehr durch aufrichtige Reue im Beichtstuhl erlangt werden kann, während ein Priester, der heiratet, die Absolution nur vom Papst erlangen kann, der, wenn er die Absolution erteilte, eine Buße auferlegen würde, die vermutlich darin bestehen würde, daß der Priester seine Frau aufgeben müßte.

Welche Gründe nennt nun der Vatikan dafür, daß er seinen geweihten Mitarbeitern das Recht auf Eheschließung vorenthält? Abgesehen von theologischen Überlegungen, betrachtet der Vatikan die Ehe als Gefahr für den Priester: Ein verheirateter Priester hat eine Frau, die er ebenso lieben muß wie seine Kirche. Er muß die Wünsche dieser Frau berücksichtigen wie die Ansprüche seines Papstes, und manchmal könnten diese unvereinbar sein. Es gäbe dann für ihn außerhalb der Kirche noch etwas, das ihn beschäftigt, ihn ablenkt, einen Teil seiner Zeit, seiner Kraft, seiner Gefühle und seiner Leidenschaft in Anspruch nimmt. Vor allem aber hätte ein verheirateter Priester einen festen Halt auch außerhalb der Kirche und würde wahrscheinlich weniger als ein unverheirateter Priester dazu neigen, ständig die autoritäre Einstellung des Papstes zu tolerieren. All dies gilt in noch größerem Maß, wenn die Frau nicht katholisch ist. Schließlich meint man, daß verheiratete Priester die Macht der katholischen Kirche auszehren und ihr Lebensblut entziehen würden und daß der Vatikan durch die Zulassung der Priesterehe eine Minderung der eigenen Macht erleiden würde.

Die Gründe, warum Priester das Recht auf Eheschließung haben sollten, werden in einem Brief angeführt, den ein englischer Priester vor nicht allzu langer Zeit an Johannes Paul II. gerichtet hat; dieser Geistliche, der seinen Entschluß bekanntgegeben hatte, eine siebenundzwanzigjährige Frau aus Malaysien zu heiraten, eine keiner Kirche angehörende Christin, schrieb unter anderem: »Ein Priester liebt; er möchte die Gesellschaft einer Frau; er möchte ein vergängliches Wesen auf vergängliche Weise lieben. Eure Heiligkeit mag sagen, daß

Kirche und Himmel für jenen Heimstatt genug wäre, aber der Priester ist mit diesen Worten nicht mehr zufrieden. Er möchte ein irdisches Heim, in das er sich physisch, geistig und emotional vom göttlichen Tätigkeitsbereich zurückziehen kann; er möchte eine Chance, selbst Mensch zu sein, erdhafte menschliche Leidenschaften zu spüren und ihnen auch nachgeben zu dürfen. Er möchte nicht nur ein geistiger Vater, sondern auch ein gewöhnlicher sein; er möchte Kinder haben, Teil einer menschlichen Familie sein und nicht nur Teil einer himmlischen. Er möchte selber am eigenen Leib die hundertundein Probleme des Lebens erfahren, die er zuvor nur stellvertretend im Beichtstuhl erfahren hat. Wenn ich heirate, dann kann es sehr wohl sein, daß ich mich wegbewege von der autoritären Herrschaft der angeblich göttlichen kirchlichen Machtstruktur, aber wenn man einen Teil der Macht über den Menschen aufgibt, so ist es für die Kirche immer noch besser, teilweise Macht über ihn zu haben, als überhaupt keine. Die Malaise in der Kirche von heute besteht darin, daß wir hier eine Regierung ohne den Konsens der Regierten haben . . .«

In seiner Erklärung im Jahr 1979 forderte *Johannes Paul II.* die Priester dringend auf, ihr Zölibatsgelübde einzuhalten und »nicht die Entbindung von ihren Gelübden zu verlangen«. Johannes Paul machte klar, daß ein Dispens vom Priesteramt nicht leicht gewährt würde. Es überrascht daher nicht, daß im Jahr weit über tausend Gesuche von seiten geweihter Mitglieder der Kirche eingehen, die heiraten möchten. Diese Ansuchen um Versetzung in den Laienstand bleiben praktisch unbearbeitet auf dem Tisch des gegenwärtigen Papstes liegen.

Während des Pontifikats *Paul VI.* von 1963 bis 1978 wurden dagegen die vatikanischen Verfahrensweisen etwas erleichtert und mehrere tausend Priester ihrer Gelübde entbunden. Man vergleiche dies mit den Jahren von 1914 bis 1963, in denen etwa achthundert Priester den Vatikan um Versetzung in den Laienstand ersuchten, aber nur etwa dreihundert der Dispens gewährt wurde . . .

25. KAPITEL

Frauen als Priester

Es ist kein Geheimnis, daß der Vatikan eine Welt der Männer ist. Es ist aber auch kein Geheimnis, daß Frauen dazu gehören *wollen.* Allerdings hat Papst *Johannes Paul II.* in dieser Sache eine feste Überzeugung, und ältere kirchliche Würdenträger stimmen mit ihm überein, daß Frauen *»auf ihrem Platz bleiben sollten«.*

Dies war auch die Botschaft, die der Papst im Oktober 1979 zum Ausdruck brachte, als er von Schwester *Theresa Kane* begrüßt wurde, die damals Präsidentin der *Leadership Conference of Women Religious* in Washington, D.C., war. Schwester Theresa forderte, daß alle Kirchenämter auch Frauen offenstehen sollten. Sie erklärte gegenüber Johannes Paul im wesentlichen, daß der Katholizismus nicht umfassend wäre, solange Frauen nicht voll und ganz an der Kirche partizipieren könnten. Sie ist der Auffassung, daß Frauen, obwohl sie heute nicht an der Amtskirche teilhaben, diese trotzdem auf eine informelle Weise beeinflußt hätten – »aber wir haben dies nicht auf eine rationale, systematische Weise als vollwertige, den Männern ebenbürtige Mitglieder der Kirche getan«.

Der Papst verfügt über verschiedene, meist aus den Vereinigten Staaten stammende Berichte, wonach römisch-katholische Frauen Liturgien für heimlich gebildete Gruppen von Gläubigen lasen, die der offiziellen katholischen Messe ähnlich seien, in denen sie Brot und Wein im Namen Christi teilten. Diese Liturgien würden in Wohnungen, Apartments, Mutterhäusern und Konferenzsälen in großen Städten gelesen wie New York, Washington, Philadelphia, Boston und Chicago. Da es sich um inoffizielle Zusammenkünfte handelt, ist die genaue Zahl der weiblichen »Geistlichen« und der Teilnehmer nicht zu ermitteln, aber die Kurie weiß, daß ihre Zahl im Steigen begriffen ist.

Abgesehen von der Tatsache, daß Johannes Paul II. und Paul VI. klar zum Ausdruck brachten, daß Frauen nicht zu Priestern geweiht werden können, zieht es die Kurie vor, diese Frage als abgeschlossen zu betrachten und alle diesbezüglichen Hinweise zu ignorieren. Zu diesen Hinweisen zählt auch eine kürzlich von einer Archäologin gemachte Entdeckung; sie berichtete, sie habe Fotografien von antiken Mosaiken, Fresken und Inschriften angefertigt, aus denen ersichtlich sei, daß es in der *frühchristlichen Kirche weibliche Priester und Bischöfe* gegeben habe. Die Fotografien, die von Frau Professor *Dorothy Irvin* vom *College of Saint Catherine* in Saint Paul, Minnesota, aufgenommen wurden, zeigen ein Fresko in einer römischen Katakombe aus dem vierten Jahrhundert mit der Darstellung von sieben Frauen, die die heilige Eucharistie zelebrieren, ein weiteres Katakombenfresko aus dem vierten Jahrhundert, auf dem eine Frau von einem Bischof geweiht wird, zahlreiche Fresken mit Frauen in liturgischen Gewändern und Grabinschriften von weiblichen Bischöfen. Frau Professor Irvin, die sich ihren Doktorhut an der Universität von Tübingen mit alttestamentarischen und archäologischen Studien der nahöstlichen Antike erworben hat, beschaffte sich diese Fotos aus dem Archäologischen Institut von Tübingen. Kopien dieser Fotos wurden der Kurie in der Hoffnung zugeleitet, daß sie zur Schwächung des päpstlichen Arguments gegen die Weihe von Frauen beitragen würden, wonach diese im Gegensatz zur jahrhundertealten Tradition der Kirche stehe.

Von größter Bedeutung ist jedoch der Brief, den Johannes Paul von einer Frau erhalten hat, die die »Berufung zum Priestertum« erhalten hatte. Man weiß, daß der Papst über dieses Papier, das er gegenwärtig zu ignorieren beliebt, sehr erbost gewesen war. Es sei, mit wenigen Auslassungen, im folgenden wiedergegeben:

»Ich bin eine Frau. Dies ist die Geschichte meiner Berufung zum Priestertum, meiner Ordination und meinem ersten Jahr als Priesterin in einer römisch-katholischen Gemeinde in einer großen Stadt an der Ostküste der Vereinigten Staaten.

Meine Geschichte beginnt in Wirklichkeit in meinen ersten Schuljahren, als ich einen tiefen Wunsch – eine Berufung? – empfand, die Liturgie zu zelebrieren, die Sakramente zu spenden und ein priesterliches Leben zu führen. Viele verlachten mich mit gutmütigem Spott, als ich meine Wünsche in der Grundschule äußerte. Manche lächelten, als ich in die Oberschule ging, staunten, als ich im College war, und hegten Zweifel, als ich wegging, um ins Seminar zu gehen. Manche waren ehrlich der Auffassung, daß ich ›übergeschnappt‹ sei. Schließlich erwarb ich den Grad eines Magisters der Theologie. Fünf Jahre später erhielt ich die Priesterweihe.

Ich wünschte, ich hätte die Freiheit, Ihnen meinen Namen, die Namen meiner Freunde und den Ort unserer Gemeinde mit seinem Kern von mehreren Dutzend Gläubigen zu nennen. Aber ich fürchte, daß wir Repressalien zu gewärtigen hätten, wenn ich dies täte.

Nach dem Abschluß des Seminars kehrte ich in meine Heimatdiözese zurück, in der ich über dreißig Jahre lang gelebt hatte – in eine Stadt, in der man dem Fortschritt in der Theologie und Liturgie mißtraut und die Mitwirkung von Frauen bei der Liturgie nicht mit Begeisterung ermutigt wird ... die Religionsausübung wurde mir in meiner Heimatdiözese immer schwieriger, und dann – wohl durch eine Fügung des Heiligen Geistes – kam es zu einem Zusammentreffen, das mein Leben verändern sollte. Ich entdeckte, daß es eine Gemeinde gab, die den Gottesdienst nach römisch-katholischem Ritus und mit rechtsgültig geweihten römisch-katholischen Priestern feierte, in der aber die Liturgien von allen Mitgliedern vorbereitet wurden und die Teilnahme und Mitwirkung aller erwartet und akzeptiert wurde.

Man sagte mir, daß die Diözese diese Gemeinde nicht als Pfarrei anerkenne und sie sogar als illegal betrachte. Bei der Untersuchung der Vorgeschichte dieser Gemeinde entdeckte ich, daß viele der Gründe, weswegen sie vor einem Jahrzehnt als illegal betrachtet wurde, heute in der Kirche zur allgemeinen Praxis geworden sind, beispielsweise die Handkommunion, weibliche Lektoren und die Kommunion in beiderlei Gestalt. Dann erinnerte ich mich, gelernt zu haben, daß Propheten oft aus der eigenen Stadt gewiesen wurden. Ich beschloß, einer Liturgie beizuwohnen, und ich erlebte den Pilger. Ich fand Toleranz, Aufnahme und Liebe.

Als ich zum ersten Mal mit einem Priester dieser Gemeinde

sprach, entschuldigte er sich mir gegenüber, daß die Amtskirche in bezug auf die Frauen so langsam vorgehe. Ich brauchte mich nicht wegen meines Wunsches nach der Priesterweihe zu verteidigen oder mich zu entschuldigen.

Dann kam der Sommer: Unsere Pilgerkirche trifft sich im Sommer in einem schönen Hain. Wir sind übereingekommen, daß wir, falls es regnete, in unserem nahegelegenen Versammlungsraum zusammenkommen wollten. Eines ist noch über die Pilger zu sagen: sie kommen von überall her. An einem Sonntag geschah es. Der Wein, die Musiker und die Priester waren drinnen. Das Brot, die Musiknoten, die Liturgie vorbereitet, und die meisten Pilger befanden sich im Freien. Nach einiger Zeit beschlossen wir anzufangen. Ich sah, daß der Vorbereiter auf mich zuging. Oh, nein! ›Wirst du uns leiten?‹ fragte er. Ich erinnerte mich, gelesen zu haben, daß die Meßfeier in der frühchristlichen Kirche von dem geleitet wurde, in dessen Unterkunft sie abgehalten wurde. ›Es ist O. K., du hast die Ausbildung.‹ Ach, warum regnete es nicht dort, wo ich wohnte?

Die Gemeinde stimmte dem zu, und dann beteten wir gemeinsam die Eucharistie. Es war eine bewegende Erfahrung für viele, als wir allesamt um den Altar versammelt waren. Später, am selben Tag, erfuhr der Priesterzelebrant, was geschehen war, und auch er war, so wie die Laien, der Auffassung, daß ich die Berufung erhalten hatte.

Als er das nächstemal zelebrierte, konnte ich einfach nicht glauben, daß das Thema die Befreiung war. Er sagte zu mir, er müsse entsprechend dem in ihm wirkenden Geist antworten. Er sagte, daß er die Eucharistie zur Befreiung nicht zelebrieren könne, solange Frauen unterdrückt würden, und daß wir die Kraft hätten, das Zerbrochene zu heilen. Er sagte, er wolle, daß ich vorbete und gemeinsam mit ihm zelebriere. Ich senkte bloß den Kopf. Aber ich hörte Händeklatschen, daß Menschen meinen Namen riefen und ›Mach schon!‹ sagten. Beim Altar stand lächelnd der Priester und sagte mit feuchten Augen: ›Du bist jetzt berufen worden. Jegliche andere Zeremonie kann nur bestätigen, was bereits geschehen ist.‹

Auf diesen Tag folgte ein Jahr voll ernster und von Gebeten

begleiteter Überlegungen. Im Frühjahr hielten wir dann eine Vollversammlung ab. Darf und soll die Gemeinde eine Frau mit der Ausübung der vollen liturgischen Priesterpflichten beauftragen? Auch die negativen Aspekte konnten hier nicht verheimlicht werden: Wer waren wir, daß wir jemandem ordinieren dürften? Das ging wohl zu weit. Es könnte zum Verlust der Bindungen an die größere Kirche führen und zu einem Verlust an Mitgliedern, von denen manche vom Anfang an in der Gemeinde gewesen waren und keine Angsthasen waren, die ein Risiko scheuen würden, aber dies war wohl allzuviel. Aber dann die ›Pros‹: Es würde aus Falschem Richtiges machen; die Gerechtigkeit erforderte es; es würde klar und deutlich unsere Auffassung vom Persönlichen im Priestertum zum Ausdruck bringen; wir müssen zurückkehren zu unseren Wurzeln des prophetischen Sprechens und Handelns, während wir vorwärtsschreiten zum ›Dritten Vatikanum‹. Nach schwerem, aber dennoch verständnisvollem gemeinsamen Ringen ergab die Abstimmung ein überwältigendes, wenn auch nicht einstimmiges Ja. Ich fühlte mich, als schwebte ich. Wir umarmten uns, küßten einander und weinten. Auch die, die nicht länger mit uns die Andacht verrichten konnten, kamen mit Tränen in den Augen zu mir, um mir zu versichern, daß ich ihre Entscheidung nicht persönlich nehmen solle.

Die versammelten Pilger beteten ein Dankgebet dafür, daß es uns vergönnt war, an einer großen Tat teilhaben zu dürfen. Eine Frau betete Dankesgebete, daß ihr Sohn nun in dem Glauben aufwachsen konnte, daß es normal sei, wenn eine Frau die heilige Eucharistie feierte. Und doch habe ich immer noch Angst. Ist das alles wirklich in Ordnung? Hat es unserer Gemeinde mehr genützt als geschadet? War es eine sündhafte Anmaßung, daß wir glaubten, dies tun zu dürfen? Kann ein ordinierter Priester geheim bleiben? Würde ich einen Skandal hervorrufen und jenen in der größeren Kirche Enttäuschung bringen, die das entdeckten?

Das seither verstrichene Jahr hat Änderungen bewirkt. Meine Fragen überwiegen immer noch die Antworten. Bin ich bloß für unsere Gemeinde Priesterin? Es ist schwierig, eine offene Person zu sein und doch besondere Dinge vor Menschen zu verbergen, die ich liebe. Und doch glaube ich, daß ich gültig ordiniert worden bin. Jene, die sagten, daß sie gehen müßten, sind nie zurückgekommen. Die anderen glauben, und dies tue auch ich. Ich habe getauft und eine zweite heilige Kommunion zelebriert. Ich zelebriere regelmäßig die Messe für unsere Gemeinde, etwa einmal im Monat.

Zu Weihnachten machte ich mich erbötig, im Hintergrund zu bleiben. Aber Vorbereiter und Priester meinten, die Gemeinde habe mich ordiniert, und wir könnten nun nicht mehr zurück.

Anläßlich meines heutigen Jahrestages feierten wir unseren gemeinsamen Mut. Als ich meine Predigt vorbereitete, fiel jegliche Angst von mir ab. Ich erinnerte mich an das griechische *chronos* und *kairos*. *Chronos* ist die eingeteilte und gemessene Zeit, *kairos* die Herrschaft Gottes. Unsere Gemeinde nahm das *kairos* vorweg, indem sie die Herausforderung annahm, das *noch nicht* zum *bereits* zu machen und damit die Herrschaft Gottes in unseren Tagen zu verwirklichen.

Die Ordinierung von Frauen wird auch in der größeren Kirche kommen. Wir sind ins Überzeitliche getreten, denn für uns ist ›*jetzt die Zeit gekommen, jetzt ist der Tag der Erlösung*‹«.

26. KAPITEL

Homosexualität und Kirche

In einem Artikel in der italienischen Wochenzeitschrift *Tempo* beschuldigte der französische Schriftsteller *Roger Peyrefitte* - selber ein erklärter Homosexueller - Papst Paul VI., schwul zu sein und mit seinem Sexualleben die Kirchengesetze zu brechen. Peyrefitte ist auch der Verfasser eines 1950 erschienenen Buches *Die Schlüssel von St. Peter* (über angebliche sexuelle Verirrungen vatikanischer Prälaten), und in seinem im April 1976 veröffentlichten Artikel behauptete er, daß Papst Paul, als er noch Monsignore Giovanni Montini und Erzbischof von Mailand war, einen jungen Freund hatte, einen Filmschauspieler (dessen Namen er nicht nannte). Indessen irrte Peyrefitte hier völlig, denn in den inneren Kreisen der Kirche war es kein Geheimnis, daß Monsignore Montini eine Freundin hatte - keinen Freund -, ehe er 1963 Papst wurde.

Äußerst erzürnt über Peyrefittes Anwürfe, erklärte der damals achtundsiebzigjährige Papst Paul einige Tage später vor etwa zwanzigtausend Personen auf dem Petersplatz (ohne den französischen Autor allerdings namentlich zu nennen) folgendes: »Wir wissen, daß Unser Kardinalvikar und die italienische Bischofskonferenz euch aufgefordert haben, für Unsere bescheidene Person zu beten, die zur Zielscheibe des Spottes und der schrecklichen und verleumderischen Anspielungen von seiten einer gewissen Presse gemacht worden ist, der es an pflichtgemäßer Achtung vor Ehrlichkeit und Wahrheit mangelt. Wir danken euch allen für diesen Beweis des getreulichen Glaubens und des sittlichen Empfindens.«

Noch bis vor kurzem war die Einstellung der römisch-katholischen Kirche zur *Homosexualität unter ihren Priestern* eine des »nichts Hörens und nichts Sehens«. In einer im Januar 1976 veröffentlichten amtlichen Erklärung über die Homosexualität bezeichnete der Vatikan schwule Handlungen als *»dem Wesen nach abartig«*, die vatikanische Pauschalverurteilung der Homosexualität beruht auf vier Stellen in der Heiligen Schrift, von denen die deutlichste noch die ist: »Du sollst dich nicht mit einem Manne vermischen, wie mit einem Weibe, weil das ein Greuel ist, sie sollen zu Tode gebracht werden, und ihr Blut soll über sie kommen.« Die anderen Passagen befinden sich im Brief des Apostels Paulus an die Römer 1:18–32, im Ersten Korintherbrief 6:9–11 und in Genesis 19:1 (die Geschichte von Sodom und Gomorrha, von der sich der Begriff »Sodomie« herleitet): – Jesus selbst erwähnt die Homosexualität überhaupt nicht.

In einem einundzwanzig Seiten umfassenden, von Papst Paul genehmigten Dokument befürwortete der Vatikan eine tolerantere Haltung gegenüber Homosexuellen, verurteilte aber mit scharfen Worten homosexuelle Handlungen. Das Dokument, das den Titel *»Erklärung über bestimmte Fragen der sexuellen Ethik«* trug, wurde von der *Heiligen Kongregation für die Lehre des Glaubens* (vormals Heiliges Offizium) herausgegeben, der *nach dem Papst höchsten Autorität in Fragen des Glaubens.* Bezugnehmend auf einen Brief, den Papst Leo IX. im Jahr 1054 geschrieben hatte, wurde in der Erklärung die Hoffnung ausgedrückt, daß Homosexuelle »ihre persönlichen Schwierigkeiten und ihre Unfähigkeit, sich in die Gesellschaft einzugliedern, überwinden werden. Die Schuld wird mit Klugheit zu beurteilen sein.« Weiter hieß es: »Jedoch darf keine seelsorgerische Methode angewandt werden, die diesen Handlungen moralische Rechtfertigung mit der Begründung verleihen würde, daß sie der Veranlagung dieser Menschen entspräche. Denn entsprechend dem objektiven Sittengesetz handelt es sich bei homosexuellen Beziehungen um Handlungen, denen die wesentliche und unerläßliche Finalität fehlt.«

Die *Schwulenbewegung*, die vor allem in den Vereinigten Staaten zunehmend hervortritt, brachte der römisch-katholischen Kirche zusätzliche Probleme, denn es ist seit langem bekannt, daß eine große Zahl ihrer Priester, obwohl noch eine Minderheit, offene oder latente Homosexuelle sind. Einer dieser Priester ist öffentlich hervorgetreten, nämlich der prominente Pater *John J. McNeill*, der eine liberale Einstellung der Kirche gegenüber den Homosexuellen befürwortet und Mitbegründer einer Organisation homosexueller Männer und

Frauen namens *Dignity* (Würde) war. Als *Dignity* ihren ersten Jahreskongreß in Hollywood, Kalifornien, abhielt, war Pater McNeill der Hauptredner. Etwa zweihundert Priester nahmen an dieser Konferenz teil, in deren Rahmen eine Reihe von Arbeitsgruppen über das Verhältnis des Homosexuellen zur katholischen Kirche tätig wurden. Pater *Tom Oddo*, der bei diesem Kongreß zum Geschäftsführer von *Dignity* gewählt wurde, sandte als erstes einen Brief an sämtliche Bischöfe und an den Vatikan, in dem er erklärte: »Der erste Auftrag, den ich von der *Dignity*-Konferenz erhielt, lautete, den Würdenträgern unserer Kirche eine Erklärung und einen Appell zukommen zu lassen, der unsere Treue zur Kirche zum Ausdruck bringt und die Kirche ersucht, unserem Wunsch als schwule Katholiken nach vermehrter Duldung von seiten der Kirche als Ganzes sowie der Bischöfe, Priester und Laien entgegenzukommen.«

In seiner Ansprache faßt Pater McNeill die wesentlichen Punkte seines Buches *The Church and the Homosexual* zusammen, das nicht zu veröffentlichen ihm vom Vatikan nahegelegt worden war. Er war ferner aufgefordert worden, über dieses Thema nicht mehr zu schreiben oder vorzutragen, bis seine Thesen untersucht worden wären. Nach zweijähriger Prüfung wurde die Genehmigung zur Veröffentlichung des Buches erteilt, unter der Bedingung, daß die kirchliche Druckerlaubnis *(imprimi potest)* von der Titelseite entfernt werde. In diesem Buch vertrat der Jesuit den Standpunkt, daß Homosexualität moralisch gut sein könne und nach demselben Maßstab der Liebe gemessen werden sollte wie die Heterosexualität. Er meinte weiter, daß die negative Einstellung gegenüber Homosexuellen durch das Mißverstehen bestimmter biblischer Texte gefördert worden sei und daß die Weisung des Vatikans eine ernüchternde Wirkung auf das Bild der Gläubigen von der Schwulenwelt habe. Pater McNeill folgerte, die Einstellung der Kirche zur Homosexualität sei »ein weiteres Beispiel struktureller sozialer Ungerechtigkeit« und fügte hinzu, nach offizieller Auffassung der Kirche sollten die Homosexuellen offenbar entweder heterosexuell werden oder sich in sexueller Hinsicht völliger Abstinenz befleißigen.

Im Grunde weigern sich Bischöfe und Ordensobere, einzugestehen, daß eine erhebliche Anzahl von Priestern, Mönchen und Nonnen schwul ist. Jedenfalls treffen laufend sie beunruhigende Berichte, sowohl von Geistlichen als auch von Soziologen, im Vatikan ein. Diese Berichte, die nie kommentiert werden, sagen im wesentlichen folgendes aus: (1) ein schwuler Priester erklärte, daß mehr als die Hälfte seines Ordinationsjahrgangs schwul sei; (2) zwei katholische Berater berichteten dem Vatikan, daß dreißig bis fünfzig Prozent der Priester und Mönche zumindest latente Homosexuelle seien; (3) es sei schwierig, die Zahl der homosexuellen Geistlichen abzuschätzen, da die meisten von ihnen aufgrund des Zölibats nie in die Lage gekommen wären, ihre wahre sexuelle Veranlagung zu erkennen; (4) ein anderer Bericht zeigt auf, daß es prozentual ebenso viele schwule Priester in der Kirche gäbe wie schwule Personen in der Gesamtbevölkerung; (5) während immer mehr Priester entdecken, daß sie Homosexuelle sind und damit bequem zu leben lernen, tragen sie sich ernsthaft mit dem Gedanken, sich in ihren Pfarren, Diözesen und religiösen Gemeinschaften offen zu erklären, fürchten aber die Maßnahmen, die ihre Vorgesetzten gegen sie ergreifen würden.

Im Einklang mit der kurialen Einstellung zur Homosexualität sind Priesterseminare heute nicht willens, Personen zu akzeptieren, die sich offen zu ihrer Homosexualität bekennen. Dies widerfuhr einem schwulen Schullehrer, Mitte der Zwanzig, als er um Aufnahme in einen religiösen Orden ansuchte. Obwohl er die psychologischen Tests mit Auszeichnung bestand und versprach, zölibatär zu bleiben, weil dies sein Wunsch sei, machte er den Fehler, zu glauben, daß Ehrlichkeit in der Kirche eine Tugend sei, und gab gegenüber den Ordensbeauftragten zu, daß er schwul sei. Er wurde glatt abgelehnt. Er appellierte sodann direkt an den Papst, aber Johannes Paul II. hat sich nicht dazu bereitfinden können, Homosexualität in der Kirche oder Priester zu dulden, die sich zu ihrer Veranlagung offen bekennen wollen.

Auf dem Schreibtisch des Papstes befindet sich auch ein Bericht aus Holland, ausgearbeitet vom Katholischen Rat für Kirche und Gesellschaft in den Niederlanden, einer offiziellen

Organisation des holländischen Klerus. Der Rat, den man nicht einmal in der wildesten Phantasie als eine kirchliche Organisation zur Verteidigung der Schwulenbewegung betrachten könnte, betitelte seinen Bericht: »Homosexuelle Menschen in der Gesellschaft« und forderte, daß die »Aufmerksamkeit nicht auf exzessive sexuelle Abartigkeiten konzentriert werden sollte, sondern vielmehr auf das Bewußtsein, daß jeder Mensch von Gott in seiner Einzigartigkeit geschaffen wurde und von Gott geliebt wird ... Dies sei die Grundlage und Essenz der Gleichheit aller Menschen, welche Unterschiede ansonsten zwischen ihnen auch bestehen mögen.«

In den Vereinigten Staaten, wo die Schwulenbewegung am stärksten ist und wo es unter den katholischen Gläubigen etwa vier Millionen Homosexuelle und Lesbierinnen gibt, veröffentlichte die Nationale Bischofskonferenz im Jahr 1973 einen Leitfaden für Beichtiger zur Frage der Homosexualität. Er erkannte die von den Schwulen vorgebrachten Argumente für ihre Veranlagung und ihr Bedürfnis nach einer dauerhaften Beziehung an. Er fuhr dann fort: »Auf diese verhältnismäßig neuen Argumente sollte der Beichtiger mit Festigkeit antworten und aufzeigen, wie *falsch der Gedanke ist, daß jede Person das Recht auf sexuelle Verwirklichung im Einklang mit seiner sexuellen Veranlagung hat.*«

Die gegenwärtige Lage ist für den Vatikan nicht leicht. Der Vatikan, der nur zögernd eingesteht, daß es so etwas wie einen allgemeinen schwulen Lebensstil gibt, kann nicht beurteilen, wie die katholischen Pfarrkinder reagieren würden, wenn sie entdeckten, daß ihr Pfarrer schwul ist, oder wie katholische Eltern reagieren würden, wenn sie entdeckten, daß der Lehrer ihrer Kinder ein erklärter Homosexueller ist.

Möglicherweise um jeglichen Verdacht, daß Johannes Paul II. schwul sei, oder um eventuelle diesbezügliche Gerüchte abzublocken - wie es bei Paul VI. geschehen ist -, beschloß der Vatikan eine Geschichte über Karol Wojtylas Liebesleben, bevor er Geistlicher wurde, »durchsickern« zu lassen: Im Alter von vierzehn Jahren entwickelte der Junge eine gefühlvolle Liaison mit einem polnischen Mädchen, das später eine berühmte Schauspielerin am Stary-Theater in Krakau werden sollte. Das Mädchen wurde von der italienischen Wochenzeitschrift *Panorama* als die heute über sechzig Jahre alte *Halina Krolikiewicz Kwiatkowska* identifiziert; die Zeitschrift erklärte, die beiden hätten ihre Beziehung von 1934 bis zu ihrer Eheschließung mit einem anderen Mann im Jahr 1945 fortgesetzt. Ein Jahr später wurde Wojtyla zum Priester geweiht. Halina und Karol waren in der Untergrundbewegung tätig und wurden häufig bei ihren Rendezvous gesehen. Der junge Wojtyla verärgerte seine Fußballfreunde, da er Halina mehr Zeit widmete als seinem Spiel. Ob die beiden jemals verlobt waren, ist nicht mehr festzustellen, besonders angesichts des Umstands, daß Frau Kwiatkowska einem Reporter gegenüber erklärte, die einzige »Liebe« zwischen ihr und Johannes Paul II. sei »die Liebe zur Poesie« und »die Liebe zur Freiheit« gewesen. Nachdem sich die vom Vatikan ausgestreute Geschichte in alle Teile der Welt verbreitet hatte, trat seltsamerweise ein Sprecher der Kurie in Erscheinung und dementierte diese Meldungen. Er erklärte: »In Zusammenhang mit den von einigen Journalisten gestellten Fragen und den in einigen Publikationen erschienenen Berichten bin ich ermächtigt, festzustellen, daß es sich bei diesen Berichten bloß um Gerüchte handelt, die jeglicher Grundlage entbehren.«

27. KAPITEL

Der Vatikan und die Mafia

Die größte Insel im Mittelmeer war einst ein selbständiges Königreich, hat eine Fläche von 25 965 Quadratkilometern und ist vor allem wegen ihres »Minderwertigkeitskomplexes« bekannt. Man werfe einen Blick auf die Landkarte und betrachte diesen meerumspülten Flecken Erde, der den zweifelhaften Ruf genießt, Gangster in die Vereinigten Staaten zu exportieren, dann wird man merken, daß ihm der italienische Stiefel einen kräftigen Tritt zu geben scheint. Das also ist *Sizilien.*

Sizilien ist eine andere Welt mit anderen Lebensformen. Es ist das Armenhaus des Mittelmeeres, in dem viele Menschen resignierend dahinvegetieren. In diesem menschlichen Sumpf stehen wichtige Interessen des Vatikans auf dem Spiel, die Teil seiner vielfältigen, internationalen Interessen sind, ein Umstand, der oft dazu führt, daß der Klerus zum seltsamen Bundesgenossen der *Mafia* wird. In Sizilien spricht die Mafia letzte Worte darüber, wer für ein Amt auf der christlich-demokratischen Liste kandidiert. Das soll nicht heißen, daß der Vatikan dabei nichts zu sagen hätte: Männer, die sich als christlich-demokratische Funktionäre um ein öffentliches Amt bewerben, benötigen gewöhnlich die Zustimmung der Kirche, aber in Sizilien kann kein Kandidat ohne Billigung der Mafia auf der politischen Szene agieren. Wenn die Mafia jemanden ablehnt, der bereits die Billigung des Vatikans hat, dann tut er dennoch gut daran, seine Kandidatur wieder zurückzuziehen. Dies geschieht allerdings selten, denn die Mafia und der Vatikan verständigen sich schon vorher, diskutieren in geheimen Zusammenkünften, welche Männer »qualifiziert« sind. Sobald ein solcher Mann als Parlamentarier im Amt ist, wird er die Wünsche seiner beiden Befürworter mit automatenhaftem Gehorsam erfüllen.

Die Komplizenschaft zwischen der politischen Partei des Vatikans, ihrer christlich-demokratischen Politiker und ihrer

Organisatoren in Sizilien einerseits und der Mafia andererseits, wird durch einige dokumentarisch belegte Beispiele erhärtet, von denen kaum welche in die Schlagzeilen der Presse geraten. Die Monopolisten, die Eigentümer riesiger Ländereien, die norditalienischen Treuhandgesellschaften (von denen manche zur Gänze oder teilweise dem Vatikan gehören) und die *Banco di Sicilia* sind allesamt mitverantwortlich für die in Sizilien herrschenden Zustände und für die Aufrechterhaltung von Zuständen, die die Mafia begünstigen. In Sizilien regieren die Christdemokraten, aber die Mafiosi sind jene, die sich in ihren Distrikten um die Wähler kümmern und die Opposition, vor allem die Kommunistische Partei, einschüchtern. Prominente sizilianische Politiker lassen sich nicht ungern in aller Öffentlichkeit mit Mafiachefs sehen, die es darauf abgesehen haben, unkooperative Beamte zu entfernen. Das vorrangige Ziel der sizilianischen Mafia ist die Infiltration aller wichtigen Regierungsbüros, sowohl in der Regionalverwaltung von Sizilien als auch im Apparat der Staatsregierung in Rom, so daß ihre eigene Macht aufgrund interner Informationen aus allen Ebenen ungebrochen fortdauern kann.

Die sizilianischen Mafiosi haben *mit Unterstützung* der Kirche - aber, und das muß ausdrücklich festgestellt werden, *ohne deren direkte Mitwirkung* - die regionalen Verwaltungskörper infiltriert und kontrollieren daher öffentliche Aufträge und sind in der Lage, Prozente von den neuen Industrialisierungsvorhaben in Sizilien zu kassieren. In Wahlzeiten gilt ihre Unterstützung als unerläßlich, und die Kandidaten tun alles, um sich dieser zu versichern. Während die alten Mafiosi vom bäuerlichen Typus fast verschwunden sind, zeigen sich die heutigen sizilianischen Mafiosi als gutgekleidete und gebildete Männer des Mittelstandes (Frauen sind in ihrer Hierarchie - wie auch im Vatikan - nicht zugelassen), die es ausgezeichnet verstehen, sich gewaltsam in geschäftliche Verträge einzuschalten, Banden zur Erpressung von Schutzgebühren zu organisieren und »Provisionen« in Millionenhöhe einzustreichen.

Es ist in Italien kein Geheimnis, daß die Mafia die Wählerstimmen Siziliens in der Hand hat. In den vier Provinzen Westsiziliens, in denen die Mafia am stärksten ist (im Osten Siziliens oder in einigen größeren Städten gibt es keine Mafia), findet man kaum einen Wahlkreis, in dem ein Kandidat eine Wahl ohne Billigung des örtlichen Mafiabosses gewinnen könnte, auch wenn er bereits die Zustimmung seines Ortspfarrers oder Bischofs hat. Im übrigen könnten diese Kandidaten die Wahl gewinnen, ohne auch nur eine einzige Wahlrede zu halten – und in einer Reihe von Fällen ist das auch der Fall gewesen. Ein bestimmter christlich-demokratischer Abgeordneter in der italienischen Abgeordnetenkammer hat bisher in seinem Wahlkreis in Sizilien keine einzige Wahlrede gehalten, dennoch wird er bei jeder Wahl wiedergewählt. Seine Wahlkampagne in Sizilien beschränkt sich darauf, daß er sich bei einer öffentlichen Veranstaltung einmal in Gesellschaft eines Spitzenmafioso sehen läßt. Dann weiß jeder, wie der Hase läuft.

Die Fortdauer der Korruption in Sizilien wird vor allem durch die dauernde Armut gewährleistet. Zur allgemeinen Strategie der Kirche gehört es, die Mehrzahl der Sizilianer im Zustand der Armut zu halten, was auch von den Mafiosi unterstützt wird, die von diesem Zustand profitieren. In Sizilien arm zu sein, sich den Lebensunterhalt in einem Gebiet verdienen zu müssen, in dem es nicht genügend Arbeitsplätze gibt, ist ein Alptraum, den sich Ausländer zumeist überhaupt nicht vorstellen können. Mein Freund *Danilo Dolci* (über den später noch mehr zu berichten ist) hat einige der Methoden, mit denen manche armen Sizilianer das tägliche Brot für sich und ihre Kinder verdienen müssen, in allen Einzelheiten geschildert: Da gibt es die *panerare*, Männer, die vor den großen Villen warten und hoffen, für ein Trinkgeld einem Baron ein Paket tragen zu dürfen; da sind die sogenannten *munnezzare*, die in den Straßen Palermos Pferdemist einsammeln und als Dünger verkaufen; da sind die Straßenzauberer, die für ein paar Münzen ihre Tricks vorführen; da gibt es Frauen, die durch die Straßen ziehen und Blutegel zum Schröpfen vermieten; da gibt es die Ein-Mann-Lotterien, die für eine kleine Münze die Chance bieten, einen Korb mit Gemüse zu gewinnen; da sind die Feuerschlucker und die Geschichtenerzähler, die die Menschen an einer Straßenecke für einige Münzen unterhalten; da sind Menschen darauf spezialisiert, sich vor staatlichen Ämtern in der Schlange anzustellen, um für andere Leute irgendwelche Dokumente abzuholen; da sind die Zigarettenkippensammler, die den Tabak dann in Papierbeutel tun und nach Gewicht verkaufen; es gibt Männer und Frauen, die von einem Arzt oder Anwalt dafür bezahlt werden, daß sie den Kollegen Klienten abspenstig machen; da gibt es fliegende Händler mit Parfüms, Glücksbringern, Füllfedern, Postkarten und so weiter; es gibt sogar Leute, die Privatkurse für Taschendiebe abhalten.

Seit Danilo Dolci in einem seiner Bücher über Sizilien in den frühen sechziger Jahren von diesen armen Seelen berichtete, hat sich nichts geändert. Aber derartiges ist auch nicht zu erwarten, solange die führenden Politiker Siziliens und Italiens mitsamt dem Vatikan ihre an stillschweigende Duldung grenzende Toleranz gegenüber der Mafia fortsetzen. In Sizilien ist Danilo Dolci, der Dichter und Architekt aus dem verhaßten Norden, zu einem vom Vatikan wie die Pest gehaßten Feind geworden. Der unter dem Ehrennamen »Sizilianischer Gandhi« bekannt gewordene, aus Triest stammende Dolci ist ein Held, eine Legende und eine außergewöhnliche Persönlichkeit. Nicht einmal seinen ärgsten Feinden – der Mafia und dem Vatikan – ist es gelungen, ihn auszuschalten. Obwohl Dolci von mächtigen Kreisen Italiens behindert wird, hat er doch außerhalb Italiens viel Bewunderung wegen seines aufsehenerregenden Wirkens unter den Armen und Verzweifelten Siziliens gefunden: Hunderte von Freiwilligen sind auf eigene Kosten aus der Schweiz, aus Schweden, aus England und zahlreichen anderen Ländern der Welt gekommen, um diesem gütigen Rebellen bei seinem Werk zu helfen.

In den frühen fünfziger Jahren war Danilo Dolci, ein erfolgreicher Architekt und Autor, in Italien hochgeachtet. Anläßlich einer Sizilienreise geschah es dann, daß er die Beschäftigung mit antiken Ruinen aufgab und sich den menschlichen Ruinen zuwandte. Er war zutiefst entsetzt über die erschrekkende Unwissenheit der Menschen, ihre erniedrigenden und elenden Lebensumstände in schmutzübersäten Straßen, ihren Aberglauben, ihre Apathie und ihr Elend. Dolci ließ sich in dem armseligen Fischerdorf Trapetto nieder. Er hatte keinen

Groschen in der Tasche, als er eine kaum des Lesens und Schreibens kundige Witwe mit fünf Kindern heiratete und gleichzeitig noch fünf weitere adoptierte. Mit der Standfestigkeit und Zähigkeit eines Elefanten ausgestattet, begann Dolci mit seinem Feldzug für soziale Gerechtigkeit, wobei er sich Gandhis Methode der Gewaltlosigkeit bediente. Als erstes trat er in einen Hungerstreik, der viel Aufsehen erregte und einige Hilfe nach Trapetto brachte. Die nächste Maßnahme brachte ihn bereits in Konflikt mit der Polizei. Dolci hatte zwanzig arbeitslose Männer zusammengeführt, die ohne Bezahlung Reparaturarbeiten an einer Straße ausführten, für die noch keine christdemokratische Regierung Geldmittel zu haben schien. Es war sozusagen ein umgekehrter Streik, denn als die Hüter des Gesetzes auftauchten und ihn zum Weggehen aufforderten, arbeiteten Dolci und seine Helfer ruhig weiter. Dolci hatte seine Leute im voraus gewarnt, daß jegliche Gewaltanwendung ihrerseits die Wirkung ihrer Aktion zunichte machen würde. Wutentbrannt verhaftete ihn die Polizei dann wegen »unbefugten Betretens öffentlichen Eigentums«. Er wurde dann in Palermo wegen fünfzig Delikten angeklagt und zu sieben Wochen Gefängnis verurteilt. Die Art dieser angeblichen Gesetzesübertretungen und die absurden Aspekte dieses Gerichtsverfahrens erregten damals in ganz Europa Aufsehen. Bald entstanden Danilo-Dolci-Komitees in Europa, die Geld schickten. Die peinlich berührten italienischen Politiker der regierenden christlich-demokratischen Partei versuchten ihn als kommunistischen Agenten zu verteufeln, da er für einen Gedichtband den Leninpreis bekommen hatte.

Dank der finanziellen Hilfsgelder, die aufgrund einer Zeitungskampagne eingegangen waren, und mit Hilfe der Freiwilligen, die aus dem Ausland kamen und blieben, solange ihr Geld reichte, konnte Dolci einige kleine »Wunder« bewirken. Er errichtete Unterkünfte für arme Familien und Waisen, das sogenannte »Dorf Gottes«. Er baute an einem kleinen Fluß einen Damm für Bewässerungszwecke, zwei kleine Krankenhäuser, eine Apotheke und zahlreiche Abwässerkanäle und Straßen. Nachdem er sein Hauptquartier in die größere Ortschaft Partinico verlegt hatte, die er als noch größere Herausforderung erachtete, machte er sich an das Problem der Landwirtschaft. Gemeinsam mit vierzig ausländischen Freiwilligen ging er daran, den Bauern neue landwirtschaftliche Methoden beizubringen, ihnen beim Anbau neuer Sorten Feldfrüchte zu helfen und zu zeigen, wie man Dünger und Wasser besser nützt, wie man bessere Erträge erzielt und ähnliches.

In den letzten Jahren hat Dolci wochenlange Sitzstreiks in verschiedenen kleinen Dörfern in den Hügeln des westlichen Sizilien durchgeführt, um auf den Wassermangel aufmerksam zu machen. Einer davon erweckte internationales Aufsehen und brachte einigen Erfolg. Im Herbst des Jahres 1963 veranstaltete Dolci ein neuntägiges Fasten und einen Sitzstreik vor der einzigen Kirche des armseligen Dorfes Roccamena. An diesem friedlichen Protest beteiligten sich auch Kulturschaffende aus anderen europäischen Ländern sowie sechshundert Einwohner; sie verbrachten die Nächte im Freien auf Strohmatten.

Das Projekt des Bruca-Dammes am Fluß Belice bei Roccamena war von den italienischen Politikern, insbesondere den Christdemokraten, in der Nachkriegszeit dreißig Jahre lang verzögert worden. Obwohl man in Rom bereits 1952 insgesamt 12,8 Millionen Dollar für den Bruca-Damm zugeteilt hatte, verschwand das Geld, und das Projekt wurde nie in Angriff genommen. Auf ähnliche Weise verschwanden weitere 1,6 Millionen Dollar, die die Regierung für Vorbereitungsarbeiten bereitgestellt hatte. Roccamena, das aus einer Gesamtbevölkerung von dreitausend Menschen etwa hundertsiebzig Familien mit insgesamt siebenhundert Menschen durch Abwanderung nach dem Norden verloren hatte, blieb weiterhin ohne Wasser und mußte sich weiterhin kümmerlich von dem an sich fruchtbaren, aber ausgetrockneten Boden dieser ausgedörrten Landschaft ernähren. Der Boden gehörte überwiegend der Kirche und einigen wenigen reichen Großgrundbesitzern, die die Unterstützung der Kirche und der Mafia genossen. Das spärlich vorhandene Wasser war bisher von den wenigen Besitzenden beansprucht worden, während Millionen Liter des ungezähmten Beliceflusses ungenützt blieben.

Als Dolcis Publizität zunahm, wuchs auch der Druck auf Rom. Schließlich gab der Minister für öffentliche Arbeiten nach und teilte in einem Kommuniqué mit, daß der Damm nun gebaut würde.

Die Verhältnisse in Roccamena waren auch eine Folge der Strategie des Vatikans: *Dort, wo Armut, Elend und Unwissenheit grassieren, profitiert der Vatikan und zementiert seine Macht.* Die südlichen Regionen Italiens sind ein ausgezeichneter Übungsplatz für diese jahrhundertealte Gepflogenheit. Ironischerweise wird diese Lage noch verschärft durch die *Cassa per il Mezzogiorno* (Entwicklungsfonds für den Süden), die, anstatt wirtschaftliche Hilfe in das insuläre Hinterland Siziliens zu bringen, zu einer gigantischen Vergabeorganisation geworden ist, die Entwicklungsaufträge häufig nach rein politischen Gesichtspunkten vergibt.

Ein italienischer Volkswirtschaftler, ein Gelehrter mit jahrelanger, umfassender Erfahrung mit den Verhältnissen im Süden, erklärte, daß die Grundlage für die Aufnahme und Vergabe von Krediten, die Verteilung von Düngemitteln und die Vergabe von Aufträgen ausschließlich die Treue zur christlich-demokratischen Partei sei. Da diese Gepflogenheit kein Geheimnis ist, brauchen die Bischöfe und örtlichen Politiker diese Tatsache auch nicht besonders zu propagieren, aber sie machen jedem störrischen Individuum eindrucksvoll klar, welche harten Zeiten jedem bevorstünden, der auf der Unterstützung von Aktivitäten beharrt, die nicht vom Vatikan gebilligt worden sind. Dieses wirtschaftliche und politische System ist so fest etabliert, daß es einen nicht überrascht, Menschen zu treffen, die der Auffassung sind, daß Sizilien, trotz der formell demokratisch aufgeputzten staatlichen Verwaltung, nicht mehr ist als eine »Holdinggesellschaft in der Hand des Vatikans.

Ein großer Teil des sizilianischen Bodens gehört etwa sechzig Prinzen, zweihundert Marquisen, achtzig Grafen und zweihundert Baronen, die, so wie der alte Adel, mit dem Vatikan verbunden sind und in fast allen Fällen auch freundschaftliche Beziehungen zur Mafia haben. Indem der sizilianische Adel seine Interessen am Grundbesitz schützt, schützt er zugleich den vatikanischen Grundbesitz und die vatikanischen Interessen an verschiedenen neuen Industrieanlagen. Die Bevölkerung steht diesen Zuständen seit langem kritisch gegenüber, aber erst seit der Zeit, als Danilo Dolci mit seinen sozialreformatorischen Neuerungen begann, regt sich ein Widerstand gegen die Macht des alten Adels, der Mafia und der Kirche. Während Dolci die humanitären und karitativen Ideale der katholischen Kirche in die Praxis umsetzt, opponiert der Vatikan gegen ihn, und zwar nicht aus philosophischen oder theologischen Gründen, sondern allein aus kommerziellen Erwägungen. Von den örtlichen Pfarrern wird Dolci jedoch sehr geschätzt. Wegen seines Mutes wird er auch von den Mafiabossen eher bewundert, die sich klugerweise gehütet haben, ihn umzubringen, aus Angst, damit einen Märtyrer und eine Volksbewegung gegen sich zu schaffen. Man sagt in Sizilien, wenn Danilo Dolci bis jetzt noch nicht ermordet worden ist, dann wird er es wohl niemals werden.

In den päpstlichen Kreisen Roms wird dieser Mann allerdings nicht als Freund des Vatikans angesehen, und die christlich-demokratische Partei betrachtet ihn als »Plage ersten Ranges«. Dolci, der oft bezichtigt wurde, mit dem Kommunismus zu flirten und Wegbereiter einer roten Wiedergeburt Siziliens zu sein, erwartet keine Milde in seinem Kampf gegen die katholische Hierarchie und die Mafia. Im übrigen muß gesagt werden, daß Dolcis Zusammenstöße mit den Christdemokraten auf dem Festland vom Papst und seinem inneren Kreis weitgehend ignoriert werden, da sie ihn als unwichtig erachten und seine Bedeutung nicht durch eine Konfrontation steigern wollen.

Während der Vatikan gegen Dolci lieber nichts unternehmen will, hat sich die Bank von Sizilien zu einer anderen Vorgehensweise entschlossen. Diese Bank, die unter den Einwohnern als die »Mafiabank« bekannt ist, ist ein finanzielles Instrument des Papstes und hat auch die Verwaltung vatikanischen Besitzes im westlichen Sizilien inne. In dieser Eigenschaft hat sie versucht, mit dem »Gandhi Siziliens« kurzen Prozeß zu machen – allerdings mit wenig Erfolg. Zur Zeit verhält sich die Bank von Sizilien in Sachen Dolci eher ruhig. Der Präsident der

Bank von Sizilien, *Carlo Bazan,* wurde 1967 unter der Beschuldigung angeblicher Unregelmäßigkeiten verhaftet. Bazan, Christdemokrat und Mitglied einer dem Vatikan nahestehenden Adelsfamilie, hatte unter anderem im Laufe von acht Jahren etwa hundert Familienmitgliedern verschiedene Schlüsselpositionen in der Bank zugeschoben. Zwar ist Nepotismus in Palermo keineswegs unbekannt und nicht unbedingt ein Verstoß gegen das Gesetz, aber Bazan wurde auch bezichtigt, Aktien gefälscht und ausstehende Kreditrückzahlungen von Familienmitgliedern nicht eingefordert zu haben. Als dieses Buch geschrieben wurde, hatte Bazans Prozeß noch immer nicht begonnen, da noch darüber gestritten wurde, ob das Verfahren in Palermo oder in Rom stattfinden sollte.

Trotz der freundschaftlichen Verhältnisse zwischen Vatikan und Mafia versuchte eine Gruppe der letzgenannten Organisation doch einmal, den Vatikan hineinzulegen. Fast wäre es gelungen, dem Vatikan gefälschte Wertpapiere im Wert von 14,5 Millionen Dollar anzudrehen. Man versuchte dies mit Hilfe eines österreichischen Unterweltlers, der über gute Beziehungen in den Vereinigten Staaten und einen guten Draht zum Vatikan verfügte. Das Komplott wurde allerdings in letzter Minute vereitelt. Nachdem mehrere FBI-Beamte den Vatikan aufsuchten und mit Erzbischof *Marcinkus* sprachen sowie mit dem damals engsten Berater des Papstes, Monsignore *Benelli,* beschloß das FBI, den Fall nicht weiter zu verfolgen, da die Bande, die mit falschen Wertpapieren handelte, ohnehin aufgeflogen war. Das einzige fehlende Bindeglied in der Bande war eine vatikanische Persönlichkeit, die man bei Betreten amerikanischen Bodens sofort verhaftet hätte. Die Zentralfigur in diesem Komplott war ein Priester namens *Barbieri,* ein Angehöriger des Paulanerordens in Rom (deren Angehörige ihn oft »Monsignore Pretta« nannten). Von einem gewissen *Leopold Ledl* aus Wien erhielt er eine Anzahl gefälschter Wertpapiere (Aktien von Pan American, Chrysler und der First National City Bank), und diese wurden dem Orden der Paulanerväter offenbar ohne Wissen des Vatikans verkauft. Der Nominalwert dieser gefälschten Aktien belief sich auf fast eine Milliarde Dollar, doch wurden sie von den Paulanern über

Pater Barbieri für 14,5 Millionen Dollar gekauft. Ein Paket dieser Aktien wurde dann in die vatikanische Bank geschafft und ein Arrangement getroffen, um sie unter Verwendung des guten Namens des Vatikans auf dem offenen Markt abzusetzen. Der Geschäftsführer der vatikanischen Bank, Bischof Marcinkus, übernahm die Durchführung dieser Transaktion im Zuge der Routinearbeit seines Büros.

Da die Transaktionen über die Bank von Rom abgewickelt werden mußten, entdeckte ein aufmerksamer Bankangestellter dort, daß es sich um Fälschungen handelte, und die Wertpapiere wurden beschlagnahmt. Der Skandal wurde vertuscht, aber Pater Barbieri wurde in einem geheimen Verfahren schuldig gesprochen, seines Priesteramts entkleidet und zu einer Gefängnisstrafe verurteilt. Einblick in die normalerweise zugänglichen Akten dieses Falles wurden mir nicht gewährt; dies sei nur möglich, so wurde mir mitgeteilt, wenn Barbieri sein schriftliches Einverständnis gäbe. Nach Verbüßung seiner Gefängnisstrafe fand der ehemalige Priester, der sich unweit von Rom, in Ostia niedergelassen hatte, eine Anstellung in einer Buchhandlung. Er weigerte sich jedoch, seine Unterschrift zur Freigabe der Akten zu geben. Inzwischen war *Vincent Rizzo,* der Mann, der die falschen Wertpapiere dem Leopold Ledl in einem Münchner Hotel übergeben hatte, in den Vereinigten Staaten zu einer Gefängnisstrafe von fünfundzwanzig Jahren verurteilt worden. Ledl wurde von der Polizei in Wien verhaftet und wegen Besitzes falscher Wertpapiere zu einer Gefängnisstrafe verurteilt. Als sich die FBI-Beamten in den Vatikan begaben, um Beamte der Vatikanbank zu befragen, sprachen sie mit Bischof Marcinkus, der bereitwillig alle Fragen beantwortete, soweit er dies konnte. Als die beiden Beamten schließlich auch Monsignore Benelli sprechen wollten, ließ er sie nicht einmal in sein Büro. Der engste Mitarbeiter des Papstes gab lächelnd den Rat, die ganze Sache so schnell wie möglich zu vergessen.

Auf die Frage, ob der Papst irgend etwas über die gefälschten Aktien wüßte, sagte Benelli zu den FBI-Beamten, auch wenn er die Antwort auf diese Frage wüßte, *»warum sollte ich es Ihnen sagen?«*.

28. KAPITEL

»Und führe uns nicht in Versuchung...«

Skandale sind dem Vatikan nichts Neues, und im Laufe der Jahrhunderte hat der Vatikan effektive Methoden entwickelt, um mit ihnen fertig zu werden.

Der unveröffentlichte *Skandal um den römischen Flughafen Leonardo da Vinci* ist *ein* Beispiel für die undurchsichtigen Geschäfte des Vatikans. Im Jahr 1952 beschloß die Stadtverwaltung von Rom, daß der an sich ideal gelegene Flughafen von Ciampino bald zu klein sein würde, obwohl seine drei Landebahnen ohne weiteres für die Aufnahme von Düsenflugzeugen hätten verlängert werden können. Anstatt aber Mittel für den Ausbau von Ciampino bereitzustellen, erwarb die italienische Regierung (auf Drängen des Vatikans) ein großes Areal nahe der Küstenstadt Fiumicino. Dieses Areal war für die Errichtung eines Flughafens kaum geeignet. Es handelte sich um einen sumpfigen Boden nahe der Tibermündung, der schon im Jahr 1944 von der US Air Force wegen des Sandbodens, häufigen Nebels und gelegentlicher Überschwemmungen abgelehnt worden war.

Die dem Vatikan gehörende Immobilienfirma *Societè Generale Immobiliare* bot dieses Areal der italienischen Regierung an, die es schließlich um einen Kaufpreis von einundzwanzig Millionen Dollar von Fürst *Torlonia* erwarb, der in vielen katholischen Organisationen an führender Stelle tätig war und dessen Familie in der Geschichte des Vatikans eine bedeutende Rolle gespielt hatte.

Obwohl im nahegelegenen Casal Palocco, das weder durch Nebel noch durch Überschwemmungen bedroht war, ein anderes Areal zu einem wesentlich geringeren Preis zu haben gewesen wäre, wurde der Kaufvertrag abgeschlossen. Hätte man den bestehenden Flughafen Ciampino ausgebaut oder das Areal von Casal Palocco gekauft, dann hätte die Regierung nicht 7,2 Millionen Dollar für die Festigung der Sandböden von

Fiumicino ausgeben müssen, ehe man die Betonpisten errichten konnte. Die Arbeiter brauchten fünf Jahre, bis sie die Sandböden gefestigt hatten, und dabei mußten ihre Arbeiten wegen dichten Nebles häufig unterbrochen werden.

Im Jahr 1955 stellte Italien 22,4 Millionen Dollar für die Fertigstellung des neuen Flughafens zur Verfügung. Einige Jahre später, nämlich im Jahr 1959, erhielt das italienische Ministerium für öffentliche Arbeiten weitere 6,64 Millionen Dollar, um den Flughafen in Betrieb zu setzen. Weitere acht Millionen Dollar wurden ausgegeben, um die Verbindungsstraßen bis zur Stadtgrenze fertigzustellen. Das alles wurde unter klarer Verletzung der italienischen Gesetze durchgeführt, die ausdrücklich vorsehen, daß alle finanziellen Zuweisungen für öffentliche Arbeiten außergewöhnlichen Umfangs im Parlament zu behandeln seien und dafür Budgetmittel nur aufgrund eines vom Parlament beschlossenen Gesetzes zugewiesen werden dürften. Der Auftrag zur Errichtung der Startbahnen wurde der Baufirma *Manfredi* erteilt; und es ist wohl kein Zufall, daß die Firma Manfredi dem Vatikan gehört. Der Auftrag zur Errichtung des Hauptterminals wurde öffentlich ausgeschrieben. Acht Baufirmen beteiligten sich an dieser Ausschreibung. Eine im Besitz des Vatikans befindliche Firma namens *Provera & Carrassi* erhielt den Auftrag aufgrund ihres Preisangebots von 5,12 Millionen Dollar. Sie begann mit der Errichtung des Terminalgebäudes, aber am 376. Tag der Bautätigkeit entdeckte sie plötzlich, daß sie die Gesamtkosten »unterschätzt« hatte. Ohne daß dies publik gemacht worden wäre, erhielt Provera & Carrassi weitere 4,38 Millionen Dollar. Erst bei der Schlußabrechnung stellte sich heraus, daß Provera & Carrassi um achtzig Prozent mehr erhalten hatte, als ihrem ursprünglichen Angebot entsprochen hätte.

Ein weiterer Auftrag zur Errichtung von Hangars wurde der ebenfalls im vatikanischen Besitz befindlichen Firma *Castelli* erteilt. Die dafür erforderliche Bausumme wurde im Budget mit 4,54 Millionen Dollar angegeben, aber aus der Endabrechnung ging hervor, daß die Firma Castelli zusätzlich einige weitere große Zahlungen erhalten hatte. Das gleiche geschah bei den Summen, die einer anderen Vatikanfirma namens *Vaselli* ausbezahlt wurden, die den Auftrag zum Bau der Verbindungsstraße erhalten hatte.

Mehrere undurchsichtige Geschäfte des Vatikans wurden auch im Jahr 1958 im Zusammenhang mit *Bauprojekten für die Olympiade in Rom 1960* abgwickelt. Der Vatikan besaß Grundstücke im Gesamtausmaß von 9,68 Millionen Quadratmetern innerhalb der Stadtgrenzen Roms, die ihm im Laufe langer Zeiträume durch Aufkäufe, Erbschaften und Zuwendungen zusammengekommen waren. Ohne jegliche öffentliche Verlautbarung kaufte das Italienische Olympische Komitee einen nicht genannte Summe und errichtete darauf etwa fünfzehn Sportstätten mit einem Aufwand von fast neunundzwanzig Millionen Dollar. Um die im Norden der Stadt gelegenen Sportanlagen mit den im Süden gelegenen zu verbinden, baute Rom die Olympische Schnellstraße. Wider jeglicher Vernunft verlief diese Straße entlang einer gewundenen Route, da sie über Grundstücke geführt wurde, die die Stadt Rom von Firmen gekauft hatte, die dem Vatikan gehörten. Alle dem Vatikan gehörenden Unternehmen, die in irgendeiner Form an der Errichtung olympischer Bauten, einschließlich der Olympischen Schnellstraße, beteiligt gewesen waren, meldeten sofort nach Beendigung ihrer Arbeiten den Konkurs an, so daß später, als einige Bauten größere Risse und Spalten zu zeigen begannen, darunter auch die Olympische Autobahn, gegen keine dieser vatikanischen Firmen geklagt werden konnte, da sie zu diesem Zeitpunkt nicht mehr existierten. Der Vatikan konnte auch nicht, wie viele es zum damaligen Zeitpunkt forderten, angeklagt werden, da die Stadt Rom die Verträge ja nicht mit dem Vatikan direkt, sondern mit vorgeschobenen Unternehmen abgeschlossen hatte . . .

Allerdings geht es nicht bei allen vatikanischen Skandalen um geschäftliche Transaktionen. Im Jahr 1972, beispielsweise, verabreichte der Vatikan aus nur ihm bekannten Gründen einer größeren internationalen Initiative eine kalte Dusche, die sich um eine Lösung der weltweiten Armut, der weltwirtschaftlichen Probleme und der weltweiten monetären Probleme bemühte. Ironischerweise hatte der Vatikan ein eigenes Expertenteam beigesteuert und vier Jahre lang an der Ausarbeitung einer gemeinsamen Strategie für katholische *und* protestantische Kirchen, ohne Rücksicht auf konfessionelle Grenzen, mitgearbeitet. Aber dann torpedierte er plötzlich die gemeinsamen Bemühungen zur Verringerung der Kluft zwischen den reichen und armen Ländern der Welt. Was war geschehen?

Ohne sonderliche Beachtung durch die Weltöffentlichkeit kamen Anfang 1968 der in Genf beheimatete Weltkirchenrat und die im Vatikan ansässige »Päpstliche Kommission für Gerechtigkeit und Frieden« überein, *gemeinsam* Mittel und Wege zur Bekämpfung der Armut in der Welt auszuarbeiten. Zunächst wurden einige Sondierungsgespräche geführt, und zwar mit ausgezeichneten Ergebnissen. Daraus entstand dann eine neue Organisation namens *»Gemeinsame Kommission für Gesellschaft, Entwicklung und Frieden«* (Sodepax). Diese Organisation hatte die Aufgabe, einen Apparat zu schaffen, der sich direkt mit der Bekämpfung der Armut sowohl in den reichen wie auch in den armen Ländern befassen sollte. Der erste Leiter von *Sodepax* war ein Jesuit, Hochwürden *George Dunne,* der sich sogleich mit ganzer Kraft ans Werk machte.

Unter seiner Leitung nahm Sodepax im Umgang mit den reicheren Ländern oder einigen Diktaturen unter den armen Ländern kein Blatt vor den Mund ... So, zum Beispiel, verabschiedeten seine Delegierten im Jahr 1970 anläßlich einer Konferenz in Baden bei Wien eine scharfe Resolution gegen rassistische Maßnahmen in der Republik Südafrika, Australien und den Vereinigten Staaten sowie gegen den systematischen Einsatz der Folter in Haiti, Vietnam, Brasilien, Griechenland und Sansibar.

Vatikanische Diplomaten in Rom waren verstimmt über diese Resolutionen, denn Pater *Dunne* hatte sich für sie eingesetzt, ohne vorher die Genehmigung aus der Zentrale in Rom einzuholen. Außerdem wurde der energische Priester von einigen Kurienmitgliedern als zu radikal betrachtet und persönlich abgelehnt. Auch Papst Paul VI. hatte seine Zweifel in bezug auf Dunne und *Sodepax,* trotz des Umstands, daß die neue Organisation bereits darangegangen war, einige der heikelsten Probleme im Bereich der weltweiten Armut anzugehen. Als Pater Dunne – wieder ohne vorherige Anweisungen aus Rom –

Sodepax aufforderte, mit gutem Beispiel voranzugehen, indem es sein Hauptquartier aus dem Marmorpalast in Genf in eines der armen Länder Afrikas oder Asiens verlegte, beschloß der Vatikan einzugreifen. Er gelangte zur Auffassung, *Sodepax* habe sich zu einem Konkurrenzunternehmen der »Päpstlichen Kommission für Gerechtigkeit und Frieden« entwickelt, und Pater Dunne müßte daher in seinen Aktivitäten gebremst werden. Als die Charta der Organisation um drei Jahre verlängert werden sollte, verhielt sich der Vatikan zurückhaltend und bestand darauf, daß nicht nur ihr Aufgabenbereich enger gefaßt werden sollte, sondern auch, daß sie einen neuen Generalsekretär ernennen solle (Pater Dunne wurde vom Vatikan eine andere Aufgabe in einem anderen Teil der Welt zugewiesen). Weiter ließ der Vatikan verlauten, daß er seinen finanziellen Beitrag für *Sodepax* wesentlich zu reduzieren gedachte; er schlug eine Reduzierung der jährlichen Mittel von dreihunderttausend Dollar auf sechzigtausend Dollar vor und verbot der *Sodepax,* Gelder zu sammeln oder Geldspenden anzunehmen. Bald darauf mußte *Sodepax* ihre Arbeit einstellen. Und Pater Dunne legte sein Priesteramt nieder.

Bei einem weiteren vatikanischen Skandal internationalen Ausmaßes, über den hätte berichtet werden müssen, ging es um den *Handel mit Nonnen zwischen Indien und Europa.* Es ist kein Geheimnis, daß heute Mangel an Nonnen herrscht, ein Umstand, den der Vatikan einfach zur Kenntnis nehmen muß. Als den Vatikan ein vertraulicher Bericht erreichte, wonach viele der siebentausend deutschen Klöster und Orden verarmte Mädchen aus dem südindischen Staat Kerala eingekauft hatten, zogen die Kurialbeamten es vor, die Sache zu ignorieren. Das geschah im Jahr 1966, aber dennoch werden diese Geschäfte heimlich weiterhin getätigt, wobei die Würdenträger im Vatikan trotz der Proteste einiger Priester davor die Augen verschließen.

Als der erwähnte, vom Münchner Kardinal *Julius Döpfner* unterzeichnete Bericht mit dem Aktenzeichen Jr-Nr G 24 505/64 im Jahr 1966 an den Papst abgesandt wurde, war der Nonnenhandel bereits seit sechs Jahren im Gange. Die meisten dieser Mädchen, die nach Deutschland kamen, um dort als Hilfskräfte, vor allem als Bedienstete in Klöstern zu arbeiten, legten ihre religiösen Gelübde in Indien oder unmittelbar nach ihrer Ankunft in der Bundesrepublik ab. Die Kosten per Frau beliefen sich auf etwa siebenhundert Dollar, einschließlich des Flugs nach Frankfurt; das Geld wurde Pater *Cyriac Puthenpura* ausbezahlt, der die Mädchen an seinen Partner in der Bundesrepublik, Pater *Hubert Debatin,* sandte.

Mit einem großen Bevölkerungsanteil an Katholiken zählt Kerala zu den ärmsten Staaten Indiens. Die Beschäftigungsmöglichkeiten sind dort gering, und junge Mädchen sehen einer düsteren Zukunft entgegen. Pater Puthenpura hatte daher keine Schwierigkeiten, die Mädchen für ausländische Nonnenklöster anzuwerben. Viele der bei Pater Debatin eingetroffenen Mädchen wurden ins Ruhrgebiet, in den Schwarzwald und nach Köln geschickt. Sie wurden größtenteils als Bedienerinnen oder Hilfsschwestern in katholischen Spitälern untergebracht.

Zwei deutsche Jesuiten, Pater *Ludwig Wiedenmann* und Pater *Joseph Otto,* bekamen von der Sache Wind und führten im Auftrag von Kardinal Döpfner eine Untersuchung durch. Pater Wiedenmann reiste nach Indien und erfuhr dort von einem für Paßangelegenheiten zuständigen Staatsbeamten, daß Hunderte von Reisepässen an junge Mädchen aus Kerala ausgegeben worden seien, die dann unter kirchlichem Patronat nach Deutschland reisten. Als der Paßbeamte seine Bedenken wegen der ungewöhnlich großen Zahl angeforderter Pässe nach Delhi meldete, erfolgte von dort keine Reaktion. Und als Pater Wiedenmann die Sache der Botschaft der Bundesrepublik in Indien zur Kenntnis brachte, wurde ihm mitgeteilt, er solle sich um seine eigenen Angelegenheiten kümmern. Im Februar 1965 ging ein Bericht über den Zustrom von indischen Nonnen nach Bonn, mit der Empfehlung, »eine sorgfältig vorbereitete Aktion« ins Auge zu fassen.

Der Vatikan rechtfertigt den »Versand« indischer Nonnen vor allem mit dem Argument, daß die Übersiedlung junger Mädchen aus ihren Familien in fremde Länder, um dort niedrige Arbeiten zu verrichten, eine »Pflicht der unterentwickelten Staaten sei, um auf diese Weise westliche Hilfe zurückzuzahlen«. Überdies ist der Vatikan der Auffassung, auch wenn er das nicht öffentlich kundtut, daß die Entsendung von Mädchen aus Kerala nach Deutschland und auch nach Italien (wo mehr als tausend in Nonnenklöstern tätig sind) an sich nichts Schlechtes sei, zumal die Mädchen acht bis zwölf Monate dauernde Vorbereitungskurse in Pater Puthenpuras Säkulärem Institut in Ettumanoor erhalten. Gegen Ende 1981 zeigte der Vatikan immer noch keinerlei Neigung, die Flut dieser weiblichen Arbeitskräfte einzudämmen, ohne Zweifel deshalb, weil er die veralteten klösterlichen Strukturen erhalten will und diese Frauen billige Arbeitskräfte sind.

29. KAPITEL

DIE STEUERHINTERZIEHUNGEN DER KIRCHE

Im Jahr 1975 hatten die Zeitungen ihre helle Freude, als ein kalifornischer Student der Rechte, *William Sheffield,* Papst *Paul VI.* wegen einer Summe von 428,50 Dollar verklagte, da ein Schweizer Kloster es verabsäumt habe, den von ihm gekauften Jungbernhardiner zu liefern. Zwei Schlagzeilen der Zeitungen lauteten damals:

PAPST VERDROSSEN WEGEN HUNDEKLAGE

HUND GEGEN PAPST 1:0

Sheffield, der heute als Anwalt in Santa Ana wirkt, ist in der Geschichte des Vatikans der einzige Mensch, der jemals einen Papst veklagte. Er geht aber auch in die Geschichte als der einzige ein, der gegen den Papst mit Erfolg geklagt hat, denn ein Richter des Appellationsgerichts in Alameda Country gab dem Kläger recht und erließ ein Versäumnisurteil in Höhe von etwa 1000 DM gegen den Papst Paul VI., mit der Begründung, daß der Kläger den jungen Hund nie erhalten habe, für den er eine Anzahlung bei einem katholischen Mönch in der Schweiz hinterlegt hatte. In seinem Klagebegehren, dessen Behandlung sich sechs Jahre hinzog, richtete Sheffield seine Forderungen an die römisch-katholische Kirche, vertreten durch den Bischof von Rom, den Heiligen Stuhl und Papst Paul VI., mit dem Argument, daß letztlich der Papst die Verantwortung für geschäftliche Transaktionen der Kirche trage.

Die Angelegenheit fing damit an, daß Sheffield im Jahr 1968 im Hospiz des Heiligen Bernhard einen jungen Bernhardiner bestellt hatte. Kurze Zeit später teilte ihm Pater *Bernhard Cretton* von dem aus dem elften Jahrhundert stammenden Kloster an der schweizerisch-italienischen Grenze mit, daß der Wurf gestorben sei, die Anzahlung aber nicht rückerstattet werden könne, da sie für Kontospesen und die Fütterung des Muttertieres verwendet worden sei.

Der Papst ignorierte das ganze Gerichtsverfahren, und nachdem das Appellationsgericht dem Kläger die umstrittene Summe und die Kosten zugesprochen hatte, befahl er, das Geld *nicht* zu bezahlen. Sheffield muß zusehen, wie er zu seinem Anspruch kommt. Schon dieser Vorfall zeigt die Einstellung des Vatikans gegenüber unbezahlten Rechnungen. Seine Einstellung in bezug auf Steuern zeigt sich in seinem Verhalten angesichts der Forderung der italienischen Regierung nach Bezahlung von Steuerschulden.

Mitte der sechziger Jahre, als sich die italienische Wirtschaft in Schwierigkeiten befand, geriet der damalige Premierminister *Aldo Moro* ins Kreuzfeuer der Politiker, die die im Besitz des Vatikans befindlichen Aktienpakete besteuern wollten, und vatikanischen Interessenvertretern, die eine Ausnahmeregelung erwirken wollten, nämlich die Befreiung des Vatikans von solchen Zahlungen. Im Jahr 1962 wurde unter Premierminister *Amintore Fanfani* ein Gesetz über die Einführung einer Dividendensteuer *(cedolare)* auf Aktien verabschiedet, die an der Börse gehandelt wurden. Um Schwierigkeiten zu vermeiden, wies er den Vatikan nicht in die Schranken, sondern verlegte sich auf eine Hinhaltetaktik.

Moros Strategie war sehr einfach: Er verlangte, der Vatikan solle als Voraussetzung für die Gewährung einer Befreiung eine Aufstellung seines Aktienportefeuilles einreichen. Dies funktionierte bis zu einem bestimmten Punkt, und das Tauziehen über das vatikanische Steuerproblem hörte auf. Die Sache ruhte dann einige Jahre, während die Ablenkungskampagne, der Kampf um die vom Vatikan heftig bekämpften Scheidungsgesetze, den Vorrang hatte. Da Italien eines der wenigen zivilisierten Länder ohne ein Scheidungsrecht war, steigerte sich diese Kampagne zu bespielloser Heftigkeit.

Im Jahr 1967 veröffentlichte die linksgerichtete römische Wochenschrift *L'Espresso* einen Artikel, in dem angedeutet wurde, daß es zwischen der italienischen Regierung und dem Vatikanstaat zu einer geheimen Übereinkunft gekommen sei; das Blatt wollte wissen, warum der *»größte Steuerhinterzieher in Italiens Nachkriegsgeschichte«* nicht Federn lassen mußte, wie alle anderen gesetzestreuen Bürger und Unternehmen auch. *L'Espresso* rechnete vor, der Vatikan habe sich bis zu sechsunddreißig Millionen Dollar in Form nichtbezahlter Steuern gespart. Der sozialistische Finanzminister *Luigi Preti* widerlegte die Zahl, erklärte aber in einem beispiellosen öffentlichen Angriff im Senat, der Vatikan habe im Jahr 1965 von seinem italienischen Aktienbesitz insgesamt 5,2 Millionen Dollar an Dividenden eingenommen, und die dafür fällige dreißigprozentige *cedolare* hätte 1,6 Millionen Dollar ausgemacht.

Ein inoffizieller vatikanischer Sprecher bezeichnete Pretis Zahlen als »absurd« und »offensichtlich ohne Grundlage«, gab aber gegenüber Reportern zu, daß die Summe, um die es tatsächlich gehe, etwa hundertsechzigtausend Dollar ausmache. Diesselbe Quelle zitiert den im Jahr 1929 zwischen dem Heiligen Stuhl und Italien abgeschlossenen Lateran-Vertrag, demzufolge der Vatikan als souveräner und unabhängiger Staat anerkannt wird und daher von der italienischen Steuergesetzgebung ausgenommen ist.

Als *Giovanni Leone* im Jahr 1968 italienischer Premier wurde, erklärte er in einer Rede zur Lage der Nation, daß der Vatikan seine Steuerrückstände bezahlen müßte. Der damalige Pressesprecher des Vatikans, Monsignore *Fausto Vallainc,* hielt dem entgegen, daß der Vatikan mit seinen Investitionen und Fremdenverkehrsattraktionen wesentlich zu Italiens Einkünften beitrage, daß mehrere andere Staaten (darunter die Vereinigten Staaten) der römisch-katholischen Kirche Steuerbefreiungen gewährten und daß eine Besteuerung des Heiligen Stuhls jene Verträge verletzten würde, die das Verhältnis zwischen Kirche und Staat regelten, und daß eine derartige Besteuerung zur Verminderung jener Fonds führen würde, die von Priestern in Italien und anderen Weltgegenden für religiöse und soziale Werke ausgegeben würden. Minister Preti wies diese Behauptung in aller Öffentlichkeit zurück:

»Wohl stimmt es«, erklärte er, »daß die Aktivitäten des Heiligen Stuhls günstige Auswirkungen auf den nach Italien kommenden Touristenstrom haben, indessen kann ich nicht erkennen, warum dies ein Grund dafür sein sollte, den Vatikan von der Bezahlung von Steuern auszunehmen. Weiter meine ich, daß der Vatikan nicht gut auf die Behandlung in anderen Staaten verweisen kann, in denen der Heilige Stuhl von Steuern befreit ist. Das italienische Gesetz erklärt eindeutig, daß es keinerlei Befreiungen für Ausländer gibt, die italienische Aktien besitzen. Die guten Werke, die der Heilige Stuhl hier und in anderen Teilen der Welt vollführt, werden in Italien und von allen politischen Parteien ganz besonders gewürdigt, aber auch dies kann kein Grund für eine Befreiung von der Steuerpflicht sein.«

Seit der Zeit der Unterzeichnung der Lateran-Verträge im Jahr 1929 kann der Vatikan auf eine Geschichte der »Steuerhinterziehung« zurückblicken, die gelegentlich an eine komische Oper gemahnt. Obwohl das dritte Dokument des Lateran-Vertrags, das Konkordat, Steuerbefreiung für »kirchliche Unternehmen« vorsieht, wurde es in den dreißiger und frühen vierziger Jahren notwendig, dem vatikanischen Schatzamt mehr Schutz zuteil werden zu lassen. Mussolinis Faschistenregierung tat, was sie nur konnte, um dem Heiligen Stuhl in Steuerangelegenheiten besondere Erleichterungen zu gewähren.

Im Oktober 1936 legte Mussolini allen italienischen Firmen eine Abgabe von fünf Prozent auf, um die Mittel für den Krieg in Abessinien aufzubringen. Weiter verhängte er eine Steuer von 3,5 Prozent pro tausend Lire auf den Wert von Grundbesitz, die eine Laufzeit von fünfundzwanzig Jahren haben sollte. Diese Steuer wurde geschaffen, um die Zinsen der Kriegsanleihe zu finanzieren. Diese Steuer wurde per Dekret Nr. 1743 vom 5. Oktober 1936 eingeführt, aber schon Artikel 3 dieses Dekrets befreite den Vatikan von beiden Steuern. Von all dem stand nichts in der gelenkten faschistischen Presse – und auch das halbamtliche Blatt des Vatikan erwähnte nichts davon.

Auch die im Besitz des Vatikans befindlichen Firmen profitierten von Steuerbefreiungen: Sie wurden von einer im Oktober 1937 mit dem Dekret Nr. 1729 eingeführten Sonderabgabe befreit, die eine gestaffelte Abgabe vom Grundkapital aller Unternehmen vorsah. Als dieses Steuerprogramm Anfang 1938 in Kraft gesetzt wurde, wurde eine Sonderverordnung erlassen, die vatikanische Unternehmen von dieser Abgabe befreite. Im Jahr 1940 wurde in Italien die Umsatzsteuer eingeführt, aber Mussolinis Finanzminister befreite mit Rundschreiben vom 30. Juni den Vatikan und sämtliche Kirchen von der Bezahlung dieser neuen Steuer. Die Befreiung von der Umsatzsteuer ist noch heute gültig. Und schließlich wurde noch 1942 ein Gesetz »im Geiste unseres Konkordats« verabschiedet, demzufolge der Vatikan die bestehenden Dividendenangaben nicht zu bezahlen braucht.

Um diese Sonderprivilegien vor der Öffentlichkeit zu verbergen, veröffentlichte das Finanzministerium die amtliche Liste jener Organisationen, die von der Zahlung der Dividendensteuer befreit waren (es waren allesamt mit dem Vatikan verbundene Unternehmen), in der Feiertagsperiode um die Jahreswende, wenn die Öffentlichkeit mit anderen Dingen beschäftigt war, und dementsprechend wurde sie auch nicht im Amtsblatt der Regierung veröffentlicht, sondern in einem weithin unbekannten Staatsbulletin. Das Dekret Nr. 4800 trug das Datum vom 3. Dezember 1942, wurde aber erst 1943 veröffentlicht. Im Jahr 1943 erschien es dann auf Seite 1963 des zweiten Bandes und entging so (wie erwartet) der Aufmerksamkeit aller in Rom ansässigen Auslandskorrespondenten.

Es war also die Vorzugsbehandlung, die der Vatikan von seiten der Faschisten erfuhr, die die Kurienbeamten nach dem Krieg von der neuerstandenen Republik einforderten. Im großen und ganzen werden fiskalische Wahrheiten im Zusammenhang mit dem Vatikan - wie Steuervorteile - von einer wohlwollenden italienischen Presse und dem Corps der Auslandskorrespondenten in Rom stets unterschlagen. Mit Rücksicht auf die notorische Empfindlichkeit des Vatikans in Geldangelegenheiten gingen die meisten mir bekannten Korrespondenten in Rom diesem Thema aus dem Weg. Ich selber erhielt mindestens zweimal im Jahr Telegramme von meinen Redakteuren in den Vereinigten Staaten mit dem Hinweis, ich sollte aufhören, mich mit dem Thema der vatikanischen Finanzen zu beschäftigen. Die Redakteure »rechtfertigten« diese Zensur mit der Erklärung, die örtliche Erzdiözese würde ihren erheblichen Einfluß und ihr gutes Verhältnis zum Eigentümer des Blattes einsetzen, der dann wahrscheinlich den zuständigen Redakteur entsprechend verwarnen würde.

Ende 1981 hatte der Vatikan immer noch keine einzige Lira der *cedolare* bezahlt, die er der italienischen Regierung seit den sechziger Jahren schuldete. Dabei ist von den Rückständen aus den siebziger und achtziger Jahren noch keine Rede. Allerdings ließ der Vatikan Ende 1968 wissen, daß er seine Steuern auf die italienischen Dividenden bezahlen würde, aber zuvor eine Erklärung von der italienischen Regierung verlange, wieviel zu bezahlen wäre. Außerdem ersuchte der Vatikan, in Raten zahlen zu dürfen, da er nicht über die erforderlichen Mittel zur Bezahlung einer so großen Summe verfüge . . .

30. KAPITEL

GEHT DER VATIKAN IN KONKURS?

Als Papst *Benedikt XV.* im Jahr 1922 starb, sah sich der Vatikan, der bereits während und nach dem Ersten Weltkrieg finanzielle Probleme hatte, in noch größeren Schwierigkeiten, da dieser Papst allzuviel Geld für wohltätige Zwecke ausgegeben hatte. Seit dem Tag, an dem er im Jahr 1914 den Stuhl Petri bestieg, hatte er nie einen Blick in die apostolische Schatztruhe getan, sondern das Geld der Kirche schneller ausgegeben, als es hereinkam. Benedikt hatte mit Geld eine so leichte Hand, daß er in seiner Schreibtischlade größere Summen Geldes aufbewahrte, von dem er jedem Priester reichlich zu geben pflegte, der ihm etwas vorjammerte. Ohne sich den Kopf darüber zu zerbrechen, woher das Geld des Vatikans eigentlich stammte, gab dieser mehr als großzügige Pontifex erhebliche Zuwendungen an Klöster, Schulen und Missionssiedlungen.

Es gibt eine nachweisbar wahre Anekdote, derzufolge Papst Benedikt einmal eine Privataudienz für einen auf Besuch weilenden Bischof gab, der gerade ein Kloster in Palästina baute. Als der Bischof eben gehen wollte, fragte ihn der Papst, warum der Bau des neuen Klosters so langsam voranschreite, und die Antwort lautete natürlich, daß man viel mehr Geld benötigte. Der Papst nickte, öffnete die Mittellade seines Schreibtisches, stöberte darin herum, konnte aber nichts finden, lächelte ein wenig verlegen, zog dann die unterste Seitenlade heraus und leerte ihren Inhalt auf den Schreibtisch. »Hier«, sagte er, »nehmt dies!« und schob dem verblüfften Bischof einen Haufen Banknoten und Münzen im Wert von sechstausendzweihundertfünfzig Dollar hin.

War Papst Benedikt schon sorglos im Umgang mit Geld, so galt dies in vermehrtem Maß für seinen Nachfolger. Am ersten Tag im Amt überreichte Papst *Pius XI.* einigen deutschen Kardinälen sechsundzwanzigtausend Dollar für einen wohltätigen Zweck. Ohne der vatikanischen Buchhaltung eine Abrechnung zu geben, verteilte Pius in den nächsten Monaten

Geldspenden mit vollen Händen: Zweiundsechzigtausendfünfhundert Dollar für ein Sanatorium in Frankreich, hundertsechsundfünfzigtausend Dollar für die Rußlandhilfe, fast zehntausend für die Armen Roms, mehr als fünfzigtausend Dollar für die Opfer einer Feuersbrunst in Smyrna, zwölftausendfünfhundert Dollar für ein katholisches Insitut in Köln, einundachtzigtausend Dollar für Deutschland, zweiundzwanzigtausend Dollar für hungernde Kinder in Wien und zwanzigtausend Dollar für japanische Erdbebenopfer.

Angesichts solcher Großzügigkeit mußte einmal der Tag der Abrechnung kommen, und er kam, als Monsignore *Dominique Mariani*, ein Mitarbeiter des Komitees für die Verwaltung des Besitzes des Heiligen Stuhls, Generalinventur machte und feststellte, daß *der Vatikan bankrott war.* Es mußte sofort gehandelt werden: Unter Monsignore Marianis behutsamer Leitung, mit dem Segen und der Mitwirkung des Papstes, begann der Heilige Stuhl, seine eigenen Finanzangelegenheiten in den Griff zu bekommen, und langsam gelang es, durch Einführung eines Buchhaltungssystems den Vatikan auf den Weg zu einer ordentlichen Bilanz zu bringen.

Im Herbst 1979 gab der Vatikan eine historische Erklärung heraus: Zum ersten Mal in seiner Geschichte enthüllte er die Lage seiner Finanzen und teilte mit, daß er in diesem Jahr ein Defizit von 20,2 Millionen Dollar habe. Im Juli 1981, während Papst Johannes Paul II. im Spital lag, wo er sich von den Schußwunden erholte, die er bei einem Attentat erlitten hatte, traten fünfzehn Kardinäle zusammen, um die Finanzen des Vatikans zu überprüfen. Die Kommission stellte fest, daß es Ende 1981 ein Defizit von fünfundzwanzig Millionen Dollar geben würde.

Sowohl im Jahr 1981 als auch 1979 gab der Vatikan nach Abschluß der Kardinalssitzungen eine Erklärung mit der Anregung heraus, es sollte eine engere »Mitarbeit von seiten der lokalen Kirchen geben«. Diese Botschaft war vor allem für die Vereinigten Staaten bestimmt und implizierte den Wunsch, daß die amerikanischen Katholiken ihre Beiträge an den Vatikan erhöhen sollten. In der Praxis meinte man damit, daß die Ende Juni jeden Jahres in allen amerikanischen Diözesen erfolgende Einhebung des *Peterspfennigs* wesentlich höhere Einnahmen erbringen müßte als in den vergangenen Jahren.

Der *Peterspfennig* läßt sich bis zum Jahr 787 zurückverfolgen, als er erstmals in England erhoben wurde. Diese Abgabe blieb bis zur Zeit König Heinrichs VIII. Anfang des sechzehnten Jahrhunderts in Kraft. Dann breitete sich diese Gepflogenheit auch auf nördliche Länder aus. Weitere Länder begannen mit der Einhebung des Peterspfennigs, eine Praxis, die in manchen Gegenden jahrhundertelang geübt wurde. In Portugal, Polen und verschiedenen italienischen Staaten aufgefundene Dokumente zeigen auf, welche Einnahmen aus dem Peterspfennig stammten und welche aus dem Feudaltribut, dem Preis des päpstlichen Schutzes. Die Reformation brachte das Ende des Peterspfennigs, aber während der Herrschaft Papst Pius' IX. um die Mitte des neunzehnten Jahrhunderts tauchte er wieder auf – erst in Frankreich, dann in Österreich und Deutschland und später in Irland. In den Vereinigten Staaten wurde der Peterspfennig im Jahr 1868 wieder eingeführt, als die zweite Vollversammlung des Bischofsrats in Baltimore den Beschluß faßte, in allen amerikanischen Kirchen einmal jährlich eine Kollekte für den Papst durchzuführen. Um die Jahrhundertwende war Frankreich die Hauptquelle des Peterspfennigs, aber heute ist es die katholische Kirche der Vereinigten Staaten. Über Verwendung dieser alljährlich einlangenden Gelder braucht der Papst niemandem Rechenschaft zu geben.

Während der Regierungszeit Pauls VI. (der heute von vatikanischen Würdenträgern als »unpopulärer Papst« eingestuft wird) sanken die Einkünfte aus dem Peterspfennig auf sechs Millionen Dollar. Seit Johannes Paul II. auf dem Thron Petri sitzt, sind die Eingänge bereits im ersten Jahr auf zwölf Millionen Dollar gestiegen. Allerdings konnten es sich die vatikanischen Funktionäre nicht erklären, wieso die Eingänge dann wieder rückläufig wurden. Vor einigen Jahren waren die Kardinäle vom Vatikan ersucht worden, dem Papst Vorschläge zu unterbreiten, wie man die Schwankungen bei den Einkünften aus dem Peterspfennig und anderen freiwilligen, variablen Spendenquellen vermeiden könnte.

Die kniffeligen Finanzen des Heiligen Stuhls sowie der Umstand, daß er nie eine Bilanz veröffentlicht hat, verweisen auf ein besonderes Dilemma, nämlich den Widerspruch zwischen dem Umstand, daß der Begründer des Christentums ein Mann war, der die Armut nicht nur predigte, sondern auch vorlebte, und der Tatsache, daß die Kirche über einen erheblichen materiellen Reichtum verfügt.

Der Versuch, die Geschäftstätigkeit des Vatikans ins Auge zu fassen, gleicht einem Blick in ein verwirrendes Kaleidoskop. Bei jeder Bewegung ändert sich das ganze Bild, während Formen und Farben der Einzelteile gleichbleiben. Da die komplizierten geschäftlichen Transaktionen weitgehend im dunkeln liegen, erscheint die römisch-katholische Kirche in den Augen der Öffentlichkeit im großen und ganzen als karitatives Unternehmen. So wie Rom nicht an einem Tag erbaut wurde, so hat der Vatikan, eine der größten Finanzmächte der Welt, seinen Reichtum auch nicht über Nacht akkumuliert.

Das *Finanzimperium des Vatikans hatte einen ausgezeichneten Start* im Jahr 1929, als Mussolini und Papst Pius XI. den Lateran-Vertrag unterzeichneten, demzufolge der Vatikan als Entschädigung für die Herausgabe von 41 440 Quadratkilometern italienischen Bodens die Summe von etwa neunzig Millionen Dollar erhielt. Pius ließ den Bankier *Bernardino Nogara* kommen, einen zum Katholizismus übergetretenen italienischen Juden, der ihn über die Verwendung dieser Gelder beraten sollte. Nogara, von Beruf Architekt, schlug vor, ein Drittel dieser Summe in Gold anzulegen (das heute in Fort Knox eingelagert ist) und den Rest zu investieren. Er entwikkelte den Grundsatz, daß das Investitionsprogramm des Vatikans nicht durch theologische Überlegungen eingeschränkt werden dürfe. Als Nogara im Jahr 1958 starb, hinterließ er eine Reihe von verschachtelten, prosperierenden Holdinggesellschaften, eine ausgefeilte Investitionspolitik und die Überzeugung, daß er, wie es ein Nachfolger formulierte, »das beste gewesen ist, das der Kirche seit unserem Herrn Jesus Christus widerfahren ist«.

Der Vatikan ist heute der größte religiöse Wirtschaftskonzern der Welt und fest engagiert in zahllosen Unternehmen in den Bereichen *Immobilien*, *Plastik*, *Elektronik*, *Stahl*, *Zement*,

Textilien, *Chemie*, *Nahrungsmittel* und *Bauwirtschaft*. Der Vatikan ist einer der größten *Bankiers* Italiens, besitzt mehrere große italienische *Versicherungsgesellschaften* und investiert in großem Maßstab an der New Yorker Aktienbörse - im Umfang von mehr als zwei Millionen Dollar. Er stellt eine gewaltige internationale Finanzmacht dar, die über *Aktiva von mehr als zwanzig Milliarden Dollar* verfügt.

Allgemein gesprochen ist die Strategie des Vatikans nicht auf den Erwerb von Unternehmen ausgerichtet, sondern vielmehr auf die Beteiligung an Holdinggesellschaften. So ist beispielsweise die Firma *SNIA-Viscosa* in Mailand, die mehr als siebzig Prozent der italienischen Kunstfaserproduktion erzeugt, nicht direktes Eigentum des Vatikans, sondern mit zwei Firmen verbunden, die dem Vatikan gehören, nämlich der Firma *CISA-Viscosa*, die Viskosefasern und Rayon erzeugt, und der Firma *Saici*, die Zellulose herstellt und ihrerseits Aktien einer Baumwollfabrik besitzt.

Die dem Vatikan gehörende Firma *Italgas* hat Tochter-Gesellschaften in sechsunddreißig italienischen Städten (darunter Rom, Venedig, Florenz und Turin) und andere in den Bereichen Teer, Eisen, Hüttenkoks, Destillate, Trinkwasser, Gasherde und Gasgeräte sowie Industrieöfen. Die Firma *Italcementi*, an der der Vatikan auf Umwegen ebenfalls beteiligt ist, ist der sechstgrößte Zementproduzent der Welt und besitzt ihrerseits ein Finanzinstitut namens *Italmobiliare*, das wieder vor fünf Jahren im Zuge einer der glänzendsten Finanztransaktionen in der neueren Wirtschaftsgeschichte Italiens acht Banken aufkaufte. Von den etwa hundertachtzig italienischen Kreditinstituten, die mittel-und langfristige Kredite vergeben, verfügen mindestens ein Drittel über vatikanisches Geld und investieren diese Mittel in Industrie, öffentliche Arbeiten, städtische Dienstleistungsbetriebe, Immobilien, Hotels, Fremdenverkehr und Landwirtschaft.

Im Lichte dieser Tatsachen verlangt die Frage, ob der Vatikan in Konkurs geht oder nicht, eine sehr genaue Analyse. Wohl trifft es zu, daß sich die Dinge für den Vatikan zum Schlechteren zu wenden begannen, nachdem die *Franklin National Bank* in New York zusammenbrach; der Vatikan war an dieser Bank, die in Amerika an zwanzigster Stelle auf der Rangliste stand, finanziell stark beteiligt. Um die durch den Zusammenbruch entstandenen Verluste auszugleichen – und da die Einkünfte aus dem Peterspfennig nicht ausreichten, um die Betriebskosten des Vatikans zu decken – beschloß der Vatikan, sein sichtbares Einkommen dadurch zu vergrößern, daß er sich an die reichen Katholiken wandte, auf seine Armut verwies und eine wesentliche Erhöhung der Zahlungen erbat. Die Katholiken in den Vereinigten Staaten und Kanada waren insbesondere deshalb das vornehmliche Ziel dieser Kampagne, weil die zumeist aus Italienern zusammengesetzte vatikanische Machtstruktur fest überzeugt ist, daß die Amerikaner in politischen und internationalen Angelegenheiten als *bambini* zu betrachten sind; man erachtet sie als politisch ein wenig einfältig. Durch eine einfache Manipulation der Zahlen seiner Einkünfte (die nie aufgeschlüsselt werden) versuchte der Vatikan die Nordamerikaner zu täuschen, um auf diese Weise sein Budget aufzubessern.

Und so wurde der Plan ausgeführt: Die Summe des von der päpstlichen Kardinalskommission bekanntgegebenen Defizits in der Höhe von fünfundzwanzig Millionen Dollar ist nicht ganz korrekt, denn sie berücksichtigt nur die Einkünfte aus dem Peterspfennig, dem Verkauf von Briefmarken und Münzen und den Erlös der Eintrittskarten zum Vatikanischen Museum. Es handelt sich somit um das Defizit der Vatikan*stadt*, aber nicht um das Defizit des Vatikan*staats*, da die Vatikanstadt bloß ein Teil und zudem ein separater Teil des Vatikanstaats ist. Der katholische Kirchgänger wird hier leicht konfus, wenn er nicht unterscheidet zwischen der Vatikanstadt, die nicht gleich dem Vatikan ist, und dem Vatikan, der nicht gleich der Vatikanstadt ist. Dieser Unterschied ist jedem Italiener völlig klar, bleibt aber den Menschen in Nordamerika meist unklar.

Das sogenannte Fünfundzwanzig-Millionen-Dollar-Defizit würde sofort verschwinden, stellte man es den *Gesamteinkünften* des Vatikans gegenüber, die, wie wir wissen, *an die zwei Milliarden Dollar* jährlich ausmachen. Die nächste Frage ist, ob es sich die amerikanische katholische Kirche leisten kann, dem

Vatikan zu Hilfe zu kommen, auch wenn das Fünfundzwanzig-Millionen-Dollar-Defizit eine ehrliche Zahl wäre. (Aus den Statistiken geht hervor, daß es in den Vereinigten Staaten dreißig Erzdiözesen, hundertdreiundzwanzig Diözesen sowie zweiundzwanzigtausenddreihundertvierundneunzig Pfarren und Missionen gibt, während die neuesten Statistiken für Kanada siebzehn Erzdiözesen, sechsundvierzig Diözesen und sechstausenddreiundsechzig Pfarren und Missionen ausweisen. In Kanada gibt es in einer Gesamtbevölkerung von 23,8 Millionen insgesamt 8,7 Millionen Katholiken; in den Vereinigten Staaten gibt es mehr als fünfundsechzig Millionen Katholiken. Gesetzt den Fall, daß die katholische Kirche in den Vereinigten Staaten und in Kanada tatsächlich über größere materielle Reichtümer verfügte – wie Kirchengebäude, Volksschulen, Mittelschulen, Universitäten, Pfarrhäuser, Klöster, Waisenhäuser, Altersheime, Spitäler und Friedhöfe, nicht zu reden von ungezählten und nicht bewerteten Immobilien –, so bleibt doch die Tatsache, daß die nordamerikanischen Diözesen nicht über das entsprechende Bargeld verfügen. Es gibt kein Geld zum Verteilen oder zur »Auslandshilfe für Rom«. Obwohl die Kirche in Nordamerika reich an Besitz ist, so ist sie arm, was das Bargeld betrifft. Die Masse ihres Besitzes ist in Schulen und Krankenhäusern gebunden, die überdies den größten Teil des Bargelds verbrauchen, das in den Sonntagskollekten eingenommen wird. Fast alle Pfarren und Diözesen leiden zunehmend an finanziellen Schwierigkeiten.

Die meisten Menschen wissen nicht, daß der Vatikan streng darauf achtet, keine Gelder für wohltätige Zwecke *in* die USA zu senden, gleichgültig, ob es einen dringenden Bedarf gibt oder nicht. Der Grund ist, daß die Hierarchie in Rom, einschließlich solcher Päpste wie Paul VI., Johannes XXIII., Pius XII. oder der jetzige Amtsinhaber, glaubte und glaubt, daß die Vereinigten Staaten das reichste Land der Welt seien und sich daher um die ärmeren Länder kümmern sollten. Diese Einstellung erstreckt sich auch auf Kanada.

31. KAPITEL

DER »GORILLA« IM VATIKAN

Dem von vatikanischen Würdenträgern liebevoll mit dem Spitznamen *»Gorilla«* bezeichneten Mann, dem wohl wichtigsten Amerikaner innerhalb der Mauern des Vatikanstaats, schreibt man im allgemeinen folgende Merkmale zu: Er besitzt das schnellste Paar Fäuste diesseits des Atlantiks und die gefährlichsten Ellbogen, die ihre Schlagkraft auf Dutzenden von Rugbyplätzen erhielten. Dieser kahlköpfige sechzigjährige Mann – er ist ein Meter achtzig groß und etwa hundert Kilo schwer und hat Schultern wie ein Wasserbüffel – ist Bischof *Marcinkus.*

Viele Jahre lang war Bischof Marcinkus persönlicher Leibwächter Papst *Pauls VI.* auf allen Auslandsreisen. Marcinkus erhielt diesen Posten durch Zufall: Im Jahr 1964 besuchte der Papst eine Basilika in der Innenstadt von Rom, und als er sich plötzlich hilflos in einer Menschenmenge eingezwängt sah, griff der damalige Monsignore Marcinkus ein und entschärfte die gefährliche Situation. Unter Einsatz seiner breiten Schultern, seine Ellbogen wie Kolben gebrauchend, bahnte der Kleriker dem Pontifex einen Weg und bewahrte ihn davor, niedergetrampelt zu werden. Er beeindruckte alle mit seiner Bärenstärke, insbesondere Paul VI., der ihn spontan zu seinem Leibwächter ernannte. Auf diese Weise erhielt er auch seinen Spitznamen, der sich im Italienischen nicht nur auf das Tier bezieht, sondern als Slangausdruck auch Leibwächter bedeuten kann. Allerdings würde es niemand wagen, Paul Marcinkus als »Gorilla« anzusprechen, doch hat er mir gegenüber zugegeben, daß ihm die Bezeichnung durchaus gefällt, da es sich im Grunde um einen freundschaftlich gemeinten Namen handelt, den seine Kollegen und Vorgesetzten benützen.

Marcinkus wurde als Sohn eines litauischen Einwanderers in den Vereinigten Staaten geboren, der als Wolkenkratzerfensterputzer arbeitete. Der Pater begab sich nach Erwerb eines juristischen Grades in Chicago im Jahr 1950 nach Rom. Dort studierte er an der von Jesuiten geleiteten *Gregoriana* kanonisches Recht, promovierte 1953 zum Doktor der Theologie und trat dann in die Diplomatenakademie des Vatikans ein. Er wurde dem Staatssekretariat als Dolmetscher zugeteilt (eine Aufgabe, die er auch heute noch gelegentlich übernimmt, wenn ein prominenter Amerikaner, wie beispielsweise der Präsident der Vereinigten Staaten, eine Audienz beim Papst hat) und hätte dann bis zum Abschluß einer juristischen Spezialausbildung in Rom bleiben sollen. Heute ist er zwar nicht mehr päpstlicher Leibwächter, erfüllt aber mehrere andere wichtige Aufgaben: Unter seine Verantwortlichkeit fällt die Planung aller Einzelheiten päpstlicher Reisen in Italien und im Ausland und die Aufsicht über die Verwaltung des Vatikanstaats. Der damit verbundene Titel lautet *Propräsident der päpstlichen Kommission für den vatikanischen Stadtstaat* (diese Stellung entspricht etwa der eines »Bürgermeisters« der Vatikanstadt), und er ist als solcher für das Personal des Vatikans und die Probleme der Mitarbeiter zuständig. Diese beiden Positionen sind in der vatikanischen Machtstruktur von geringerer Bedeutung; viel wichtiger hingegen ist Marcinkus' dritter Posten, der ihn zu einem der Mächtigen im Vatikan macht: Er ist *Geschäftsführer des »Instituts für religiöse Werke«* (so lautet die amtliche Bezeichnung der vatikanischen Bank, dies ist wahrscheinlich der hochgestochenste Euphemismus, der je einem Geldinstitut zugelegt wurde), ein Amt, in dem er verantwortlich ist für die Investitionen von Hunderten von Millionen Dollar, die den römisch-katholischen Orden und Wohltätigkeitsorganisationen in aller Welt gehören. Das Institut verwaltet auch die ausländischen Wertpapiere des Vatikans; die meisten von ihnen befinden sich in den Vereinigten Staaten.

Die im Jahr 1942 von Papst Pius XII. zum Zweck des Transfers von Geldern aus dem faschistischen Italien an religiöse Orden und wohltätige Einrichtungen in aller Welt gegründete vatikanische Bank ist eine der geheimnisvollsten Finanzinstitute der Welt. Sie befindet sich in einer Festung aus dem siebzehnten Jahrhundert, einen Steinwurf entfernt vom Supermarkt und der Apotheke des Vatikans, und funktioniert insofern wie eine gewöhnliche Bank, als dort Laien als Kassierer arbeiten, Einlagen entgegengenommen, neue Konten eröffnet, Schecks ausbezahlt und Geldüberweisungen durchgeführt werden. Einer der großen Unterschiede zwischen der vatikanischen Bank und anderen Banken besteht darin, daß sie einen stark eingeschränkten Kundenkreis hat.

Konten können dort nur Personen eröffnen, die im Vatikanstaat arbeiten oder wohnen, Diplomaten, die beim Heiligen Stuhl akkreditiert sind, Angehörige der Kurie, Leiter religiöser Orden und italienische Staatsbürger aus dem Hochadel, soweit sie dem Vatikan nahestehen. (Jetzt können bereits gewöhnliche Priester und Nonnen, die nicht zum Vatikan gehören, Konten bei der vatikanischen Bank eröffnen.) Papst Johannes Paul II., der bloß zehn Dollar in der Tasche hatte, als er nach dem plötzlichen Tod von Johannes Paul I. zum Konklave nach Rom kam, verfügt über ein Privatkonto; seine Kontonummer lautet 16-16, aber da er als Papst kein Salär bezieht, sind seine Einlagen vermutlich eher dürftig.

Im Gegensatz zu den Schweizer Banken mit ihren berühmten Nummernkonten gibt es bei der Vatikanbank nichts Derartiges, was überraschen mag, wenn man bedenkt, daß der Vatikan in praktisch allen Dingen von Geheimhaltung geradezu besessen ist. Da sich die Vatikanbank im Besitz eines fremden Landes befindet (dem Vatikanstaat), unterliegt sie nicht den italienischen Bankgesetzen und ist daher in der Lage, verschiedene legale und illegale (illegal vom Standpunkt des italienischen Gesetzes) Finanztransaktionen durchzuführen, wie beispielsweise den Transfer großer Lirebeträge ins Ausland.

Dies bedeutet, daß manche Kunden die Vatikanbank nur dazu benützen, um das sogenannte »Schwarzgeld« weißzuwaschen. Schwarzgeld ist nicht notwendigerweise schmutziges Geld, es handelt sich vielmehr um Gelder, deren Vorhandensein italienische Bürger aus dem einen oder anderen Grund vor den italienischen Behörden verheimlichen wollen, und dafür ist die Vatikanbank ein geeignetes Instrument. Gewöhnlich geht das so vor sich, daß einem Beamten einer römischen Bank eine große Bargeldsumme in Lire übergeben wird, die er dann im Namen einer Person deponiert, die über ein Konto in der Vatikanbank verfügt, die wieder das Geld mittels Scheck an eine Schweizer Bank im Namen des ursprünglichen Besitzers des Geldes transferiert. Solche Transaktionen sind heute in Italien allgemein üblich, und die dunklen Gestalten, die als Mittelsmänner fungieren, erhalten große Bestechungsgelder (im Italienischen als *bustarella* bekannt).

Bischof Marcinkus hat sich, nach Auffassung des Vatikans, außerordentlich bewährt auf einem sehr schwierigen Posten, für den er, wie er selber eingestand, überhaupt nicht qualifiziert war, da er keine entsprechende Ausbildung hatte, von Volkswirtschaft nicht sehr viel verstand und überdies ein schlechter Rechner war. Er geriet jedoch auch in ziemliche Schwierigkeiten, als der Vatikan, nach dem Zusammenbruch des komplizierten Finanzimperiums des *Michele Sindona*, schwere Verluste erlitt. Marcinkus hatte mit Sindona in geschäftlicher Verbindung gestanden, hatte in Sindonas Bankinteressen investiert, und als das ganze Finanzimperium, zu dem auch die *Franklin National Bank* gehörte, zusammenkrachte, verlor der Vatikan dabei an die hundertsechzig Millionen Dollar. Kurienmitglieder verlangten seinen Kopf, aber Papst Paul kam ihm zu Hilfe und nahm die Schuld auf sich, indem er erklärte, letztlich habe er die Genehmigung für die dann schiefgelaufenen Transaktionen mit Sindona gegeben. Der »Gorilla« war wieder gerettet.

Als Johannes Paul II. auf den Stuhl Petri kam, wurde der hochgewachsene Prälat zum Favoriten des neuen Papstes. Dies mag zum Teil dem Umstand zuzuschreiben sein, daß Marcinkus mit vatikanischen Mitteln umfangreiche Goldspekulationen getätigt hatte, die so gut ausgegangen waren, daß der Vatikan einen guten Teil der Verluste aus dem Sindona/Franklin-Geschäft wieder wettmachen konnte. Ferner hatte Marcinkus nochmals Glück, als er der vatikanischen Bank eines Tages durch einen schnellen Verkauf von Wertpapieren an der New Yorker Aktienbörse einen papiermäßigen Gewinn von vierzehn Millionen Dollar verschaffte. Ironischerweise muß festgestellt werden, daß, hätte Marcinkus diese Transaktion nur einen Tag später durchgeführt, dies dem Vatikan einen Gewinn von mehr als hundert Millionen Dollar eingebracht hätte. Aber der Papst freute sich auch über die vierzehn Millionen Dollar.

Trotz der großen geschäftlichen Geschicklichkeit des Marcinkus bestellte Papst Johannes Paul eine Kardinalskommission, die dessen Tätigkeit beaufsichtigen sollte. Da nur wenige dieser Kardinäle über einschlägige Vorbildung oder Erfahrung verfügten und Marcinkus inzwischen zu einem Kenner der internationalen Finanzwelt geworden war, mischten sich die Kirchenfürsten in seine Arbeit nicht ein und machten nicht einmal diesbezüglich Vorschläge. Ihre Aufgabe bestand eigentlich nur darin, einen Blick auf das Kontoblatt zu werfen, das Marcinkus zweimal jährlich dem Papst vorzulegen hatte, und angesichts der schwarzen Zahl unter dem Strich zustimmend zu nicken. Die vatikanische Bilanz, die zu den bestgehüteten Geheimnissen zählt, enthält keine Hinweise darauf, wohin das Geld tatsächlich geht oder woher es kommt. Dieses Dokument wird als so vertraulich angesehen, daß sogar die Kardinäle es nur in einem Büro des Vatikans in Gegenwart des Marcinkus zu sehen bekommen; Kopien dürfen sie keine mitnehmen.

Für seine Tätigkeit als Chef der Vatikanbank erhält Bischof Marcinkus ein Jahressalär von nur fünfzehntausend Mark. Das kürzliche Aufsehen im Zusammenhang mit der *Banco Ambrosiano* hat Marcinkus' innerkirchlichem Prestige sicherlich geschadet (siehe das Kapitel: »Der Bankier Gottes«) und dem Gorilla einige Feindschaften eingetragen – nicht zu reden von einer weiteren peinlichen Affäre im Vatikan, ausgelöst durch einen in den siebziger Jahren ausgeheckten Plan, den italienischen Staat um 2,2 Milliarden Dollar Mineralölsteuer zu betrügen.

Im Februar 1983 verhafteten die italienischen Behörden zwei Geistliche und informierten die rechte Hand des Marcinkus in der Vatikanbank, den Banksekretär Monsignore *Donato De Bonis*, daß im Zusammenhang mit dieser Affäre gegen ihn ermittelt werde. Italienische Beamte erklärten, das Geld sei dem Staat durch einen Schwindel vorenthalten worden, an dem Hunderte von Geschäftsleuten, Steuerbeamten und einige Angestellte des Vatikans beteiligt gewesen seien.

Kardinal *Ugo Poletti* (der Vertreter des Papstes für kirchliche Angelegenheiten Roms) wurde ebenfalls offiziell darüber informiert, daß gegen ihn eine Untersuchung laufe; er habe angeblich einem Steuerbeamten geholfen, der später im Zusammenhang dem mit Ölschwindel verurteilt worden war, weil bei ihm in den letzten zehn Jahren amtliche Steuerunterlagen über Heizöl und Dieselöl widerrechtlich vertauscht worden waren. Die italienischen Steuern sind nämlich bei Heizöl wesentlich niedriger als bei Dieselöl, und so kam es dazu, daß eine Reihe von Geschäftsleuten ihren Kunden die höhere Steuer verrechneten, den Steuerbehörden aber die niedrigere bezahlten und die Differenz in die eigene Tasche steckten. Der Mann, der bei diesem Petroleumschwindel wegen Annahme von Bestechungsgeldern zu sieben Jahren Gefängnis verurteilt wurde, war General *Raffaele Giudice*, der seine Stellung als oberster Chef der für Zölle und Steuereinhebung zuständigen Polizeibehörde *(Guardia di Finanza)* offenbar aufgrund eines gewichtigen, auf vatikanischem Briefpapier geschriebenen Empfehlungsbriefes erhalten hatte, den Kardinal Poletti 1973 für ihn geschrieben hatte. Zwar wurden gegen Kardinal Poletti keine Vorwürfe im Zusammenhang mit dem Ölschwindel erhoben, aber nach Bekanntwerden dieses Briefes wurden Stimmen laut, die seinen Rücktritt forderten. Bald danach rief Papst Johannes Paul II. den Kardinal zu einer Privataudienz zu sich und versicherte ihn seines »vollen päpstlichen Vertrauens«. Keine derartige Versicherung wurde für Marcinkus' Stellvertreter abgegeben, dem vielmehr der Reisepaß abgenommen wurde. Das gleiche widerfuhr dem Sekretär für vertrauliche Angelegenheiten des römischen Vikariats, *Mario Pimpo*, und Don *Giacomo Ceretto*, einem Pfarrer aus einem römischen Vorort.

Obwohl Marcinkus durch die Veröffentlichungen in der Presse international bekannt wurde, ja sogar sein Bild auf dem Titelblatt des amerikanischen Nachrichtenmagazins *Time* erschien, was seinem Image im Ausland sicherlich nicht förderlich war, bleibt der zigarrenrauchende Riese aus Illinois unerschüttert, wenn auch etwas desillusioniert über die Zeitungen, die ihn »angeschwärzt« hatten, und erledigt weiterhin mit großem Elan und amerikanischem Humor seine Routineaufgaben in der Verwaltung der Vatikanstadt. Um Geistesblitze nie verlegen, prägte Marcinkus im Zusammenhang mit dem Interesse des Vatikans an Geldangelegenheiten einen Ausspruch, der ihn vielleicht in den Anthologien bekannter Redensarten unsterblich machen wird: *»Man kann die Kirche nicht mit Ave Marias in Gang halten!«*

32. KAPITEL

DER KRÖSUS DES VATIKANS

Als der Vatikan insgeheim einen erfolgreichen Anwalt und Geschäftsmann aus Mailand zu seinem Sondervertreter für geschäftliche Angelegenheiten in den Vereinigten Staaten bestellte, übernahm dieser diese Aufgabe, obwohl er zu dem Zeitpunkt noch kein Wort Englisch sprechen konnte. Dem wollte er aber sofort abhelfen. So wie er es geschafft hatte, ein Riesenvermögen von vierhundertfünfzig Millionen Dollar zusammenzutragen, indem er mit jenem großen Fleiß ans Werk ging, den er schon in jenen Tagen bewiesen hatte, als er noch in Sizilien von einem Karren Zitronen verkaufte, so machte er sich an das Erlernen der englischen Sprache. Wohlwissend, daß er keinerlei Sprachtalent hatte, flog er nach London, mietete sich in ein Hotel ein, betrachtete den ganzen Nachmittag und Abend das BBC-Fernsehen, las am Vormittag mit Hilfe eines Wörterbuchs jedes Wort in der *Financial Times* und in der *International Herald Tribune* und plauderte unter Verwendung einfachster Ausdrücke soviel wie möglich mit Zimmermädchen, Kellnern, Rezeptionisten und anderem Hotelpersonal. Am Ende von drei Wochen, in denen er sich täglich achtzehn Stunden auf das Englische konzentriert hatte, flog er wieder zurück nach Mailand und wies seine polyglotte Sekretärin an, mit ihm ausschließlich Englisch zu sprechen. Als er bereit war, für den Vatikan nach Amerika zu gehen, war *Michele Sindonas* Englisch schon recht passabel.

Im Jahr 1969 brauchte der Vatikan einen Mann wie ihn. Nachdem sich der Vatikan bereits einen festen Platz in der Welt der Hochfinanz gesichert hatte und in der Nachkriegszeit selber zur Finanzmacht hinter vielen italienischen Wirtschaftsunternehmen geworden war, hatte er soviel Weitblick, daß er es sich nicht leisten konnte, in eine peinliche Lage zu geraten, wenn er sich an den Verhandlungstisch setzte mit italienischen Gewerkschaftsführern – vor allem jenen von den kommunistischen Gewerkschaften –, die nicht nur mehr Lohn, sondern auch »mehr wirtschaftliche und soziale Gerechtigkeit« forderten. Auch konnte es sich der Vatikan nie guten Gewissens leisten, möglicherweise in einer erschütterten italienischen Wirtschaft Arbeiter zu entlassen oder unprofitable Fabriken zu schließen. Es verwundert daher nicht, daß das Image eines kapitalistischen Vatikans Papst Paul VI. wie ein Mühlstein am Halse hing. Daher beschloß man insgeheim im Vatikan, die eigenen Geschäfts-, Industrie- und Finanzinteressen *in* Italien Stück für Stück aufzugeben und dafür mehr *außerhalb* Italiens zu investieren. Hier begann der unaufhaltsame Aufstieg des Michele Sindona ...

Papst Paul hielt Signore Sindona für ein Finanzgenie und meinte mit unglaublicher Naivität, daß seine Zauberei auch für den Vatikan Wunder wirken würde. Es war dies allerdings eine Aufgabe, vor der ein Herkules zurückgeschreckt wäre. Aber Sindona wußte, daß er über jene Schlagkraft verfügte, mit der er den Vatikan sicher durch manchen gefährlichen Geschäftsdschungel geleiten könnte. Was Papst Paul offenbar besonders beeindruckt hatte, war die Art und Weise, wie sich Sindona einst im Jahr 1962 mit sizilianischer Chuzpe durchgesetzt hatte, als der Erzbischof von Mailand – der damalige Kardinal Giovanni Montini (der spätere Papst Paul VI.) – das Altersheim *Casa della Madonnina* errichten wollte und Sindona sich erbötig machte, ihm durch seine Bankverbindung 2,5 Millionen Dollar zu verschaffen. Was er auch tat. Danach wurden die beiden Männer Freunde, und Kardinal Montini sollte sich später noch öfter auf Sindonas geschäftliche Fähigkeiten stützen.

Damals hatte außerhalb der italienischen Bankkreise kaum jemand von Sindona gehört. Man wußte überhaupt nichts über ihn, und das war seiner Leidenschaft für strengste Anonymität zuzuschreiben, mit der er seine Verbindungen und Transaktionen ständig verschleierte. Und doch war es Sindona innerhalb weniger Jahrzehnte gelungen, aus dem Nichts zweiundzwanzig internationale Firmen zu schaffen, die alle miteinander verflochten und verzahnt waren; und er selber war der wahrscheinlich reichste Mann Italiens. Zu dem Zeitpunkt, an dem sich die Zeitschrift *Fortune* mit seiner Geschichte befaßte, wurde sein Vermögen mit etwa vierhundertfünfzig Millionen Dollar beziffert, die er allesamt durch den Kauf und Verkauf von Geschäftsunternehmen erworben hatte. Der in Sizilien geborene Mailänder Finanzier hatte heimlich ein Riesenvermögen zusammengetragen und war zum »Krösus des Vatikans« geworden.

Im Gegensatz zu König Krösus stammte Sindona allerdings aus sehr ärmlichen Verhältnissen; sein Großvater war Zichorienverkäufer gewesen und sein Vater Angestellter des Ortsbauernverbandes. Der junge Sindona, der im Jahr 1920 in der Kleinstadt Patti bei Messina auf Sizilien das Licht der Welt erblickt hatte, besuchte Jesuitenschulen, wo er weder für Mathematik noch für Volkswirtschaft besondere Neigung zeigte. Als er das wehrfähige Alter erreicht hatte, gelang es ihm mit Hilfe des Schwagers eines Cousins, der über einigen Einfluß im Vatikan verfügte, sich der Einberufung in die Armee Mussolinis zu entziehen. Dieser Mann, Monsignore *Amleto Tondini*, der im Büro des vatikanischen Staatssekretärs arbeitete, spielte später eine entscheidende Rolle, indem er Sindona mit mächtigen Laienpersönlichkeiten des vatikanischen Finanzwesens bekanntmachte, wie beispielsweise dem römischen Adeligen *Massimo Spada*, damals Leiter der Vatikanbank, der nach seiner Pensionierung im Jahr 1962 eine leitende Stellung in einer der Firmen Sindonas übernahm und Sindona den Zugang zu Gesellschaftskreisen ermöglichte, in denen er wiederum wichtige Persönlichkeiten aus vatikanischen Geschäftskreisen kennenlernen sollte. Und so weiter, und so weiter . . .

Während Sindona an der Universität von Messina Jurisprudenz studierte, war er auch in der örtlichen katholischen Studentenvereinigung tätig und bemühte sich um die Freundschaft eines der mächtigsten Erzbischöfe Siziliens, der wegen der zahlreichen von ihm in seiner Erzdiözese errichteten Kirchen bekannt war. Als Sindona eine eigene Anwaltspraxis eröffnete, hatte er daher keinen Mangel an Klienten, darunter viele wichtige katholische Laien mit Interessen in Amerika.

1947 verließ Sindona im Alter von siebenundzwanzig Jahren Sizilien und begab sich nach Mailand, wo er eine auf internationales Steuerrecht spezialisierte Firma gründete. Amerikanisches Kapital begann in zunehmendem Maße nach Italien einzuströmen, das sich von den Folgen des Krieges erholte, und Sindona erwarb sich den Ruf eines Fachmannes, der italoamerikanischen Investoren die Geheimnisse italienischer Bilanzen und italienischer Steuern erläutern konnte. Inzwischen war er mit einem Bankier bekannt geworden, der eine kleine Privatbank, die *Banca Privata Finanziaria*, und eine Stahlgießerei besaß. Dieser Mann wollte sich aus Altersgründen aus dem Stahlgeschäft zurückziehen, als er auf Sindona stieß. Sindonas Karriere nahm einen völlig neuen Verlauf: Er reorganisierte die Gießerei und verkaufte sie mit großem Gewinn an die *American Crucible Company* – deren Vizepräsident, *Daniel Porco*, später zurücktrat, um Sindonas Hauptmitarbeiter in den Vereinigten Staaten zu werden.

Bald nachdem Sindona die Gießerei erworben hatte, fiel ihm auch die Bank selbst in die Hände, und sie wurde die Ausgangsbasis für Sindonas internationale Finanzoperationen. Eine davon war der Erwerb von zehn Prozent der Aktien der Nahrungsmittelfirma *Libby* in Italien, die er dann mit einem Gewinn von mehreren Millionen Dollar an *Nestlé* verkaufte. Dann gründete Sindona eine Holdinggesellschaft namens *Fasco* im Steuerparadies Liechtenstein unter der Leitung von eben jenem Daniel Porco. Im Jahr 1956 verband Sindona seine *Banca Privata Finanziaria* mit zwei ausländischen Banken, nämlich der *Hambros Bank* in London und der *Continental Illinois National Bank & Trust Company* in Chicago. Letzteres Bankhaus hatte Verbindung zum sogenannten Finanzministerium des Vatikans, dem »Institut für religiöse Werke«.

Womit sich Sindona zweifellos die besondere Gunst sowohl des Kardinals *Egidio Vagnozzi*, des Leiters der Verwaltung der Besitzungen des Heiligen Stuhls, als auch des Bischofs *Marcinkus* verdiente, war die Art und Weise, in der er den Vatikan von unerfreulichen Partnern im Aufsichtsrat der vom Vatikan beherrschten *Banco Unione* befreite (in dem auch eine prokommunistische Familie saß, nämlich der Verlegerclan *Feltrinelli*). Sindona kaufte dem Vatikan das Geldinstitut ab und befreite ihn damit von dieser Unannehmlichkeit. Unter seinem Management stürzte sich die Bank nun auf einen bis dahin ungenützten Markt: die Arbeiter mit Ersparnissen unter fünfhundert Dollar. Um diese zu erreichen, bot ihnen Sindona höhere Sparzinsen an als die anderen Banken. Dadurch stiegen die Einlagen bei der *Unione* von siebzig Millionen auf einhundertfünfundsechzig Millionen Dollar, während die Zahl der Konten praktisch über Nacht von fünftausendzweihundertzehn auf achttausendfünfhundertzweiundsechzig stieg.

Offenbar begeistert von diesem meisterhaften Manöver und gleichermaßen beeindruckt von der persönlichen Empfehlung von seiten *David Kennedys*, des ehemaligen Präsidenten der *Continental Illinois National Bank & Trust Company of Chicago*, der dann im Jahr 1969 Finanzminister in Präsident *Richard M. Nixons* erstem Kabinett war, beauftragten die maßgeblichen Persönlichkeiten des Vatikans Sindona mit dem Verkauf der größten italienischen Immobilien- und Baufirma, der auf einen Wert von hundertfünfundsiebzig Millionen Dollar geschätzten *Societé Generale Immobiliare* (SGI), derselben Firma, die den riesigen Apartment- und Bürokomplex *Watergate* in Washington für siebzig Millionen Dollar vatikanischen Geldes gebaut hatte und die auch Dutzende anderer Bauprojekte ausgeführt hatte, wie etwa das vornehme *Cavalieri Hilton Hotel* in Rom.

Sindona erwarb die im Besitz des Vatikans befindliche Aktienmehrheit der *SGI*, verkaufte sechzehn Prozent davon an *Gulf & Western Industries*, behielt vierzig Prozent für sich und verwaltete weitere fünf Prozent, die noch dem Vatikan gehörten. Obwohl Sindona später infolge des Zusammenbruchs der *Franklin Bank* seine *SGI*-Anteile verlieren sollte, gelang es dem Vatikan, mittels zweier Strohfirmen den Watergate-Komplex zu behalten, den er vom Vizepräsidenten von *Watergate Improvements*, *Giuseppe Cecchi*, verwalten ließ. Er blieb auf der Szene, um die Dinge im Auge zu behalten, bis der Vatikan schließlich den Watergate-Komplex verkaufte. (Im Verlauf des Watergate-Skandals – mit dem der Vatikan selbstverständlich nichts zu tun hatte – fragte ich einen der dortigen Mieter eines Büros, wie es wohl sei, wenn man den Papst als Hausherrn habe, und er meinte: »Also, ich würde sagen, er ist wie jeder andere Hausherr auch, aber eines kann man sagen, er kümmert sich nicht um unsere Schmutzwäsche!«)

Solche Transaktionen mit ihrer typischen Verschleierungstaktik führten dazu, daß sich Sindona im Vatikan der höchsten Gunst erfreute, zumal alle seine Freunde und Gönner dort wichtige Posten innehatten. Jedesmal, wenn er eine seiner aufsehenerregenden Geschäftstransaktionen in Italien beendet hatte, war es nie klar, ob das nun eine Transaktion im Interesse des Vatikans oder Sindonas oder eine in beider Interesse gewesen war. Jedesmal, wenn der Papst irgendwelche ihm nicht mehr genehme Immobilien loswerden wollte, wurde Sindona von den Spitzenfunktionären des Vatikans konsultiert. Da es sich oft herausstellte, daß Sindona selber der Käufer war, wurde die italienische Geschäftswelt mit Recht mißtrauisch: Sindona agierte offensichtlich als Strohmann für päpstliche Interessen. Jedesmal, wenn Sindona irgendeine riesige Kapitalbewegungen umfassende Transaktion durchführte, waren sich nicht einmal vatikanische Insider gewiß, ob er nun sein eigenes Geld oder vatikanisches Geld dafür einsetzte, da er sich, auf echt sizilianische Weise, über alle Aktivitäten ausschwieg, insbesondere in bezug auf seine Klienten, die – das galt besonders für den Vatikan – lieber im Hintergrund bleiben wollten. Ob mit oder ohne Unterstützung von seiten des Vatikans, jedenfalls blühte Sindonas Imperium in den späten sechziger Jahren, wobei ihm seine Verbindungen zum Vatikan, über die er sich ausschwieg, zumindest sehr zugute kamen. Durch den ständigen Transfer von Kapital von einem Unternehmen zum anderen gelang es ihm, seine Beteiligungen immer mehr auszuweiten.

Aber im Jahr 1971 traf er eine falsche, folgenreiche Entscheidung. Er versuchte, eine große, in Mailand beheimatete Holdinggesellschaft namens *Bastogi* zu übernehmen, indem er ein Angebot für deren Aktien machte. Dann aber verbanden sich mächtige Geschäftsinteressen in Mailand und staatliche Stellen in Rom miteinander, um ihn an der Übernahme dieses Unternehmens zu hindern. Sie taten dies nicht nur, weil sie Sindona als »zwiebelfressenden Außenseiter aus Sizilien« betrachteten, sondern auch aus *cattiveria*, aus blanker Gemeinheit. Auch ethnische Vorurteile spielten hier eine Rolle; im Norden Italiens werden Sizilianer nicht sehr geschätzt.

Offenbar teilte *Guido Carli*, der damalige Gouverneur der Bank von Italien, diese Vorurteile, denn es ist bekannt, daß er Sindona nicht mochte. Als die beiden Männer einmal auf einem Flug von New York nach Rom in der ersten Klasse nebeneinander zu sitzen kamen, versuchte Sindona mit Carli ins Gespräch zu kommen. Carli aber schnitt ihn, bedeckte seine Augen mit einer schwarzen Schlafmaske und tat sieben Stunden so, als schliefe er, womit er jeglichen Anbiederungsversuch Sindonas von vornherein vereitelte.

Als nun die *Bank von Italien* ihr Mißvergnügen über den Versuch des Sizilianers äußerte, die *Bastogi* zu schlucken, kam dies einem »Todeskuß« für Sindona gleich, und die *Hambros Bank*, die fünfundzwanzig Prozent von Sindonas *Banca Privata Finanziaria* erworben hatte, entledigte sich ihrer Verbindungen zu ihm. Zur Überzeugung gelangt, daß er zur Zielscheibe der Diskriminierung aus dem Norden und zur *persona non grata* im eigenen Land geworden sei, beschloß der enttäuschte Bankier, Italien zu verlassen. Er erklärte sich bereit, als des Papstes Geschäftsrepräsentant die Lage in den Vereinigten Staaten zu erkunden, doch sollte, solange es nur irgendwie ging, niemand von seinen päpstlichen Beziehungen wissen. In Amerika besaß Sindona bereits drei Unternehmen, *Oxford Electric*, *Interphoto* und *Angus Inc.* Sie lieferten ihm eine gute Tarnung für seine Tätigkeit.

Nach seinem Londoner Schnellkursus zur Erlernung der englischen Sprache übersiedelte er nach New York und stürzte sich unter Verwendung seiner neuerworbenen Englischkenntnisse im Juli 1972 mitten hinein ins Geschäftsleben: Er erwarb einen Anteil von zweiundfünfzig Prozent an *Talcott National*, einer hundertfünfzehn Jahre alten Finanzierungsgesellschaft, sowie einen Anteil von fast zweihundertzwanzig Prozent an der *Franklin New York Corporation*, der Holdinggesellschaft der *Franklin National Bank.*

Infolge der mit Hilfe Sindonas durchgeführten Streuung der Investitionen außerhalb Italiens erhielt das Portefeuille des Vatikans auch Aktien von *Chase Manhattan*, *Celanese*, *Colgate*, *General Foods*, *Procter & Gamble*, *Standard Oil*, *Unilever* und *Westinghouse.* Ein erheblicher Teil der Entwicklung des Areals im südlichen Manhatten durch die *Uris Building Corporation* und *Tisham Realty & Construction* wurde mit vatikanischem Geld durchgeführt. Einiges Kapital von Sindona - oder vielleicht vatikanisches Kapital - wurde in die Errichtung des *World Trade Center* in New York gesteckt.

Der stets rührige Sindona bemühte sich auch in den Vereinigten Staaten, »neue Freunde« zu gewinnen, indem er 1972 eine Million Dollar für Präsident *Nixons* Wahlkampffonds unter der Bedingung anbot, daß er anonym bleibe (ein guter Teil dieses Geldes gehörte dem Vatikan). Sein Angebot wurde abgelehnt, da geheime Wahlkampfspenden inzwischen für gesetzwidrig erklärt worden waren.

Die finanzielle Fortüne der *Franklin Bank*, die größenmäßig an zwanzigster Stelle der amerikanischen Banken stand, begann zu schwinden, als bekannt wurde, daß sie etwa neununddreißig Millionen Dollar durch nicht autorisierte Devisentransaktionen verloren hatte. Als sie gegen Ende 1974 dann zusammenbrach und dabei den zweifelhaften Ruhm der größten amerikanischen Bankenpleite aller Zeiten einheimste, lag Sindonas Finanz- und Bankimperium in Trümmern, und in Rom kursierte das Gerücht, daß der Vatikan durch Sindona etwa sechzig Millionen Dollar verloren habe. Schweizer Bankfachleute bezifferten die Verluste des Vatikans mit mehr als zweihundertfünfzig Millionen Dollar, und einige italienische Zeitungen sprachen sogar von siebenhundertfünfzig Millionen Dollar, wahrlich eine gewaltige Summe, wenn das stimmt. Diese öffentlich kursierenden Schätzungen veranlaßten den Pressesprecher des Vatikans zum Eingeständnis, daß es *»begrenzte Verluste«* gegeben habe, doch wurden keine genauen Zahlen bekanntgegeben. Später sollte der Vatikan seine Taktik ändern und eine Mitteilung herausgeben, wonach er »nur« etwa hundertvierundvierzigtausend Dollar verloren habe. Dies war eine offensichtliche Unwahrheit!

Die peinlich berührten katholischen Magnaten begannen nun allerlei Manöver, um sich von Sindonas Schatten zu befreien. Bischof Marcinkus beharrte darauf, daß er Sindona nur ein einziges Mal getroffen habe (was nicht stimmte). Der damalige »Finanzminister« des Vatikans, Kardinal *Vagnozzi*, ging sogar soweit zu behaupten, er habe Sindona überhaupt nie persönlich getroffen (was nicht stimmte). Keiner der beiden Kirchenfürsten wollte sich an die vielen Gelegenheiten erinnern, bei denen sie sich gemeinsam mit Sindona nach Assisi begeben hatten, um dort im Rahmen von Exerzitien zu »meditieren«.

Als Vorsitzender der »Verwaltung der Besitzungen des Heiligen Stuhls« benützte Kardinal Vagnozzi die Gelegenheit, um zum ersten Mal eine öffentliche Erklärung über den weltweiten Besitz des Vatikans herauszugeben, dessen Wert er mit weniger als hundertfünfundzwanzig Millionen Dollar bezifferte. Er untermauerte diese Erklärung mit der Feststellung, das gewinnbringende Eigentum des Vatikans umfasse »gemischten Besitz, Immobilien sowie Aktien und Obligationen«. Bei näherer Befragung gab er zu, daß einige, aber nicht alle vatikanischen Investitionen erst kürzlich aus Italien abgezogen und in die Vereinigten Staaten und andere Länder transferiert worden seien. Er erklärte, der Vatikan bemühe sich, »wie jede andere verantwortungsbewußte Verwaltung auch«, dort zu investieren, »wo ein höherer Gewinn zu erwarten und die steuerliche Belastung geringer sei«. Ferner beharrte der Kardinal darauf, daß Sindonas einzige geschäftliche Verbindung zum Vatikan der Verkauf der *Societé Generale Immobiliare* gewesen sei.

Einige gegenteilige Fakten lassen jedoch an der Wahrheit dieser Erklärung Zweifel aufkommen. Als beispielsweise im Februar 1973 die amerikanische Aktienbörse den Handel mit Aktien der *Vetco Industries* einstellte, da ein Investitionsberater in Los Angeles unter Verletzung wichtiger gesetzlicher Vorschriften fast siebenundzwanzig Prozent der Aktien und Optionen aufgekauft hatte, entdeckte man, daß zwanzig Prozent dieser siebenundzwanzig Prozent (454 000 Aktien im Wert von etwa 16,4 Millionen Dollar) vom Vatikan über eine Liechtensteinische Investitionsgesellschaft erworben worden waren, an der Sindona wesentlich beteiligt war. Nachdem sich der Vatikan durch Zahlung eines Bußgeldes in Höhe von 307 720 Dollar mit den Steuerbehörden arrangiert hatte, veräußerte er alle in seinem Besitz befindlichen *Vetco*-Aktien mit

Gewinn, verweigerte aber zu diesem peinlichen Zeitpunkt jeglichen öffentlichen Kommentar.

Ferner besaß der Vatikan einen Kapitalanteil von zweiundzwanzig Prozent (etwa 19,2 Millionen Dollar) an der *Finabank (Banque de Financement)* in Genf, gleichfalls ein Bankunternehmen Sindonas, und schwieg sich aus, als die Schweizer Regierung Anfang 1975 die Bank nach Feststellung schwerer Devisenverluste vorübergehend schloß. Die *Finabank* wieder beherrschte das Hamburger *Bankhaus Wolff*, das kurz vor dem Zusammenbruch der *Franklin National* seine Pforten schloß.

Sindona, dem im Zusammenhang mit seinen Transaktionen bei der *Franklin National* Betrug in sechsundsechzig Fällen vorgeworfen wurde, ging gegen Kaution auf freien Fuß, verschwand dann am 2. August 1979 aus seinem Luxusapartment im exklusiven Hotel *»Pierre«* in New York und tauchte erst am 16. Oktober wieder auf. Er erzählte den Behörden, er sei entführt worden, und zeigte eine Kugelverletzung an seinem linken Bein vor, die er angeblich erlitten hatte, als er seinen Entführern zu entkommen versuchte. Anfang 1980 wurde er vor Gericht gestellt. Im Verlauf des Verfahrens legte die Staatsanwaltschaft Beweise vor, aus denen hervorging, daß er zu der Zeit, in der er sich angeblich in den Händen von Entführern befunden hatte, unter dem Namen *Joseph Bonamico* (was im Italienischen »guter Freund« bedeutet) von New York nach Wien, von München nach Frankfurt und von Frankfurt nach New York geflogen war. Sindona wurde in fünfundsechzig Punkten für schuldig befunden, darunter des Meineids und der Veruntreuung von fünfundvierzig Millionen Dollar der *Franklin National*. Er wurde zu fünfundzwanzig Jahren Gefängnis und einer Geldstrafe von zweihundertsiebentausend Dollar verurteilt sowie zu einer Gefängnisstrafe von dreißig Monaten und einer Geldstrafe von fünfundzwanzigtausend Dollar für die Vortäuschung einer Entführung.

Während der zweieinhalb Monate, in denen Sindona »entführt« gewesen war, tauchte er in Europa auf, um verschiedene persönliche und finanzielle Angelegenheiten zu regeln – und sich um die Unterstützung des Vatikans in seinem Verfahren zu bemühen, das vor dem Bundesgericht in Manhattan

(New York) stattfinden sollte. Er flog nach Frankfurt, wo er eine geheime Zusammenkunft mit einem seiner guten Verbindungsmänner im Vatikan, dem päpstlichen Nuntius Monsignore *Guido del Mestri*, hatte, der aus Bonn im einfachen Anzug angereist kam und ihn in einem Hotel in der Innenstadt traf. Monsignore del Mestri erklärte sich bereit zu intervenieren und zwei Kardinäle und einen Bischof, die Sindona gut kannten, zu veranlassen, vor Gericht als Zeugen für Michele Sindonas unzweifelhaften Charakter auszusagen. Als Sindonas Hauptverteidiger, der ehemalige Bundesrichter *Marvin E. Frankel*, später nach Rom flog, um die Videobänder abzuholen, die die drei Prälaten angefertigt hatten, wurde er daran von niemand Geringerem gehindert als dem vatikanischen Kardinalssekretär *Agostino Casaroli.*

Kardinal *Giuseppe Caprio*, Kardinal *Sergio Guerri* und Bischof *Marcinkus* hatten die Videobandaussagen gemacht, aber Kardinal Casaroli teilte Frankel mit, sie dürften nicht benützt werden, da die drei Prälaten dadurch der Jurisdiktion eines weltlichen Gerichtes unterworfen würden und damit ein Präzedenzfall geschaffen würde, der dem allgemeinen Interesse des Vatikans abträglich wäre. Es ist nicht bekannt, ob Papst Johannes Paul II. dabei die Hand im Spiel hatte, jedenfalls war Sindonas Verteidiger nicht in der Lage, dem Gericht diese Videobänder vorzulegen.

Mehrere Kleriker im Vatikan, die fest davon überzeugt waren, daß Sindona kein Geld von der *Franklin National* gestohlen, sondern vielmehr Millionen eigenen Geldes für die Rettung der Bank aufgewandt hatte, meinten, was der Vatikan hier seinem ehemaligen Geschäftsvertreter angetan hatte, sei *»eine feige Tat, die an Verrat gemahne«.*

33. KAPITEL

DER »BANKIER GOTTES«

Am 18. Juni 1982 ging ein Londoner Druckereiarbeiter frühmorgens zu Fuß zur Arbeit, und als er die Blackfriarsbrükke überquerte, die ihn zu seiner Arbeitsstätte nahe der Themse führte, entdeckte er etwas Merkwürdiges. Er erblickte einen kahlköpfigen und glattrasierten Mann, der bestens mit einem hellgrauen zweiteiligen karierten Anzug, weißem gestreiftem Hemd ohne Krawatte, mit schwarzen Schuhen und Socken bekleidet war. Normalerweise hätte dieser Mann vor Sonnenaufgang wohl kaum Aufmerksamkeit erregt, wenn nicht der Umstand dazugekommen wäre, daß er einen Strick um den Hals hatte und sein Körper vom nördlichen Bogen der Blackfriarsbrücke baumelte, mit den Füßen knapp über den kalten Wassern der Themse ...

Bei dem Toten fand man Geld in verschiedenen Währungen im Werte von zwanzigtausend Dollar, einen gefälschten Paß auf den Namen *Gian Roberto Calvini,* zwölf Pfund Zementbrocken und Ziegel in seinen Taschen sowie zwei Uhren – die Armbanduhr war um 1.54 Uhr stehengeblieben, die Uhr in der Hosentasche um 5.48 Uhr. Die Polizei identifizierte den Toten als *Roberto Calvi,* in Italien als der *»Bankier Gottes«* bekannt. Signor Calvi war Präsident der *Banco Ambrosiano,* der größten italienischen Bankengruppe mit Geschäftsinteressen in fünfzehn Ländern. Sein Tod warf einiges Licht auf die ungewöhnlichsten Ereignisse in der neuesten Geschichte des Vatikans, die in aller Welt Schlagzeilen machten, sogar in jenen Zeitungen, die normalerweise Selbstzensur übten und keine »negativen Nachrichten« über den Heiligen Stuhl und/oder dessen geschäftliche Tätigkeit veröffentlichten. Nachdem Calvis Bank zusammengebrochen war und sowohl die Vatikanbank als auch ihr Leiter, Bischof *Paul Marcinkus,* damit in Verbindung gebracht wurden, übersiedelte Marcinkus mit allem Mobilar aus seiner Wohnung, der Villa Stritch im Norden Roms, in ein neues Dauerquartier innerhalb der Mauern des Vatikanstaates.

Ein italienischer Untersuchungsrichter teilte ihm mit, daß er jederzeit vorgeladen werden könnte, um über den Abrosianoskandal befragt zu werden. Da Marcinkus hinter den Mauern des Vatikans blieb und keinen Fuß auf italienischen Boden setzte, konnte er weder festgenommen, rechtlich befragt oder vor Gericht geladen werden. Von diesem Augenblick an war es Marcinkus klar, daß er den Papst nicht mehr auf Auslandsreisen begleiten konnte (er hatte bereits zweiundzwanzig päpstliche Reisen mitgemacht), um nicht in die Hände der italienischen Behörden zu fallen, die zwar noch keine formale Anklage gegen ihn erhoben hatten, aber durch Richter *Luigi D'Osso* wissen ließ, daß im Zusammenhang mit ihm »Untersuchungen im Gange« seien.

Will man herausfinden, wie Marcinkus in die Affäre Calvi verwickelt wurde, muß man praktisch ganz am Anfang beginnen, nämlich im Jahr 1895, als die *Banco Ambrosiano* (so benannt nach dem hl. Ambrosius, dem Schutzheiligen von Mailand) von einem tüchtigen Monsignore gegründet wurde, der den Gedanken hatte »eine gute katholische Bank« zu gründen, gerade in einer Zeit, in der die italienischen Finanzgeschäfte weitgehend in den Händen von Antiklerikalen lagen. Die neue Bank florierte von allem Anfang an recht gut und war um die Mitte des zwanzigsten Jahrhunderts zu einer der wichtigsten Banken Italiens geworden – unter umfassender finanzieller Beteiligung des Vatikans, der die Bank durch seine »Vertrauensleute« in der Verwaltung unauffällig unter Kontrolle behielt. (Bis in die siebziger Jahre betonte die Ambrosiano ihre religiöse Bindung noch dadurch, daß neue Aktionäre durch Vorzeigen ihres Taufscheins nachweisen mußten, daß sie römisch-katholisch waren.)

Im Jahr 1967 lernte Roberto Calvi, damals ein untergeordneter Angestellter der Ambrosiano, den sizilianischen Bankier Michele Sindona kennen, der durch die Schaffung eines weltumspannenden Imperiums von Banken und verschachtelten Holdingsgesellschaften zu einem der reichsten Männer Italiens geworden war. Allgemein unbekannt war jedoch, daß Sindona (neben seinen eigenen Investitionen) noch einen weiteren Geschäftszweig betrieb: Er war, im geheimen, der geschäftliche Vertreter des Vatikans sowohl in Italien als auch in den Vereinigten Staaten. Calvi und Sindona wurden enge Freunde, jeder brachte dem anderen einiges über die Gepflogenheiten des internationalen Bankwesens bei, und dann verschworen sich die beiden Männer, die *Banco Ambrosiano* früher oder später in die Hände zu bekommen – und zwar lieber früher als später. Über Sindona lernte Calvi Anfang der siebziger Jahre den Bischof Marcinkus kennen, als Calvi bereits Präsident der Ambrosiano geworden und sich den Spitznamen »Bankier Gottes« erworben hatte. Es überraschte daher nicht, daß Marcinkus irgendwo im weltumspannenden Geflecht der Ambrosiano eine wichtige Position erhalten sollte.

Dies geschah im Jahr 1980, als der amerikanische Prälat Mitglied des Aufsichtsrats der *Cisalpinen Bank* in Nassau auf den Bahamas wurde. Ausgestattet mit dem Signum der Seriosität und angesichts der Präsenz des Namen Marcinkus im Aufsichtsrat der Bank in Nassau, konnte Calvi seine Geschäfte außerordentlich ausweiten – zum Teil auch wegen des Umstandes, daß er die *Banco Ambrosiano* von einer mittelgroßen Regionalbank immerhin zu einem führenden Geldinstitut ausgebaut hatte, das Ende 1981 Aktiva von mehr als achtzehn Millionen Dollar ausweisen konnte. Der Finanzier setzte ein umfangreiches Kreditprogramm an Tochtergesellschaften in Peru, Nicaragua und Nassau ins Werk, wobei er Eurodollar in der Höhe von etwa 1,2 Milliarden Dollar einsetzte. Ein großer Teil dieser Summe wurde sofort in Form von Krediten an zwölf Firmen in Panama weitergegeben, von denen einige reine Briefkastenfirmen waren. Ob der Vatikan in solche Firmen, in denen Calvi entweder Mitbesitzer oder Geschäftsführer war, investierte, ist eine bis heute ungeklärte Frage, aber sicher ist, daß Calvi seine Scheinfirmen in Panama benützte, um für sich selber Aktien der *Banco Ambrosiano* mit Geldern zu kaufen, die sie wieder in Form von Krediten von den Tochtergesellschaften in Mittel-und Südamerika und auf den Bahamas aufgenommen hatten. ...

Die Lage begann sich für Calvi zu verdüstern, als die *italienische Nationalbank* im Jahr 1982 bei ihm eine umfassende Buchprüfung durchführte und feststellte, daß die *Banco Ambrosiano* verschiedene Geschäfte außerhalb der normalen durch die italienischen Bankvorschriften gegebenen Regulative getätigt habe. Die Bank von Italien stellte in ihrem Bericht weiter fest, daß die Prüfer nicht in der Lage gewesen wären, zwischen dem Aktiva-Vermögen der *Banco Ambrosiano* und den Aktiva der *vatikanischen Bank* zu unterscheiden, da es zwischen den beiden Banken und ihren Gemeinschaftsinvestitionen im Ausland höchst komplizierte Querverbindungen gegeben habe. Calvis Niedergang wurde letztlich durch die angeschlagene italienische Lira verursacht, die täglich schwächer wurde, während der amerikanische Dollar immer stärker wurde. Calvis Kredite mußten in Dollars zurückbezahlt werden, und er verfügte nicht über genügend Lireüberschüsse, um die zunehmende Kursdifferenz zwischen den beiden Währungen zu überbrücken.

Im Jahr 1981 hatte Calvi mit Hilfe seiner Firmen in Panama zwanzig Prozent der *Banco Ambrosiano* an sich gebracht. Um aber im Geschäft bleiben zu können, bemühte er sich um »Unterstützung« von seiten des Bischofs Marcinkus und des Vatikans in Form eines »Empfehlungsschreibens« des Bischofs auf dem Briefpapier der Vatikanbank. Mit diesem Schreiben - im Italienischen häufig als »Beruhigendes Schreiben« bezeichnet - wollte Calvi bei anderen Geschäftspartnern den Eindruck erwecken, daß die Vatikanbank für alle Kredite gutstehe. Ob Marcinkus mit der Ausstellung dieses Schreibens unvorsichtigt oder naiv gehandelt hatte, bleibt offen, aber Calvi hatte in weiser Voraussicht der Vatikanbank ein sogenanntes »Entlastungsschreiben« gegeben, durch das der Vatikan jeglicher finanzieller Verantwortung in bezug auf etwaige später eintretende Verluste enthoben wurde. Erst nach Calvis Tod mußte Marcinkus zu seinem Ärger erfahren, daß die südamerikanischen und mittelamerikanischen Banken, mit denen Calvi seine Geschäfte abwickelte, nie Kopien des »Entlastungsschreibens« erhalten hatten. Die ausländischen Banken waren daher stets der Meinung gewesen, daß Calvi den Vatikan hinter sich hätte; hätten sie von dem »Entlastungsschreiben« gewußt, dann hätten sie sicherlich viel Transaktionen in einem anderen Licht gesehen!

Angesichts der steigenden Zinsen und der Stärkung des Dollars griff Calvi wieder zum »Beruhigungsschreiben« des Vatikans, um Befürchtungen seiner eigenen Bankdirektoren zu beschwichtigen und ausländische Geldgeber in Sicherheit zu wiegen und sie glauben zu lassen, hinter den Firmen in Panama stünde der Vatikan. Zwei Monate nach Calvis Tod und nach dem Zusammenbruch der *Banco Ambrosiano* berichteten die drei vom Vatikan zur Untersuchung des Falles Calvi-Marcinkus eingesetzten Finanzexperten dem Papst, daß nach ihrer wohlüberlegten fachlichen Erkenntnis der Vatikan *»vom streng juristischen Standpunkt nicht haftbar sei« für die Schulden der Banco Ambrosiano.* In seiner halboffiziellen Tageszeitung *Osservatore Romano* wies der Vatikan darauf hin, daß alle von der Ambrosiano-Gruppe gewährten Kredite *vor* der Ausstellung des vatikanischen Empfehlungsschreibens getätigt worden seien.

Da somit, nach Meinung des Blattes, der Brief keinen Einfluß auf die Gewährung dieser Kredite gehabt haben konnte, wäre auch der Anspruch der italienischen Regierung auf Regreßansprüche unhaltbar. Da Italien nicht in der Lage war, die Vatikanbank auf irgendeine Weise zu überprüfen, konnten die italienischen Behörden auch den Heiligen Stuhl nicht veranlassen, bei der Aufdeckung der verflochtenen Schuldverhältnisse mitzuwirken, die die *Ambrosiano* zur Liquidation gezwungen hatten. Abgesehen davon wurde die Sache dadurch kompliziert, daß die Bank (im Verlauf des langen Wochenendes nach ihrem Zusammenbruch) »von den Toten auferstanden war« und sich mit Hilfe eines Rettungskonsortiums von sieben Banken, die die einhundertsieben italienischen Filialen der Ambrosiano übernahmen, als *Nuovo Banco Ambrosiano* neu konstituiert hatte.

Im Juli 1981 wurde Calvi von einem italienischen Gericht der illegalen Ausfuhr von 26,4 Millionen Dollar in den Jahren 1975 und 1976 schuldig gesprochen und zu vier Jahren Gefängnis und einer Geldstrafe von 11,7 Millionen Dollar verurteilt. Da Calvi Berufung einlegte, wurder er gegen Kaution auf freien Fuß gesetzt. Trotz seiner Verurteilung zu einer Gefängnisstrafe genoß Calvi immer noch das Vertrauen und die Freundschaft des Marcinkus und wurde in der Vatikanbank stets herzlich empfangen.

Die italienischen Behörden sahen die Dinge jedoch in weniger rosigem Licht. Das Finanzministerium wollte die Sache mit dem vatikanischen Empfehlungsschreiben über die Frage der Legalität oder Illegalität hinaus mit Marcinkus eindeutig klären, da es hier auch um eine ethische Frage ging, das heißt die »moralische« Verantwortung der Vatikanbank. Dies war auch der Grund, warum der amerikanische Bischof zum Zweck einer Befragung einvernommen werden sollte – aber er schloß sich in seinem winzigen Apartment im Vatikanstaat gegen jeden Kontakt mit der Außenwelt ab.

In der einzigen öffentlichen Rechtfertigung seines Tuns erklärte Marcinkus gegenüber einem Reporter, daß er Calvi immer noch vertraute, der trotz seiner Verurteilung zu einer Gefängnisstrafe als Präsident der *Banco Ambrosiano* bestätigt wurde, nachdem die Bilanz seiner Bank für das Jahr 1981 von den Prüfern der Bank von Italien als in Ordnung befunden wurde, abgesehen davon, daß er ein guter persönlicher Freund sei. Der Kardinalssekretär des Vatikans, *Giovanni Casaroli,* kam Marcinkus zu Hilfe und versicherte ihn öffentlich seiner Unterstützung. Er erklärte: »Der Tenor des Empfehlungsschreibens war so, daß er keineswegs eine volle Verpflichtung implizierte. Ich glaube, es gibt Grenzen der Verpflichtungen, die aufgrund solcher Briefe eingegangen werden.« Im wesentlichen bedeutet dies, daß, soweit es den Vatikan beträfe, die Vatikanbank für die Verluste der Banco Ambrosiano zur Zeit ihres Zusammenbruchs nicht haftbar war. Obwohl sich Papst Johannes Paul II. nicht öffentlich zu den Vorgängen äußerte, wünschte er, daß Casaroli den Bischof Marcinkus in Schutz nähme.

Troz aller Beschuldigungen und Gegenbeschuldigungen, die in den öffentlichen Medien ausführlich behandelt wurden, traf offenbar weder Marcinkus noch die Vatikanbank irgendeine Schuld, außer daß sie gewissen Fehleinschätzungen zum Opfer gefallen waren. Schlimmstenfalls konnte man sagen, daß Marcinkus – der wohl mit den Feinheiten des Bankwesens nicht vertraut war –von einem äußerst gewitzten internationalen Finazier hineingelegt worden war, dessen Motive nicht ausschließlich wohltätiger Art gewesen sein mochten. Was nun die verschwundenen Gelder der Ambrosiano anbelangt, so war nichts davon in der Vatikanbank gelandet. Deren Jahresgewinn war indessen groß genug, um die dreißig Millionen Dollar abzudecken, die der Vatikan als die Verluste von sieben aufeinanderfolgenden Jahren ausgewiesen hatte.

Aber der Schutzwall, den Marcinkus für sich selber aufgebaut hatte, reichte nicht aus, um auch seinen guten Freund Calvi zu »schützen«, der ihm versprochen hatte, daß er bis zum Juni 1982 seine unter dem Siegel des Marcinkus-Bankbriefs getätigten südamerikanischen Geschäfte abgeschlossen haben würde. Calvi wandte sich an einige seiner guten Freunde in der geheimnisumwitterten, rechtsgerichteten Organisation namens *P2 (Propaganda Due),* zu deren Mitgliedern führende Geschäftsleute, Staatsbeamte und hohe Militärs zählten, die der Auffassung sind, daß eine Übernahme der italienischen Regierung durch ihresgleichen dem Land sehr zugute kommen würde. Als 1981 die Existenz dieser »Loge« bekannt wurde, stürzte die Koalitionsregierung des Premierministers *Arnaldo Forlani.* Nachdem Calvi bei der P2 (bei der er geheimes Mitglied war) nichts erreicht hatte, versuchte er umfangreiche Hilfe von seiten der *ENI (Ente Nazionale Idrocarburi)* zu erhalten, der mächtigsten staatlichen Energiegesellschaft, und als er auch dort keinen Erfolg hatte, richtete er einen letzten, persönlichen Hilferuf an Marcinkus. Doch auch das war vergebens.

Das Schicksal nahm seinen Lauf. Calvi, der sich in die Ecke gedrängt sah, reiste im Juni 1982 mit einem falschen Paß nach Klagenfurt in Österreich (offenbar, um seine Spuren zu verwischen) und von dort am 15. Juni in einem Privatflugzeug nach London, wo er hoffte, zehn bis fünfzehn Prozent seiner Anteile an der *Banco Ambrosiano* verkaufen zu können. Calvi wollte unter anderem mit *Peter de Savary* sprechen, dem stellvertretenden Vorsitzenden der in Nassau registrierten arabisch beherrschten *Artoc Bank & Trust.* Calvi hatte einst seine Schlüsselbank auf den Bahamas mit *Artoc* fusionieren wollen, aber die *Bank von Italien* hatte dies nicht genehmigt. Calvi, der Mitglied des mit *Artoc* verbundenen St. James Club in Piccadilly in

London war, hatte gehofft, dort eine »brüderliche« Unterredung mit de Savary führen zu können. Dazu sollte es nicht mehr kommen.

Wäre es Calvi gelungen, seine Anteile an der Ambrosiano zur Gänze oder teilweise zu verkaufen, dann hätte die dafür bezahlte Summe genügt, um das Loch von 1,2 Milliarden Dollar in der Bilanz der Ambrosiano zu stopfen. Aber das Glück hatte Calvi diesmal verlassen, denn die Aktien der Banco Ambrosiano waren suspendiert und die Direktoren der Bank zurückgetreten.

Am 17. Juni 1982 sprang Calvis langjährige Sekretärin, die fünfundfünfzigjährige *Graziella Teresa Corrocher,* aus dem Fenster des im vierten Stock gelegenen Büros in Mailand und hinterließ einen Zettel, auf dem sie ihn verurteilte. Es hieß darin: *»Zweimal verflucht sei Calvi für all das Unglück, das er über die Bank und ihre Angestellten gebracht hat!«*

Am nächsten Tag, am frühen Morgen des 18. Juni, wurde Calvi tot aufgefunden, drei Tage bevor er wieder vor einem italienischen Gericht hätte erscheinen sollen, um an der Berufungsverhandlung wegen seiner Verurteilung zu vier Jahren Gefängnis und einer Geldstrafe wegen illegalen Währungsexports teilzunehmen; außerdem sollte er auch noch zusätzlich wegen Betrugs vor Gericht gestellt werden. Eine amtliche Londoner Untersuchungskommission stellte fest, daß der flüchtige italienische Bankier Selbstmord begangen habe.

Daß es wirklich Selbstmord gewesen sei, wurde von der italienischen Öffentlichkeit, aber auch von den meisten Beamten in Rom, mit äußerster Skepsis aufgenommen. Calvis Familie widersprach dem Bericht des Leichenbeschauers und erklärte ausdrücklich, Calvi sei nicht der Typ gewesen, der einer solchen Tat fähig wäre; überdies habe der Londoner Bericht den Umstand nicht erwähnt, daß Calvi zwar Ballast in seinen Hosentaschen hatte, aber seine Fingernägel und Hände keinerlei Spuren von Sandkörnchen aufwiesen, was der Fall hätte sein müssen, wenn er die Steine und Ziegelfragmente selber in seine Taschen getan hätte. Frau *Clara Calvi* erklärte weiter, daß ihr Mann zu Schwindelanfällen neigte und daher schon die Vernunft spräche, daß er auf eine sieben Meter hohe Leiter geklettert sein sollte, um sich an einem Gerüst oberhalb der Themse zu erhängen. Andere Familienmitglieder äußerten sich dahingehend, daß Calvi, ein völlig unsportlicher Mensch, ein Mensch mit ungewöhnlichen athletischen Fähigkeiten hätte sein müssen, um sich so zu erhängen, wie man seinen Körper vorgefunden hatte.

Calvis dreiundzwanzig Jahre alte Tochter Anna erklärte in einer geheimen Aussage, vor einer italienischen parlamentarischen Kommission (von der eine nicht autorisierte Abschrift gegen Ende 1982 in die Hände des Vatikans gelangte), daß ihr Vater in den letzten Wochen seines Lebens äußerst nervös gewesen sei und um sein und seiner Familie Leben gebangt habe. Er habe seine Frau und seinen Sohn veranlaßt, in eine Wohnung im Watergate-Komplex in Washington zu übersiedeln, und seiner Tochter das Versprechen abgenommen, daß sie Italien verlassen würde, sobald sie eine bevorstehende wichtige Universitätsprüfung hinter sich gebracht hätte. Calvi war überzeugt, daß sein Leben in äußerster Gefahr sei, und holte daher einen Monat vor seinem Tod seine Pistole aus einem Versteck in seiner Villa in Drezzo bei Varese in Norditalien, reinigte sie gründlich, und tat sie, nachdem er sie geladen hatte, vor den Augen seiner Tochter in seinen Aktenkoffer. Später sagte er wiederholt zu ihr: *»Se vengono, gli sparo!«* (Wenn sie kommen, werde ich sie erschießen!)

Obwohl er Anna nie klarmachte, wer *»sie«* seien, sagte er eines Tages zu ihr, als er über die Vatikanbank und Bischof Marcinkus klagte: *»I preti saranno la nostra fine!«* (Die Priester werden unser Ende sein!) Calvi ging nie mehr ohne die geladene Pistole aus; er hatte sie sogar bei sich, als er gegen Ende Mai seine letzte Privataudienz bei Papst *Johannes Paul II* hatte. Später erzählte er seiner Tochter, der Papst habe ihm die volle päpstliche Unterstützung zugesagt, und ihm die päpstliche Zustimmung zu weiteren finanziellen Bemühungen erteilt, mit denen er die *Banco Ambrosiano* von ihren Auslandsschulden befreien wollte. Indessen fand die Polizei diese Pistole weder bei Calvi noch in seinem Aktenkoffer oder unter seiner persönlichen Habe im Londoner Stadtteil Chelsea, wo er ein Apartment gemietet hatte.

Mitglieder der parlamentarischen Untersuchungskommission deuteten indessen an, daß Calvi *möglicherweise von der P2-Organisation ermordet wurde,* um zu verhindern, daß er die Namen von Komplizen preisgäbe, die ihm halfen, Gelder der *Ambrosiano* nach Lateinamerika abzuzweigen.

Nachwort

Im allgemeinen habe ich bei Tatsachenfeststellungen *meine Quellen nicht genannt.* Es sind allesamt Menschen, deren Namen am Anfang aufgezählt wurden, vor allem aber drei Geistliche, die mit den Verhältnissen im Vatikan vertraut sind, da sie täglich damit befaßt sind. Ich habe es nicht als notwendig erachtet, diese Quellen namentlich zu nennen, da ich von ihrer Verläßlichkeit völlig überzeugt bin und mir überdies klar ist, daß die Nennung der Namen jenen schaden könnte, die sich im Umkreis des Papstes befinden oder mit der Alltagsarbeit im Vatikan zu tun haben. Weiter möchte ich feststellen, daß meine Quellen überwiegend Primärquellen sind und nur gelegentlich Sekundärquellen.

Ich wollte mit diesem Buch die katholische Kirche weder in den Augen der Katholiken noch der Nichtkatholiken herabsetzen. Ich maße mir kein Urteil über die Gültigkeit des Glaubens an, denn ich akzeptiere es als Tatsache, daß die katholische Religion vielen Menschen Trost und Freude bringt. Auch habe ich nicht versucht, irgendwelche katholischen Grundsätze zu widerlegen. Ich habe mich vielmehr mit bestimmten *Unzulänglichkeiten und Fehlleistungen jener Menschen befaßt, die die Kirche* und ihren Verwaltungsapparat, den Vatikan, *leiten.* Aufgrund der Erfahrungen, die ich schon früher durch das Schreiben von Büchern über die katholische Kirche gemacht habe, weiß ich, daß mir auch das vorliegende Buch die Abneigung mancher Leser eintragen wird, die mich als »Katholikenfeind« einstufen werden. Indessen bemühte ich mich als Journalist stets um die größtmöglichste Objektivität und lasse die Tatsachen für sich selber sprechen.

Wer es auf sich nimmt, über den Vatikan zu schreiben, könnte leicht den Eindruck erwecken, daß er darin Experte sei. Es gibt aber meiner Meinung nach keine Experten in Sachen Vatikan. Es gibt wohl Vatikanbetrachter, Vatikanisten, Vatikanbeobachter und Vatikanologen, aber keine Vatikanexperten, was auch aus der folgenden Anekdote hervorgeht.

Eines Tages, während einer Audienz und in Gegenwart von

einem Dutzend Kardinälen, Bischöfen und allen möglichen Klerikern, stellte der zufällig einmal gutgelaunte Papst *Pius XII.* zwei jungen Priestern dieselbe Frage: »Wie lange seid ihr schon im Vatikan?« Der erste antwortete: »Drei Wochen.« »Dann«, meinte der Papst, »seid Ihre ein Vatikanexperte«! Der zweite gab ihm die Antwort: »Drei Jahre«. »Dann«, sagte der Papst, »wißt Ihr überhaupt nichts über den Vatikan!«

Personen- und Sachregister

D

E

F

G

H

I

M

N

O

P

Q

R

HEYNE BÜCHER SACHBUCH

Robert Jungk

Der große Querdenker und Zivilisationskritiker
Robert Jungk im Wilhelm Heyne Verlag

Heyne-Taschenbuch
19/40

Heyne-Taschenbuch
19/99

Heyne-Taschenbuch
19/108

Heyne-Taschenbuch
19/73

280 Seiten
Efalin mit Schutzumschlag
ISBN 3-453-04380-4

WILHELM HEYNE VERLAG MÜNCHEN